现代证券投资实务

主　编　王　伟
副主编　邓晓娜
参　编　刘松鹤　李俊峰

北京理工大学出版社
BEIJING INSTITUTE OF TECHNOLOGY PRESS

内 容 简 介

本教材以项目为载体、能力为本位，设计了 11 个项目、34 个模块，每个项目均有学习目标、知识网络图和导入案例，并配以"案例分析""想一想""做一做""小贴士"等学习环节，能有效地提高学生证券投资的宏观经济分析、行业分析、公司分析、K 线分析、道氏理论、切线理论、形态分析、波浪理论和技术指标分析能力。

版权专有 侵权必究

图书在版编目（CIP）数据

现代证券投资实务/王伟主编 . —北京：北京理工大学出版社，2017. 1
ISBN 978 - 7 - 5682 - 3547 - 1

Ⅰ. ①现… Ⅱ. ①王… Ⅲ. ①证券投资 - 高等学校 - 教材 Ⅳ. ①F830. 53

中国版本图书馆 CIP 数据核字（2017）第 008771 号

出版发行 / 北京理工大学出版社有限责任公司

社　　址 / 北京市海淀区中关村南大街 5 号
邮　　编 / 100081
电　　话 / （010）68914775（总编室）
　　　　　（010）82562903（教材售后服务热线）
　　　　　（010）68948351（其他图书服务热线）
网　　址 / http：//www. bitpress. com. cn
经　　销 / 全国各地新华书店
印　　刷 / 北京泽宇印刷有限公司
开　　本 / 787 毫米×1092 毫米　1/16
印　　张 / 16. 25　　　　　　　　　　　　　　　　责任编辑 / 申玉琴
字　　数 / 382 千字　　　　　　　　　　　　　　　文案编辑 / 申玉琴
版　　次 / 2017 年 1 月第 1 版　2017 年 1 月第 1 次印刷　责任校对 / 孟祥敬
定　　价 / 56. 00 元　　　　　　　　　　　　　　　责任印制 / 李志强

图书出现印装质量问题，请拨打售后服务热线，本社负责调换

前　言

　　党的十八届三中全会通过了《中共中央关于全面深化改革若干重大问题的决定》，提出"健全多层次资本市场体系，推进股票发行注册制改革，多渠道推动股权融资，发展并规范债券市场，提高直接融资比重"，这无疑为中国未来的证券市场发展与改革指明了方向。事实上，历经30余年的快速发展，中国完整的资本市场体系已经基本形成，一个市场化、法制化、国际化的全新市场正在向前推进。近年来，一些新兴的领域相继开放，如股指期货、融资融券以及港沪通、港深通的先后推出，对证券行业从业者以及各类投资者的综合素质和操作能力提出了新的要求。

　　现代证券投资实务，作为金融投资类核心专业课程，应适时走在改革的前沿，肩负起人才培养的先锋队，着力培养一批懂知识、能操作、善合作、会发展的高素质金融投资白领。而实际上，很多学校一线教师在教学改革中，往往迷茫的不是教学理念、教学方法、教学手段如何实施，而是教学项目、实训项目如何设计，因此，编写一本得心应手的教材就显得极为紧迫和重要。

　　当前，市面上的证券投资类教材数量不少，介绍的内容也比较宽泛。但不少教材花费了很大的篇幅介绍证券投资基础知识，比如股票、债券、证券投资基金、衍生投资工具、证券发行与交易市场等内容，涉及的"理论知识"多，而对证券投资的"实务操作"却较少。

　　鉴于此，本教材以项目为载体、能力为本位，设计了11个项目、34个模块，每个项目均有知识目标和能力目标，并配以"案例分析""想一想""做一做""小贴士""案例分析"等内容。每个项目后均安排有"技能训练题"，方便老师开展课内实训。附录中还加入了"股市常用术语"和"股票行情软件安装与使用"。这些可以有效地提高学生证券投资实践能力。

　　本教材的编写人员均是长期从事一线教学改革的骨干教师，他们长期关注资本市场、直接参与证券市场投资，在理论教学和实训教学中积累了较丰富的经验，对于学情更有一些独到的理解。同时，教材编写中还特邀了证券公司相关操作管理人员，让他们参与教材项目设计、能力标准制定等。受时间和能力限制，本教材仍有诸多不足，敬请读者批评指正。

编　者

目 录

证券投资入门

　　证券市场的赚钱效应往往会让从不懂证券的人壮胆"下海"，这种莽汉似的冲动无疑是非常危险的，而且可能会付出沉重的代价。机会是无限的，资金却是有限的，做好充分的准备是证券投资入门前的必修课。通过本项目的教学，力求达到以下目标：

知识目标：

（1）掌握证券投资的含义，股票、债券、证券投资基金及证券市场内涵；

（2）掌握证券投资方法；

（3）理解证券投资价值分析。

能力目标：

（1）能模拟演练证券投资行为；

（2）能模拟证券投资流程；

（3）能计算股票、投资基金的投资价值。

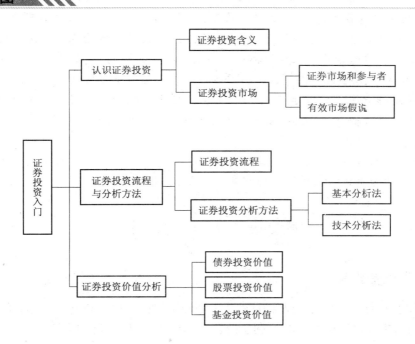

案例导入 ◢◢◢

名人炒股也疯狂

　　大名鼎鼎的牛顿曾做过一个疯狂的股民。1711 年，为获取蕴藏在南美东部海岸的巨大的财富，有着政府背景的英国南海公司成立，并发行了最早的一批股票。当时人人都看好南海公司，其股票价格从 1720 年 1 月的每股 128 英镑左右开始快速增值，涨幅惊人。看到如此的好形势，牛顿在当年 4 月投入约 7 000 英镑购买南海公司股票，仅仅两个月左右，比较谨慎的牛顿就把这些股票卖掉了，但他赚了 7 000 英镑！

　　卖掉股票后，牛顿就后悔了，因为到了 7 月，股票价格达到了 1 000 英镑，几乎增值了 8 倍，经过"认真"的考虑，牛顿决定加大投入。然而此时的南海公司已出现经营困境，公司股票的真实价格与市场价格脱钩严重。没过多久，南海股票一落千丈，12 月跌至 124 英镑，南海公司总资产严重缩水。许多投资人血本无归，牛顿也未及脱身，亏了 2 万英镑！这笔钱对于牛顿无疑是笔巨款，他做英格兰皇家造币厂厂长的年薪也不过 2 000 英镑。事后，牛顿感到自己枉为科学界名流，竟然测不准股市的走向，感慨地说："我能计算出天体运行的轨迹，却难以预料到人们的疯狂。"

　　1929 年，刚刚辞去英国财政大臣之职的丘吉尔和几位同伴来到美国，受到了投机大师巴鲁克的盛情款待。巴鲁克是丘吉尔的好友，他是一位能干的金融家，被人们誉为"投机大师"。此番接待丘吉尔，巴鲁克悉心备至，特意陪他参观了纽约股票交易所。在交易所，紧张热烈的气氛深深吸引了丘吉尔。虽然当时他已年过五旬，但好斗之心让他决心炒股一试。

　　然而不幸的是。1929 年改变世界经济乃至世界政治格局的美国股灾爆发了，丘吉尔回到纽约的时间与华尔街股票市场崩溃的开始时间惊人的一致。10 月 24 日一天之内，他几乎损失了所有投入股市的 10 万英镑（也有资料称约为 50 万英镑）。那天晚上，巴鲁克邀请大约 50 名财界领袖一起吃晚饭，席间他向丘吉尔祝酒时戏称他为"我们的朋友和前百万富翁"。丘吉尔还目睹了纽约股票市场突然暴跌后的怪剧："就在我的房间的那扇窗户下面，有人从 15 层楼纵身跳下，摔得粉身碎骨，引起一场严重的混乱，消防队都赶到了。"这样的残酷事件让丘吉尔感到，炒股绝非儿戏。但是他仍然充满想象力地声称："在这个年代，成为一个投机商人该是多么奇妙的一种生活啊。"

　　思考：

　　（1）牛顿和丘吉尔证券投资失败的原因是什么？

　　（2）以小组为单位组织讨论：如何看待大学生炒股这一现象？

模块一　认识证券投资

一、证券投资含义

　　证券投资指投资者（包括法人和自然人）购买股票、债券、基金券等有价证券以及这些有价证券的衍生品，以获取红利、利息及资本利得的投资行为和投资过程，是间接投资的重要形式。证券投资是市场经济的一大进步，它所具有的集腋成裘、续短为长的方式为资本的积聚提供了广阔的市场。由于其回报高、变现快，投资者由证券市场建立初期的谨慎投资变得越来越倾向于高风险、高回报的证券投资，使大量资金从银行中分离出来，转移到朝阳企业和高效企业中去，从而表现出更高的资金配置能力。

> **看一看**
>
> ### 投资寓言两则
>
> **寓言一：聪明的小男孩**
>
> 一个小男孩问上帝："一万年对你来说有多长？"上帝回答说："像一分钟。"小男孩又问上帝说："一百万元对你来说有多少？"上帝回答说："像一元。"小男孩再问上帝说："那你能给我一百万元吗？"上帝回答说："当然可以，只要你给我一分钟。"
>
> 寓意：凡事皆不是唾手可得的，需付出时间及代价。天下没有免费的午餐，投资不仅要有投资的观念，还需要投资的毅力和耐心。
>
> **寓言二：割草男孩的故事**
>
> 一个替人割草打工的男孩打电话给陈太太说："您需不需要割草？"陈太太回答说："不需要了，我已有了割草工。"男孩又说："我会帮您拔掉花丛中的杂草。"陈太太回答："我的割草工也做了。"男孩又说："我会帮您把草与走道的四周割齐。"陈太太说："我请的那人也已做了，谢谢你，我不需要新的割草工人。"男孩便挂了电话，此时男孩的室友问他说："你不是就在陈太太那割草打工吗？为什么还要打这电话？"男孩说："我只是想知道我做得有多好！"
>
> 寓意：只有不断地探询别人的评价，才有可能知道自己的长处与短处。不要萧规曹随，凡事都要想清楚事出何因，多问几个"为什么"。

证券投资的对象主要分为两大类：一类是基本证券商品，主要为股票、债券和投资基金；另一类为金融衍生商品，如股指期货、股票期权等。

股票是证券市场交易中最为活跃、影响最广，对企业融资和社会经济发挥作用最大的一种证券商品。股票是股份的证券表现，是股份的形式和载体，股份则是股票的内容。股票也是一种所有权凭证，持有股票意味着持有上市公司权益的一部分。因此，股票投资能拥有盈余分配、剩余资产分配、优先认购新股、参与公司经营管理的权利，但同时也负有承担经营风险、不能偿还本金等义务。股票示例如图1-1所示。

图1-1 申华电工和飞乐音响股票

债券是政府、金融机构、工商企业等直接向社会借债筹措资金时，向投资者发行，同时承诺按一定利率支付利息并按约定条件偿还本金的债权、债务凭证。债券的本质是债的证明书，具有法律效力。债券购买者或投资者与发行者之间是一种债权、债务的关系，债券发行人即债务人，投资者（债券购买者）即债权人。债券示例如图1-2所示。

图1-2　国家经济建设公债和工商银行债券

证券投资基金是指通过公开发售基金份额募集资金，由基金托管人托管，由基金管理人管理和运作资金，为基金份额持有人的利益，以资产组合方式进行证券投资的一种利益共享、风险共担的集合投资方式。按组织形式可以分为契约型基金和公司型基金；根据运作方式可分为开放式基金与封闭式基金。

小贴士

新手买基金攻略

眼下，买基金已成为主流的理财方式，那么怎样才能买到好基金呢？

1. 挑选一个好平台

买基金可以去基金公司和银行的官网，也可以去大型的基金超市。我们推荐去基金超市。因为从银行官网买基金，费用太高。去基金公司买，品种太少。而基金超市就厉害了，它汇总了海量的基金产品，同时，买卖基金的费用也低。哪些基金超市好呢？东方财富的天天基金网、同花顺爱基金网等都很不错。

2. 买适合自己的基金产品

基金也和人一样，有各自的性格。股票型基金就像暴烈的野马，让你赚得快，可风险也高。债券型基金四平八稳，同样，货币基金波澜不惊。还有平衡型基金，把股票和债券放在一起，形成一个风险中性的组合。你要评估自己的小心脏，算算心理承受力，从而选择适合自己的基金。你胆大，想富贵险中求，那就挑选股票型基金；想平平淡淡就是福，货币和债券基金就是你的首选。

3. 评估基金经理的能力

通过基金经理的历史业绩，可以判断他的水平。一般来说，如果基金经理的业绩稳定，并且收益率总能占据行业前列，那么他的实力可以。有的基金经理从业时间久，为投资者实现了持续性的回报，这更是值得追随的精英人物。评估基金的实力，我们也可以使用三个指标——标准差、贝塔系数和夏普指数。标准差愈小越好，因为产品的波动风险小；贝塔系数小于1，风险就小；夏普指数越高越好，代表基金是高回报、低风险的。

4. 要懂得"微笑曲线"和基金定投

基金定投，就是定时定额地购买一个基金。这样长期来看，成本就会摊在平均水平，等到基金价格涨高了，定投的基金就有丰富的获利。基金定投需要坚持，在市场低迷时以较低的成本获取筹码，摊薄成本，那么当市场回升时，投资者将盈利。不要怕市场的回调，市场在下跌后，峰回路转上涨了，这时定投就获利了。从收益曲线上来看，你的账户余额就像是一道漂亮的微笑的唇线，我们也把这个曲线称为"微笑曲线"。

5. 提升股票投资的技能

股票型基金受股票、政策、基金经理能力的影响较大，在购买前需要了解一些技术分析的知识。所以，买股票型基金，要多做功课。当基金收益符合自己的预期，该止盈就止盈，"落袋为安"。同样，当基金发生了亏损，到达你的心理止损位时，就需要止损。理财是个学习的过程，必要时要出局躲避风险。

资料来源：东方财富网

二、证券投资市场

1. 证券市场和参与者

证券市场是证券发行和交易的场所。其中，证券发行市场又称为"一级市场"或"初级市场"，是发行人以筹集资金为目的，按照一定的法律规定和发行程序，向投资者出售新证券所形成的市场。证券交易市场又称为"二级市场"或"次级市场"，是已发行证券通过买卖交易实现流通转让的市场，包括各类交易所的场内交易、柜台交易，以及第三市场、第四市场等场外交易。投资者在证券投资时，买卖的场所指的是证券交易市场。根据交易范围的大小，分为全球市场、全国市场、区域市场；根据上市公司规模、监管要求等差异，分为主板市场、二板市场（创业板或高新企业板）等。

证券市场的参与者包括证券发行人、投资者、中介机构、自律性组织和监管机构。证券发行人是为筹措资金而发行债券、股票等证券的政府及其机构、金融机构、公司和企业。投资者则是金融工具的购买者，可分为机构投资者和个人投资者两大类。机构投资者包括企业、商业银行、非银行金融机构（如养老基金、保险基金、证券投资基金）等；个人投资者即常说的股民、散户，他们是证券市场最广泛的投资者。证券市场中介机构主要有证券公司和其他证券服务机构，如财务顾问机构、证券投资咨询公司、会计师事务所、资产评估机构、律师事务所、证券信用评级机构等。自律性组织包括证券交易所、证券行业协会和证券登记结算机构。监管机构是中国证券监督管理委员会及其派出机构。

看一看

上海证券交易所交易运行流程

上海证券交易所采用无形席位为主、有形席位为辅的交易模式，拥有亚太地区最大的交易大厅，设有 1 608 个交易席位，交易网络连接交易终端 5 700 个。覆盖全国、连通海外的卫星通信网每天为 3 000 个卫星接收站传达即时行情和相关信息。

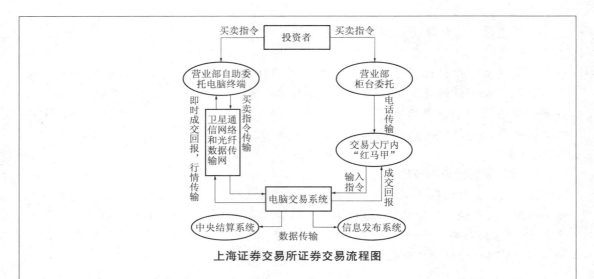

上海证券交易所证券交易流程图

　　投资者可在证券商下属营业部进行买卖委托，营业部工作人员通过电话将委托指令报给驻本所交易大厅内的交易员（俗称"红马甲"），由其将买卖指令输入交易所的电脑主机。投资者也可以在营业部自助委托电脑终端上直接输入委托指令，通过空中卫星传输网和地面光纤数据传输网将指令传输到本所电脑主机。电脑主机在接收到买卖指令后，按照"价格优先、时间优先"的原则自动撮合成交。目前交易主机的撮合能力可达每秒5 000多笔，每天1 000万笔。上海证券交易所市场交易在周一至周五进行，上午为九点半至十一点半，下午为一点至三点。

2. 有效市场假说

　　20世纪60年代，一些经济学家提出，股票价格的变化类似于化学中的分子"布朗运动"——永不休止的、无秩序地运动，没有任何规律可循，这不免使许多在做股价分析的人有点沮丧。难道股价真的是如此随机，无任何办法可预测吗？1965年，尤金·法玛最早提出了"有效市场"概念：有效市场是这样一个市场，在这个市场中，存在着大量理性的、追求利益最大化的投资者，他们积极参与竞争，每一个人都试图预测单只股票未来的市场价格，每一个人都能轻易获得当前的重要信息。在一个有效市场上，众多精明投资者之间的竞争导致这样一种状况：在任何时候，单只股票的市场价格反映了已经发生的和尚未发生但市场预期会发生的事情。

　　到1970年，"有效市场假说"已被定义为：如果在一个证券市场中，价格完全反映了所有可以获得的信息，那么就称这样的市场为有效市场。

　　第一，在市场上的每个人都是理性的经济人。证券市场上每只股票所代表的各家公司都处于这些理性人的严格监视之下，他们每天都在进行基本分析，以公司未来的获利性来评价公司的股票价格，把未来价值折算成今天的现值，并谨慎地在风险与收益之间进行权衡取舍。

　　第二，股票的价格反映了这些理性人供求的平衡。想买的人正好等于想卖的人，即认为股价被高估的人与认为股价被低估的人正好相等，假如有人发现这两者不等，即存在套利的可能性，他们立即会用买进或卖出股票的办法使股价迅速变动到二者相等。

　　第三，股票的价格充分反映了该资产的所有可获得的信息，即"信息有效"。当信息变动时，股票的价格就一定会随之变动。一个利好消息或利空消息刚刚传出时，股票的价格就开始异动，当它已经路人皆知时，股票的价格就已经涨或跌到适当的价位了。

"有效市场假说"实际上意味着"天下没有免费的午餐"，世上没有唾手可得之物。在一个正常的有效率的市场上，每个人都别指望发意外之财，所以我们花时间去看路上是否有钱好拣是不明智的，我们费心去分析股票的价值也是无益的，它白费我们的心思。当然，"有效市场假说"只是一种理论假说，实际上，并非每个人都是理性的，也并非在每一时点上都是信息有效的。

模块二　证券投资流程与分析方法

一、证券投资流程

通常，一个完整的证券投资流程应包含以下五个环节。

1. 确定合理的投资决策

投资决策的确定是以给予风险与收益同等重视为前提的，是风险与收益平衡的结果。投资者应该根据投资的预期目标、可投资财富的数量、自身的税收地位、可承受风险的程度等多方面的因素合理确定投资品种和投资数量。

2. 进行证券投资分析

证券投资分析是证券投资的基础和核心。证券投资分析要对各种不同类型的金融资产的特征进行考察分析，为构造投资组合提供充分的依据。证券投资分析主要包括两个方面的内容：一是分析各种证券的价格形成机制、影响证券价格波动的各种因素及其作用机理；二是对证券的价值进行评估，力求发现那些价格偏离其内在价值的证券，将价格低于价值的证券吸收进证券组合，尽量避免或剔除价格偏高的证券。

3. 组建证券投资组合

这一环节是证券投资成败的关键。证券投资组合的建立要做到正确选择证券、准确把握投资时机及多元化分散投资风险。证券的正确选择主要依据证券投资分析的结论，从微观层面把握所关注的个别证券的价格走势及波动情况。时机选择是指从宏观层面上分析经济政策和经济形势及其对不同品种证券价格走势的现实和潜在的影响。多元化则是指依据一定的现实条件和合理的投资比例，组建一个风险最小的资产组合。

4. 投资组合的修正

证券投资是一个动态的过程，随着时间的推移，投资者会改变投资目标，证券的价格也会随着资本市场上众多影响因素的变化而频繁变化，这使当前持有的证券投资组合不再是最优组合，因此需要通过一些必要的操作卖掉现有组合中的一些证券，并购买一些新的证券来对旧的组合进行调整，以形成新的组合。这一环节本是对前三个环节的定期重温，而组合修正的目的就是要降低交易成本、提高投资的边际收益。

5. 投资组合业绩评估

在证券投资的动态循环过程中，组合的业绩评估既是对前期投资表现的客观评价，同时也为构造下一步投资组合奠定了基础。组合业绩的评估主要是通过对组合收益和风险的定量评价及对比实现的。

小贴士

华龙证券投资者风险承受能力与风险偏好测试问卷

投资有风险，不同承受能力和风险偏好的客户，应选择不同的投资产品或投资组合。以下测试，帮助您更好地了解自己的风险偏好和风险承受能力。

提示：请在相应选项上打"√"。

（一）客户风险承受能力测试

1. 您现在的年龄是：

A. 60 岁以上　　　　　B. 46～60 岁　　　　　C. 36～45 岁

D. 26～35 岁　　　　　E. 25 岁以下

2. 您的健康状况如何？

A. 一直都不是很好，要经常吃药和去医院

B. 有点不好，不过目前还没什么大问题，我担心当我老了的时候会变得恶劣

C. 至少现在还行，不过我家里人有病史

D. 还行，没大毛病

E. 非常好

3. 是否有过投资股票、基金或债券的经历？

A. 没有　　　　　B. 有，少于 3 年　　　C. 有，3～5 年　　　D. 有，超过 5 年

4. 您目前投资的主要目的是什么？

A. 确保资产的安全性，同时获得固定收益

B. 希望投资能获得一定的增值，同时获得波动适度的年回报

C. 倾向于长期的成长，较少关心短期的回报和波动

D. 只关心长期的高回报，能够接受短期的资产价值波动

5. 您投资的总额占您个人（或家庭）总资产（含房产等）的：

A. 低于 10%　　　　　B. 10%～25%　　　　　C. 25%～40%

D. 40%～55%　　　　　E. 55% 以上

6. 您预期的投资期限是：

A. 少于 1 年　　　　　B. 1～3 年　　　　　C. 3～5 年

D. 5～10 年　　　　　E. 10 年以上

7. 在您投资 60 天后，价格下跌 20%。假设所有基本面均未改变，您会怎么做？

A. 为避免更大的担忧，全部卖掉再试试其他的

B. 卖掉一部分，其余等着看看

C. 什么也不做，静等收回投资

D. 再买入。它曾是好的投资，现在也是便宜的投资

8. 您有没有想过如果有一天您的财务状况发生很大的变化，比如说突然有一笔很大的开支，这笔开支可能会动用您 10% 的个人资产或更多？

A. 没想过，我感觉这种大变化不会在我身上发生

B. 经常想，我很担心整个生活都将变得一团糟，可是我又有什么办法呢？

C. 想过一两次，感觉挺可怕的

D. 曾经有想过一两次，但是我还年轻，无所谓的

9. 您对您目前的财务状况满意吗?

A. 不太好，常常要借钱

B. 刚刚好，我要特别小心打理

C. 我做得还行，一直按照我人生的规划在顺利进行

D. 特别好，现在想买什么就买什么

10. 当您退休后，您计划做什么:

A. 节俭的生活，避免把钱花光

B. 继续工作挣钱，因为我的养老金估计不够用

C. 享受人生，周游世界

D. 努力花钱，直到去见上帝之前还要给上帝带上一件最奢侈的礼物

（二）客户风险偏好测试

1. 风险投资于您而言:

A. 我觉得很危险　　B. 可以尝试低风险　　C. 比较感兴趣　　D. 非常感兴趣

2. 您的亲友会以下列哪句话来形容您?

A. 您从来都不冒险

B. 您是一个小心、谨慎的人

C. 您经仔细考虑后，您会愿意承受风险

D. 您是一个喜欢冒险的人

3. 假设您参加一项有奖竞赛节目，并已胜出，您希望获得的奖励方案是什么?

A. 立刻拿到 1 万元现金

B. 有 50% 的机会赢取 5 万元现金的抽奖

C. 有 25% 的机会赢取 10 万元现金的抽奖

D. 有 5% 的机会赢取 100 万元现金的抽奖

4. 因为一些原因，您的驾照在未来的三天无法使用，您将:

A. 搭朋友的便车、坐出租或公车

B. 白天不开，晚上交警少的时候可能开

C. 小心点开车就是了

D. 开玩笑，我一直都是无照驾驶的

5. 有一个很好的投资机会刚出现。但您得借钱，您会选择融资吗?

A. 不会　　　　　　B. 也许　　　　　　C. 会

6. 您刚刚有足够的储蓄实践你自己一直梦寐以求的旅行，但是出发前三个星期，您忽然被解雇。您会:

A. 取消旅行

B. 选择另外一个比较普通的旅行

C. 依照原定的计划，因为您需要充足的休息来准备寻找新的工作

D. 延长路程，因为这次旅行可能成为您最后一次豪华旅行

7. 如果投资金额为 50 万元人民币, 以下四个投资选择, 您个人比较喜欢:

A. 最好的情况会赚 2 万元 (4%) 人民币, 最差的情况下没有损失

B. 最好的情况会赚 8 万元 (16%) 人民币, 最差的情况下损失 2 万元 (4%) 人民币

C. 最好的情况会赚 26 万元 (52%) 人民币, 最差的情况下损失 8 万元 (16%) 人民币

D. 最好的情况会赚 48 万元 (96%) 人民币, 最差的情况下损失 24 万元 (48%) 人民币

8. 如果您收到了 25 万元的意外财产, 您将:

A. 存到银行里

B. 投资到债券或债券型基金

C. 投资到股票或股票型基金

D. 投入到生意中

根据测试, 您的风险承受能力测试评分为 ＿＿＿＿＿＿＿＿＿ 分; 风险偏好测试评分为 ＿＿＿＿＿＿＿ 分。

风险承受能力类型为 ＿＿＿＿＿＿＿＿＿＿＿＿＿＿＿ ; 风险偏好类型为 ＿＿＿＿＿＿＿ ＿＿＿＿＿＿＿＿＿＿。

使用说明:

本测试仅适用于个人投资者, 其结果作为向个人投资者设计投资组合方案的参考。

评分标准及分类: A×1 分; B×2 分; C×3 分; D×4 分; E×5 分。

风险承受能力类型 (最低 10 分, 最高 44 分): 10～15 分为保守型, 16～20 分为收益型, 21～30 分为稳健型, 31～38 分为进取型, 39 分以上为积极进取型。

风险偏好类型 (最低 8 分, 最高 31 分): 8～15 分为风险厌恶型, 16～25 分为风险中性, 26 分及以上为风险偏好型。

资料来源: 华龙证券官网

二、证券投资分析方法

基本分析法和技术分析法是证券投资分析的两个最重要的方法。在证券市场上, 这两种分析方法相互联系又相互独立, 共同构成对证券市场的完整分析。

1. 基本分析法

基本分析法是对上市公司的基本数据、宏观数据进行分析以判定证券的内在投资价值, 衡量其价格是否合理, 提供投资者选择证券的依据。其理论基础在于: ①任何一种投资对象都有一种可以称为"内在价值"的固定基准, 且这种内在价值可以通过对该种投资对象的现状和未来前景的分析而获得。②市场价格和内在价值之间的差距最终会被市场所纠正, 因此市场价格低于 (或高于) 内在价值之日, 便是买 (卖) 机会到来之时。

进行基本分析主要从宏观经济分析、行业分析、公司分析三方面入手。

宏观经济分析主要探讨经济运行、经济政策、国内外金融市场及政治因素等对证券价格的影响。经济运行主要是看经济指标, 如 GDP、利率水平、货币供给、物价指数等。经济政策则主要包括货币政策、财政政策、收入分配政策等。

行业分析是介于宏观经济分析与公司分析之间的中观层次的分析。行业分析主要分析行业所属的不同市场类型、所处的不同生命周期以及行业的业绩对证券价格的影响。行业的发展状况对该行业上市公司的影响是巨大的。从某种意义上说，投资某个上市公司，实际上就是以某个行业为投资对象，即"板块效应"。

公司分析是基本分析的重点，主要包括公司基本素质分析、公司财务分析等。公司基本素质分析指的是公司竞争地位、所处区位、公司产品和经营能力分析。财务分析则是依据财务报表和财务指标，做出的进一步的分析、比较、组合、分解，用以说明企业的财务状况是否健全、企业的经营管理是否妥善、企业的业务前景是否光明。财务分析的主要目标有公司的偿债能力、公司的资本结构、公司的经营效率、公司的赢利能力和公司的投资收益状况。

基本分析法能较全面地把握证券价格的基本走势，其在应用上也比较简单。但缺点是对短线投资者的指导作用相对较弱，预测的精确度相对较低。主要适合周期比较长的证券价格预测，以及相对成熟的证券市场和预测精度不高的领域。

2. 技术分析法

技术分析是以证券市场过去和现在的市场行为作为分析对象，应用数学和逻辑的方法，寻找一些典型的变化规律，并据此预测证券市场未来变化趋势的技术方法。由于技术分析运用了广泛的数据资料，并采用了多种数据处理方法，因此受到了投资者的重视和青睐。技术分析法不但用于证券市场，还广泛应用于外汇、期货和其他金融市场。如果能正确运用技术分析法，则很大程度上能够增加我们预见未来和相对当前形势下做出正确判断的能力。在证券市场上仅仅凭借运气和直觉是远远不够的，必须借助科学的方法对自己的行为进行指导。

作为一种投资分析工具，技术分析是以一定的假设条件为前提的。这些假设是：市场行为包含一切信息；证券价格沿着趋势移动；历史会重演。这些假设是我们进行技术分析的理论基础，虽然这些假设并不完美，但也不能因此而否定它们，承认并且认识其不足才是合理的。

证券市场中，价格、交易量、时间和空间是进行分析的几个要素。市场行为的最基本表现就是交易价格和交易量。过去和现在的交易价格、交易量包含了过去的和现在的市场行为。技术分析便是利用过去和现在的交易量、交易价资料，以图形和指标分析工具来分析、预测未来的市场走势。价格、交易量是技术分析的基本要素，一切技术分析方法都是以价格与交易量的关系为研究对象的，目的就是分析、预测未来的价格趋势，为投资决策提供服务。在进行行情判断时，时间有着很重要的作用。一个已经形成的趋势在短时间内不会发生根本改变，中途出现的反方向波动，对原来趋势不会产生大的影响。空间可以认为是价格的一方面，指的是价格波动能够达到的极限。

技术分析法多种多样，每一个方法都有其独特的优势和功能，也有不足之处。没有任何一种方法能够概括股价走势的全貌。实践证明，单独使用一种技术分析法有相当大的局限性和盲目性，甚至会得出错误的买卖信号。为了避免不必要的损失和错误，只有将多种技术分析的方法综合使用，相互补充、相互印证，才能减少出错的机会，提高决策的准确性。各种技术分析的理论和方法都是前人或别人在一定的特殊条件和特定环境下得到的。随着环境的变化，别人的成功方法自己在使用时却有可能失败。因此，在使用技术分析方法时，要注意掌握各种分析方法的精髓，并根据实际情况做适当的调整。同时，只有将各种方法应用于实际，并经过实践检验后成功的方法才是好的方法。

技术分析的优点是同市场接近，考虑问题比较直接。与基本分析相比，通过技术分析指导证券买卖见效快，获得利益的周期短。此外，技术分析对市场的反应比较直接，分析的结果也更接近实际市场的局部现象。技术分析的缺点是眼光太短，考虑问题的范围相对较窄，对市场长远的趋势不能进行有益的判断。正是由于这个原因，技术分析在给出结论的时候，只能给出相对较短的结论。在中国市场，要得到长时间的预测，仅仅依靠技术分析是不够的。所以技术分析必须与基本分析结合起来使用。

3. 基本分析与技术分析比较

基本分析法的基点是事先分析，就是在基本因素变动对市场发生影响之前分析市场的可能走势，从而做出相应的决策。但基本分析法在很大程度上依赖经验判断，其预测的精度较低，受投资者的主观能力制约较大。技术分析是事后分析，以过去的数据、图形、统计方法来说明问题，受投资者的主观判断影响较小。但未来绝对不会是对过去的简单重复，所以仅依靠过去的数据也并不十分可靠。因此要提高预测准确性，我们只要将两者结合起来进行分析，才能既保留技术分析的优点，又考虑到基本因素的影响，准确地预测走势。

简单地讲，基本分析解决的是购买何种股票的问题，而技术分析则解决的是何时购买的问题。总之，证券投资者应该正确掌握证券投资基本分析和技术分析理论。做到融会贯通、扬长避短，形成一套分析理论，才能适应证券市场不断发展的需要，在长期的证券投资中取得持续成功。

想一想

巴菲特的投资方法

巴菲特认为，成功投资的重要因素是企业的实质价值和支付一个合理划算的交易价格。巴菲特从不投资不了解的企业，在他四十年的投资职业生涯里，只有十二个投资决策，但它们造就了他今日与众不同的成功地位。

当大企业有暂时性的麻烦或股市下跌，并创造出有利可图的交易股价，应进场买下这些大企业的股票，不要再试着预测股票市场的方向、经济形势、利率或选举结果，并停止浪费金钱在以此糊口的人身上；研究公司的现况和财务情形，并评估公司将来的展望，当一切都合你意的时候，就买下它。

许多人盲目投资，从某方面来说，就像通宵玩牌，却不曾看清手中的牌一样。投资人谨慎透彻地做好投资研究，只要专注地持有少数几种股票，便可大大降低投资风险。通常巴菲特的普通股持股，仅有五种不同的股资组合。

巴菲特的投资策略核心是"买进和持有"——Buy and Hold，即买进优良企业，拥有这个投资数年，然后根据企业经营之收益获利。这个观念简单又直接，投资人很容易明了这个方式的原理。

巴菲特投资决策依据的基本原则：

1. 企业原则：这家企业简单且对它了解吗？这家企业的经营历史是否稳定？这家企业的长期发展远景是否看好？

2. 经营原则：经营者是否理性？经营者对股东是坦诚的吗？经营者是否会盲从其他法人机构的行为？

3. 财务原则：把重点集中在股东权益报酬率，而不是每股盈余；计算出股东盈余，寻找毛利率高的公司；对于保留的每一块钱盈余，确定公司至少已经创造了一块钱的市场价值。

4. 市场原则：这家企业有多少实质价值？这家企业能否以显著的价值折扣购得？

巴菲特的投资策略很简单，那就是：不理会股票市场每日的涨跌，不担心经济形势，买下一家公司而不是股票，管理企业投资组合。

思考：巴菲特做证券投资时，更倾向于什么分析方法？你赞同他的看法吗？

模块三　证券投资价值分析

证券投资价值又称为证券理论价值。作为投资者，如果能洞晓某只证券的投资价值，在面对纷繁复杂的市场价格变动时，将更易做出正确的投资判断。那么证券的投资价值如何计算呢？

一、债券投资价值

1. 债券投资价值的一般公式

单利、复利条件下终值 P_n 的公式：

单利：$P_n = P_0 (1 + in)$　　复利：$P_n = P_0 (1 + i)^n$

单利、复利条件下现值 P_0 公式：

单利：$P_0 = \dfrac{P_n}{(1 + in)}$　　复利：$P_0 = \dfrac{P_n}{(1 + i)^n}$

式中，i 为每期的利率，P_n 为终值，P_0 为现值，n 为期限。

投资债券需要计算的是其现值，也即 P_0。实际上，无论是分期付息债券还是到期一次性还本付息债券，其现金流都包括息票利息和本金。那么，计算其投资价值，需要把每一期的现金流的现值求出并加总即可。

（1）单利计息

如果按单利计息，债券投资价值为：

$$P_0 = \frac{C}{1 + r} + \frac{C}{1 + 2r} + \cdots + \frac{C + M}{1 + rn}$$

式中，r 为预期收益率（也称必要收益率），M 为本金，C 为利息，$C = M \times i \times n$。如果是一次性还本付息债券，那么每期利息 $C = 0$，则：

$$P_0 = \frac{C + M}{1 + rn} = \frac{M(1 + in)}{1 + rn}$$

（2）复利计息

如果按复利计息，债券投资价值为：

$$P_0 = \frac{C}{1 + r} + \frac{C}{(1 + r)^2} + \ldots + \frac{C + M}{(1 + r)^n}$$

式中，r 为预期收益率（也称必要收益率），M 为本金，C 为利息，$C = M(1 + i)^n - M$。如果是一次性还本付息债券，那么每期利息 $C = 0$，则：

$$P_0 = \frac{C + M}{(1 + r)^n} = \frac{M(1 + i)^n - M + M}{(1 + r)^n} = \frac{M(1 + i)^n}{(1 + r)^n}$$

2. 债券到期收益率计算

到期收益率也称为内部收益率，即前面公式中 r 值。对于一次性还本付息债券，到期收益率可以变换公式开方计算，但分期付息债券，实际往往使用试错法进行，或用 EXCEL 来计算。

如债券 A 的期限为 5 年，面值 1 000 元，年息 80 元，现行售价为 1 000 元时，其到期收益率 r 值可计算出，为 8%，即 $1\,000 = \dfrac{80}{1+0.08} + \dfrac{80}{(1+0.08)^2} + \cdots + \dfrac{1\,000+80}{(1+0.08)^5}$。

如果其价格提高到 1 100 元，到期收益率 r 值可计算出，为 5.76%，有所下降，即 $1\,100 = \dfrac{80}{1+0.057\,6} + \dfrac{80}{(1+0.057\,6)^2} + \cdots + \dfrac{1\,000+80}{(1+0.057\,6)^5}$。

反之，如果其价格下跌到 900 元，其到期收益率可计算出，为 10.68%，有所提高，即 $900 = \dfrac{80}{1+0.106\,8} + \dfrac{80}{(1+0.106\,8)^2} + \cdots + \dfrac{1\,000+80}{(1+0.106\,8)^5}$。

由此可知，债券预期收益率与市价成反向关系。当到期收益率高于票面利率，债券市价低于票面值，为折价出售（发行）；当到期收益率低于票面利率，债券市价将高于票面值，为溢价出售（发行）；到期收益率与票面利率相等，则为平价出售（发行）。

二、股票投资价值

1. 市盈率估价方法

$$市盈率（P/E） = \frac{每股价格}{每股收益}$$

从公式中可以看出，股票价格可以由股票的市盈率和每股收益的乘积得出。因此，如果能分别估计出股票的市盈率和每股收益，我们就可以估计出股票价格。这种评价方法就是市盈率估价方法。

2. 市净率估价方法

$$市净率（P/B） = \frac{每股价格}{每股净资产}$$

上述公式中的每股净资产又称"账面价值"，指每股股票所含的实际资产价值。它是支撑股票市场价格的物质基础，同时也代表公司解散时股东可分得的权益，通常被认为是股票价格下跌的底线。每股净资产的数额越大，表明公司内部积累越雄厚，抵御外来因素影响的能力越强。正因为市净率反映的是相对净资产，即股票当前市场价格处于较高水平还是较低水平。市净率越大，说明股价处于较高水平；反之，市净率越小，说明股价处于较低水平。

市净率与市盈率相比，前者通常用于考察股票的内在价值，多为长期投资者所重视；后者通常用于考察股票的供求状况，更为短期投资者所关注。

3. 股票投资价值一般公式

一种资产的内在价值等于预期现金流的贴现值。对于股票来说，这种预期的现金流即在未来时期预测支付的股利，因此，股票价值 V 的公式为：

$$V = \frac{D_1}{1+k} + \frac{D_2}{(1+k)^2} + \cdots + \frac{D_\infty}{(1+k)^\infty} = \sum_{t=1}^{\infty} \frac{D_t}{(1+k)^t}$$

式中，V 为股票在期初的内在价值；D_t 为时期 t 未以现金形式表示的每股股息；K 为一定风险程度下现金流的合适的贴现率（也称必要收益率）。

净现值 NPV = 内在价值与投资成本之差，即

$$NPV = V - P = \sum_{t=1}^{\infty} \frac{D_t}{(1+k)^t} - P$$

式中，P 为最初时购买股票的成本。

如果 $NPV > 0$，意味着所有预期的现金流入的现值之和大于投资成本，即这种股票价格被低估，因此购买这种股票可行。如果 $NPV < 0$，意味着所有预期的现金流入的现值之和小于投资成本，即这种股票价格被高估，因此不可购买这种股票。

三、基金投资价值

1. 开放式基金

（1）申购价格

开放式基金由于负有在中途购回基金份额的义务，所以一般不进入证券交易市场流通买卖，而是主要在场外进行。投资者购入开放式基金份额时，除了支付资产净值之外，还要支付一定的销售附加费用。也就是说，开放式基金的申购价格包括资产净值和弥补发行成本的销售费用，当然在投资者大量购买时，附加费可给予一定的优惠。开放式基金的申购价格、资产净值和附加费之间的关系可用下式表示：

$$申购价格 = \frac{资产净值}{1 - 附加费}$$

（2）赎回价格

开放式基金承诺可以在任何时候根据投资者的个人意愿赎回其基金份额。对于赎回时不收取任何费用的开放式基金来说，其赎回价格等于资产净值。

对于赎回时收取费用的开放式基金，其费用是按照基金投资年数不同而设立不同的赎回费率收取，持有基金份额时间越长，费率越低，当然也有一些基金收取统一费率。在这种情况下，开放式基金的赎回价格与资产净值和附加费的关系是：

$$赎回价格 = \frac{资产净值}{1 + 附加费}$$

可见，开放式基金的价格仅与资产净值密切相关，只要资产净值估算准确，基金的申购和赎回就没有任何问题。

2. 封闭式基金

封闭式基金类似于股票，发行期满后一般都申请上市交易。股票价值的分析方法也可类推到封闭式基金中。影响封闭式基金交易价格的因素主要有基金资产净值、市场供求关系、宏观经济状况、证券市场状况、基金管理者的管理水平及政府有关基金的政策六个方面。其中，确定基金价格最根本的依据也是每基金单位资产净值及其变动情况。

封闭式基金价值的分析也可以采用收入的资本化定价方法。这里的关键是确定各期预期货币收入和合适的贴现率。各期预期的货币收入取决于基金的收益和基金的费用。

基金的收益主要包括利息收入、股息和红利收入、资本利得等，基金的费用包括管理费、保管费、准备费等。

课后复习题

一、名词解释

证券投资　证券市场　基本分析法　技术分析法

二、单项选择题

1. （　　）是证券市场交易中，最为活跃、影响最广，对企业融资和社会经济的发展作用最大的一种证券商品。
   A. 股票　　　　　　　B. 债券　　　　　　　C. 基金　　　　　　　D. 期货
2. 我们常用以下哪个概念表示股票的真正投资价值？（　　）。
   A. 股票的票面价值　　　　　　　　　B. 股票的账面价值
   C. 股票的内在价值　　　　　　　　　D. 股票的发行价格
3. 证券投资基金通过发行基金单位集中的资金，交由（　　）管理和运用。
   A. 基金托管人　　　B. 基金承销公司　　　C. 基金管理人　　　D. 基金投资顾问
4. 基本分析内容主要包括（　　）。
   A. 经济分析、行业分析、公司分析
   B. 公司产品与市场分析、公司财务报表分析、公司证券投资价值及投资风险分析
   C. K 线理论、切线理论、形态理论、技术指标理论、波浪理论和循环周期理论
   D. 经济学、财政金融学、财务管理学、投资学
5. 我们把根据证券市场本身的变化规律得出的分析方法称为（　　）。
   A. 技术分析　　　　B. 基础分析　　　　C. 定性分析　　　　D. 定量分析

三、多项选择题

1. 证券市场的参与者包括（　　）。
   A. 证券发行人　　　　　　　　　　　B. 投资者
   C. 中介机构　　　　　　　　　　　　D. 自律性组织和监管机构
2. （　　）是证券投资分析的两个最重要的方法。
   A. 基本分析法　　　B. 技术分析法　　　C. 价格分析法　　　D. 市场分析法
3. 基本分析主要从（　　）入手。
   A. 宏观经济分析　　　B. 行业分析　　　C. 公司分析　　　D. 价格分析
4. 技术分析中最基本的要素是（　　）。
   A. 价格　　　　　　B. 交易量　　　　　C. 时间　　　　　　D. 空间
5. 技术分析是以一定的假设条件为前提的，这些前提包括（　　）。
   A. 市场行为包含一切信息　　　　　　B. 证券价格沿着趋势移动
   C. 价格波动无规律　　　　　　　　　D. 历史会重演

四、问答题

1. 一个完整的证券投资流程应包含哪些环节？

2. 阐述"有效市场假说"。

3. 比较基本分析法与技术分析法。

技能训练题

1. 按照学号顺序，每次课前 5 分钟由学生做"股市快播"，内容为汇报当前股市有关情况或投资报告，其他同学点评，老师总结。

2. 将全班同学划分成若干个小组，制作证券公司海报。要求：自取证券公司名称，每个小组有自己的座右铭或公司口号，海报有内涵、有特点。待学生完成海报后，可以粘贴展示，并评出成绩。

3. 注册炒股账号，宣讲规则，做好一学期炒股比赛准备。

4. 根据股票行情软件有关信息，计算某只股票、某只基金的投资价值。

宏观经济分析技巧

学习目标

宏观经济分析是进行证券基本分析的基础，也是学习证券投资的最基础一步。通过本项目的教学，力求达到以下目标：

知识目标：

（1）掌握宏观经济分析的内涵、方法、主要指标；

（2）熟悉宏观经济运行与证券市场关系及具体影响原理；

（3）了解国际金融市场、政治因素与证券市场关系及具体影响原理。

能力目标：

（1）能搜集宏观经济资料和常用指标；

（2）能分析 GDP、CPI、经济周期与股市波动关系；

（3）能分析中国当前货币政策、财政政策、收入政策对股市的影响；

（4）能分析汇率、国内外政治因素等对股市的影响。

知识网络图

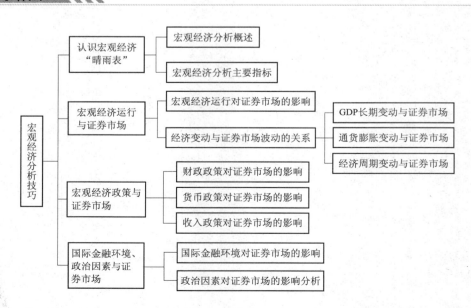

导入案例

1990—2007 年中国经济与股市波动

伴随着 20 世纪 90 年代初社会主义市场经济的探索，中国股票市场从产生、发展至今，仅用了 20 多年的时间，几乎走完了西方发达国家股票市场 200 多年的发展历程。根据上证 A 股指数的历年波动情况，可以把宏观经济调控对股市波动影响分为四个阶段：

第一个阶段：1990 年 4 月—1993 年 6 月，宏观经济政策从松向紧过渡环境下的股市波动状态。1990 年 4 月实行了改革开放以来的第一次利率下调，之后又连续两次下调，加上 1992 年春邓小平南方谈话和中共十四大召开，上证指数由 128.84 点飙升至 1 558.95 点，2 年间升幅高达 1110%。

第二个阶段：1993 年 6 月—1996 年 4 月，宏观经济政策从紧环境下的股市波动状态。这段时期中央宏观调控政策的中心是严控通胀，投资、消费全面紧缩，财政、货币政策都"适度从紧"，经济增长率持续回落，股市不断下行，于 1996 年 1 月见底后，开始走出低谷。

第三阶段：1996 年 4 月—2004 年 4 月，宏观经济政策由紧向松转变条件下的股市波动状态。1996 年 5 月，央行下调利率，大批资金向股市回流，形成了 1996 年 4 月—1997 年 5 月的大涨行情，随着股市投机现象的加重，国务院将印花税从原来的 3‰调整到 5‰，股指由此一路下滑，跌幅达 27% 左右。1997 年受东南亚金融危机的影响，央行再次下调利率，法定准备金也由 13% 降至 8%，随后央行又连续 3 次降低利率，1999 年两次下调利率，法定存款准备金继续降至 6%，造就了 1999 年 5 月至 2001 年 6 月长达两年的牛市行情。2003 年年底 2004 年年初，中国经济出现了投资过快、局部过热、通胀压力加大的新情况，宏观政策又开始由松向紧转变。

第四阶段：2004 年 4 月—2007 年 10 月，宏观经济政策加强改善前提下的股市波动状态。2003 年第二季度到 2004 年第一季度，央行实施了一系列紧缩性调控，2004 年 10 月再次加息，股指继续下探。2005 年 5 月股权分置改革试点工作正式启动，加速了股指的赶底运行，6 月 6 日，上证指数终于探底 998.23 点后企稳横盘，7 月 21 日人民币汇率形成机制改革确立后，人民币开始不断升值。由此拉开了股市随后的主升行情的序幕，股市终于走出长达 4 年的漫漫熊市行情。2007 年人民币升值速度的加快，股市的牛市行情愈加火爆，至 10 月 16 日上证指数史无前例地上涨至 6 124.04 点的历史最高点，相对于 2005 年 6 月 998.23 点的底部，最大涨幅达 513%。

思考：中国股市与宏观经济存在什么样的密切关系？有人说中国股市是政策市，你如何看待？

模块一　认识宏观经济晴雨表

一、宏观经济分析概述

1. 宏观经济分析的意义

人们通常把股市描述为宏观经济的"晴雨表"，其背后原因是宏观经济的调整和变化都会在证券市场上有所反映。事实上，投资者在股海漂泊中，也是借助宏观经济的"东风"来扬帆起航，换言之，证券市场与宏观经济相互影响、密不可分。证券市场是宏观经济的先行指标；通过对宏观经济运行和宏观经济政策进行分析，可以对证券市场价格走势做出基本判断。

宏观经济分析可以通过一系列经济指标的计算、分析和对比来进行。

经济指标是反映经济活动结果的一系列数据和比例关系。经济指标包括先行指标、同步指标和滞后指标三类。先行指标可以对将来的经济状况提供预示性的信息，主要有货币供应量、股票价格指数等。通过同步指标算出的国民经济转折点大致与总的经济活动的转变时间同时发生。同步指标主要包括失业率、国民生产总值等。滞后指标反映的国民经济的转折点一般要比实际经济活动晚半年。滞后指标主要有银行短期商业贷款利率、工商业未还贷款等。

2. 宏观经济分析的方法

宏观经济分析的主要方法有总量分析法和结构分析法，其具体内容如表2-1所示。在实际生活中，应把两种方法结合起来应用。

表 2 - 1　宏观经济分析方法

项目	总量分析法	结构分析法
分析内容	对宏观经济运行总量指标的影响因素及其变动规律进行分析，进而说明整个经济状态和全貌的一种分析方法	对经济系统中各组成部分及其对比关系的变动规律进行分析的一种方法
经济指标	包括个量总和和平均量或比例量	国民生产总值中不同结构中的指标
分析指标	国民生产总值、总投资额、总消费额和物价水平	产业结构分析、消费和投资结构分析、影响经济增长的因素分析
侧重点	侧重于总量指标速度的考察，是对经济运行动态过程的分析	侧重于对一定时期内经济系统中的各组成部分变动规律的研究，是对经济现象相对静止状态的分析

不同的分析方法有不同的特点与性能，但都有一个共同之处，即它们一般都是通过比较来分析问题和说明问题的。正是通过对各种指标的比较或不同时期同一指标的对照才反映出数量的多少、质量的优劣、效率的高低、消耗的大小、发展速度的快慢等，才能为鉴别、判断提供确凿有据的信息。因此，进行宏观分析必须充分发挥比较法的作用。

3. 宏观经济分析资料的收集与处理方法

（1）熟悉指标

宏观经济分析的首要步骤是熟悉反映宏观经济运行状况的各项指标，如国民生产总值、国民收入、通货膨胀率、货币供应量等。各类指标主要包括以下几种。

①总量指标。总量指标指统计资料汇总后得到的总和指标，反映了某种宏观经济现象在一定时间、地点和条件下的规模和水平，是进行宏观分析和研究经济运行客观规律的重要依据。

②相对指标。相对指标是社会经济现象中两个有关指标之比，它表明了各种经济现象间的数量对比关系。相对指标能对社会经济现象间的数量对比关系做出明确的说明。例如，通过将股票指数报告期某行业龙头股票指数与基期该行业龙头股票指数进行对比，可以表明股票市场某一行业的结构、发展速度和相对强度，为深入分析提供依据。

③平均指标。平均指标是指说明同质总体内某一数量标志在一定历史条件下一般水平的综合指标，如人均国民生产总值反映了总体的一般水平。常用的平均指标有算术平均数、加权平均数、几何平均数等，其中最常用的是算术平均数与几何平均数。

（2）收集资料

宏观经济分析所需的有效资料一般包括政府的重点经济政策与措施、一般生产统计资料、金融物价统计资料、贸易统计资料、每年国民收入统计与景气动向、突发性非经济因素等。这些资料的来源主要有以下几种。

①从电视、广播、报纸、杂志中了解世界经济动态与国内经济大事。

②政府部门与经济管理部门，省、市、自治区公布的各种经济政策、计划、统计资料和经济报告，各种统计年鉴，如《中国统计年鉴》《中国经济年鉴》《经济白皮书》等。

③各主管公司、行业管理部门收集和编制的统计资料。

④部门与企业内部的原始记录。

⑤各预测、情报和咨询机构公布的数据资料。

⑥国家和省市领导人报告或讲话中的统计数字和信息等。

对数据资料的要求不仅在于数量要多，还要求具有准确性、系统性、时间性和适用性。

小贴士

宏观经济资料常用网站

中国政府网：http：//www.gov.cn/，可查询国家政策及宏观经济数据等。

国家统计局网：http：//www.stats.gov.cn/，可查询各类宏观经济数据、统计年鉴等。

中国人民银行网：http：//www.pbc.gov.cn/，可查询货币政策、各类金融数据等。

财政部网：http：//www.mof.gov.cn/，可查询财政政策、各类财政数据等。

国家发改委网：http：//www.sdpc.gov.cn/，可查询经济发展政策、宏观调控动态等。

工信部网：http：//www.miit.gov.cn/，可查询工业行业规划和产业政策等。

中国经济网、新浪网、人民网、搜狐网、东方财富网、和讯网等。

（3）预测未来的经济形势

经济预测之所以能够进行，是因为经济现象具有客观规律性，这种规律性是可以认识并且在一定程度上可以控制的。经济预测利用了经济运行的两个基本原理，即经济现象的发展变化是连续的和各种经济现象是相互联系的。根据这两个基本原理，对未来经济形势的预测主要从以下几个方面进行。

①当前经济运行中出现的一些问题。这些问题的存在可能会影响经济的正常运行，那么，它们将对未来经济形势产生何种作用，这种作用是正向的还是反向的，作用程度有多大，针对这些问题政府会采取什么措施，所有这些都会对投资者制定未来投资战略产生重大影响。

②经济发展提出了什么样的要求。经济发展的不同阶段会对能源、交通、农业、工业等提出不同的要求，政府为此而采取的相应措施也会发生变化。这就使投资者必须及时预测可能发生的变化，并调整自己的投资战略。

③由于政治需要或其他一些因素导致的变化。在许多情况下，政治或其他一些因素会对经济发展起到决定性的作用。

国际政治形势的变化，国内政治体制的改革、战争、自然灾害等都可能使经济发展的方向与速度发生很大的改变。这就要求人们对这些问题有一个较为清醒的认识，对可能出现的情况做好应对的准备。

二、宏观经济分析主要指标

1. 国内生产总值

国内生产总值（Gross Domestic Product，GDP）是指一定时期内（一般按年统计）在一国领土范围内所产生的产品和劳务的价值总和，是一国宏观经济成就的根本反映。一国的国内生产总值是指在一国的领土范围内，本国居民和外国居民在一定时期内所生产的、以市场价格表示的产品和劳务的总和，如表2-2所示。国内生产总值的增长速度一般用来衡量经济增长率，即经济增长速度。它是反映一定时期经济发展水平变化程度的动态指标，也是反映一个国家经济是否具有活力的基本指标。值得注意的是，通过国内生产总值指标只能对国民经济发展水平做出一个大致的判断，要深入掌握经济运行的内在规律，还必须对经济运行的变动特点进行分析，也就是要重点对经济运行的质量进行分析。

2. 通货膨胀

通货膨胀是指在纸币流通条件下，由于货币供应量过多，使有支付能力的货币购买力大于商品可供量，从而引起的货币贬值现象。它是商品和劳务价格水平持续明显上涨的过程，这意味着：第一，价格水平的上升必须是明显的，微小上升不能被视为通货膨胀；第二，通货膨胀不是指一次性或短期的价格总水平的上升，而是一个持续的过程；第三，通货膨胀不是指个别商品价格的上涨，而是指价格总水平的上涨。

衡量通货膨胀常用零售物价指数（CPI）、批发物价指数（WPI）、国民生产总值物价平减指数（GNP Deflator）三个指标。其中，零售物价指数反映消费者为购买消费品而付出的价格的变动情况；批发物价指数反映一国商品批发价格上升或下降的幅度；国民生产总值物价平减指数是按当年不变价格计算的国民生产总值与按基年不变价格计算的国民生产总值的比率。使用不同指标计算的通货膨胀的程度是不同的，一般来说，在衡量通货膨胀时，零售物价指数使用得最多、最普遍。通货膨胀从程度上来说有温和的、严重的和恶性的三种。温和的通货膨胀是指年通胀率低于10%；严重的通货膨胀是指两位数的通胀；恶性的通货膨胀则是指三位数以上的通胀。不同程度的通货膨胀对经济产生的影响是不同的。投资者进行投资时必须对通货膨胀产生的可能性及其程度有大致的预测。

小贴士

采购经理人指数

采购经理人指数（Purchasing Manager's Index，PMI）是国际通行的宏观经济监测指标，涵盖生产与流通、制造业与非制造业等领域。同时，PMI又是一项全面的经济指标，概括了编制国整体制造业状况、就业及物价表现，是全球最受关注的经济数据之一。我国制造业PMI由国家统计局和中国物流与采购联合会共同编制，2005年7月6日正式对外发布，共包括新订单、生产、就业、供应商配送、存货、新出口订单、采购、产成品库存、购进价格、进口、积压订单11个指数。

PMI是每月第一个公布的重要数据，加上其反映的经济状况较为全面，因此市场十分重视其反映的具体结果。它以百分比表示，并以50%作为经济强弱的分界点（又称

"荣衰分际线"）：当指数高于 50% 时，则被解释为经济扩张的讯号；当指数低于 50%，尤其是非常接近 40% 时，则是经济萧条的前奏。

如 2014 年 7 月，中国制造业 PMI 指数为 51.7%，比上月上升了 0.7 个百分点，这是 PMI 指数连续第 6 个月回升，显示包括中小企业在内的中国制造业继续企稳并扩张的趋势。

3. 利率

利率是指借贷期内形成的利息额与本金的比率，是债务人支付给债权人使用资金的代价，也是债权人出让资金使用权所获得的报酬。除了与整体经济密切相关之外，利率还影响人们的储蓄、投资和消费行为，同时利率结构也影响居民金融资产的选择，影响投资者持有证券的结构。

4. 汇率

汇率是外汇市场上一国货币与他国货币相互交换的比率。国际金融市场上的外汇汇率是由一国货币所代表的实际社会购买力平价和自由市场对外汇的供求关系所决定的。总的来说，降低汇率会扩大国内总需求，提高汇率会缩减国内总需求。一国的汇率会因该国的国际收支状况、通货膨胀水平、利率水平、经济增长率的变化而波动，汇率的变动对一国的国内经济、对外经济及国际经济联系都产生重大影响。

5. 财政收支

财政收支包括财政收入和财政支出两个方面。财政收入是国家为了实现政府职能的需要，通过税收等渠道集中的公共性资金收入；财政支出则是为满足政府执行职能需要而使用的财政资金。如表 2-2 所示，在财政收支平衡的条件下，财政支出的总量并不能扩大和缩小总需求，但财政支出的结构会改变消费需求和投资需求的结构。在总量不变的条件下，两者是此多彼少的关系，即扩大了投资，消费就会减少；扩大了消费，投资就必然减少。所以，在进行需求结构调整时，适当调整财政的支出结构就能产生明显的效应。

6. 国际收支

国际收支是一国居民在一定时期内与非居民在政治、经济、军事、文化及其他往来中所产生的全部交易的系统记录。国际收支包括经常项目和资本项目。经常项目主要反映我国的贸易和劳务往来状况，包括贸易收支、劳务收支和单方面转移，是最具综合性的对外贸易指标；资本项目则集中反映我国同国外资金往来的情况，反映我国利用外资和偿还本金的执行情况。全面了解国际收支状况有利于从宏观上对一个国家的开放规模和开放程度进行规划、预测和控制。开放规模与开放程度又对证券市场产生直接的影响。

7. 固定资产投资规模

固定资产投资规模是指一定时期内在国民经济各部门、各行业固定资产再生产中投入资金的数量，如表 2-2 所示。投资规模是否适度是影响经济稳定与增长的一个决定因素。投资规模过小，则不利于为经济的进一步发展奠定物质技术基础；投资规模安排得过大，超过一定时期内人力、物力和财力的可能时，又会造成国民经济比例的失调，导致经济大起大落，直接影响证券市场的稳定。

8. 货币供应量

货币供应量是指某个时点上全社会承担流通和支付手段的货币存量。目前，根据我国实际情况，中国人民银行将我国货币供应量指标分为以下四个层次。$M0$，流通中的现金；$M1 = M0 + $ 企业活期存款 + 机关团体部队存款 + 农村存款 + 个人持有的信用卡类存款；$M2 = M1 + $ 城乡居民储蓄存款 + 企业存款中具有定期性质的存款 + 外币存款 + 信托类存款；$M3 = $

M2 + 金融债券 + 商业票据 + 大额可转让存单等。其中，M1 是我们通常所说的狭义货币量；其流动性较强；M2 是广义货币量；M2 与 M1 的差额是准货币，流动性较弱，如表 2 - 2 所示；M3 是考虑到金融创新的现状而设立的，暂未测算。

表 2 - 2　宏观经济主要指标（2012—2015 年）

宏观经济主要指标	2012 年	2013 年	2014 年	2015 年
国内生产总值/亿元	539 117	590 422	644 791	676 708
全社会固定资产投资/亿元	374 695	446 294	512 021	562 000
商品零售价格指数（上年 = 100）	102.00	101.40	101.00	100.44
工业生产者出厂价格指数（上年 = 100）	98.30	98.10	98.1	94.8
人民币对美元汇率（美元 = 100）/元	631.25	619.32	614.28	622.84
财政收入/亿元	117 254	129 143	140 370	152 217
财政支出/亿元	125 952.97	139 744.26	151 786	175 768
货物进出口差额/亿元	14 558	16 053	23 526	36 770
货币和准货币供应量/万亿元	97.42	110.65	122.84	139.2

数据来源：2012—2014 年数据来源于《中国统计年鉴》，2015 年数据来源于《2015 年国民经济和社会发展统计公报》。

模块二　宏观经济运行与证券市场

一、宏观经济运行对证券市场的影响

证券市场与宏观经济的关系表现在两个方面：一是证券市场是宏观经济的先行指标；二是宏观经济的走向决定了证券市场的长期趋势。宏观经济因素是影响证券市场长期走势的唯一因素，其他因素可以影响或改变证券市场的中短期走势，但不能改变其长期的走势。宏观经济对证券市场的影响是通过企业经济效益、居民收入水平、投资者对证券价格的预期和资金成本等途径实现的。宏观经济对证券市场的影响途径如图 2 - 1 所示。

在企业经济效益方面，无论长期效益还是短期效益，宏观经济环境都会影响企业的经营。企业的经济效益会随着宏观经济运行周期、宏观经济、利率水平和物价水平等宏观经济因素的变动而变动。如果政府采取强有力的宏观调控政策刺激经济发展，宏观经济运行趋于良好态势，企业和居民的投资需求和消费需求高涨，企业总体赢利水平提高，证券市场价格自然会上涨。反之，证券市场价格会下跌。

在经济周期处于上升阶段或在提高居民收入政策的作用下，居民收入水平提高，这必然会在一定程度上拉动消费需求，从而增加相关企业的经济效益。居民收入水平的提高也会直接促进证券市场的投资需求，影响证券价格的变动。

投资者对证券市场价格的预期，也就是投资者的信心，这是宏观经济影响证券市场走势的重要途径。当宏观经济趋好时，投资者预期企业效益和自身的收入水平上升，证券市场自然人气旺盛，从而推动市场平均价格走高；反之，则会令投资者对证券市场的信心下降，使证券价格走低。

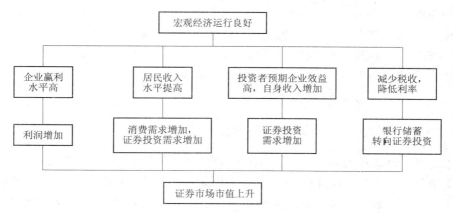

图 2-1　宏观经济对证券市场的影响途径

当国家经济政策发生变化，如采取调整利率水平、市场化信贷政策、征收利息税等政策，居民和企业的资金持有成本将发生变化，从而影响证券市场价格的走势。

二、经济变动与证券市场波动的关系

宏观经济运行通常以各种指标来监测和反映，这些指标的变动会引起证券市场的波动。

1. GDP 长期变动与证券市场的关系

国内生产总值的变动与证券市场的走势紧密相关。在上市公司行业结构与该国产业结构基本一致的情况下，股票平均价格变动与 GDP 变化趋势相吻合。当 GDP 持续低落时，上市公司利润持续回落，国民收入和个人收入不断降低，人们对经济形势形成悲观的预期，投资积极性下降，从而促使证券价格下跌。反之，证券价格上升。

如果 GDP 出现由负增长向正增长转变的趋势，证券市场的走势也将由下跌转为上升；如果 GDP 由低速增长转为高速增长，证券价格也会快速上涨。需要指出的是，证券市场一般会提前对 GDP 的变动做出反应，因此，实际对 GDP 变动进行预测时必须着眼于未来，这是一个基本的原则。GDP 变动与证券市场的关系如图 2-2 所示。

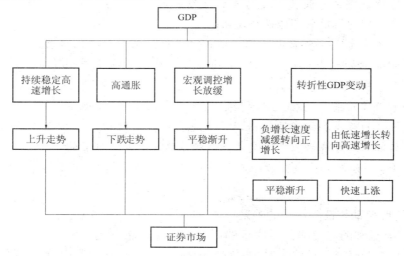

图 2-2　GDP 变动与证券市场关系

1990—2003 年，我国证券市场指数趋势与 GDP 趋势基本一致，总体呈上涨趋势。但在部分年份里，股价指数与 GDP 走势也出现了多次背离的现象。因此，必须将 GDP 与经济形势结合起来考察，不能简单地以为 GDP 增长了，证券市场就会出现上升的走势，实际上有时往往相反，关键是看 GDP 的变动是否导致各种经济因素的恶化。

看一看

中国经济增长与股市背离

股市是经济的"晴雨表"，这是经济学和金融学的"公理"。所谓"公理"，是大家的一致看法，并且可以通过这个"公理"来推导出其他的结论。但用这个结论来分析中国的股市和经济却出了问题：2011 年的中国经济及政府财政收入的增长速度都是雄冠全球，但股市跌幅却"熊霸全球"，2011 年的经济增长速度为 9.2%，在所有国家中名列前茅，但股市却表现很差，不仅比"灾难深重"的美国股市差，而且比岌岌可危的欧元区核心国家的股市表现还差。

有人说，股市与经济之间的关系如同"遛狗"："主人"沿着一条直线前进，而"狗"却来回折腾，结果是"主人"走了一千米的路，而"狗"却走了三四千米，但他们一定同时到达终点。因此，以 1 年时间作为考察区间可能太短，将分析和考察的区间拉长，股市与经济增长之间正相关关系就显著了。我们以过去 10 年为区间考察，结果同样令人难以接受。中国经济在过去 10 年里，平均增长超过 9%，遥遥领先全球所有国家，但股市却"原地踏步"——10 年零增长。期间，同属于金砖四国的其他三个国家的股市涨幅都在 200% 以上。

实际上，过去 10 年，无论是我们的股市还是我们的经济增长都处在"不正常"的状态。

股市的"不正常"主要表现在政府高度干预下的扭曲的股价。当扭曲了的股价出现回归时，难以反映经济基本面的变化。自 2012 年年初以来，中国证监会出台了一系列政策措施，如"新股发行制度改革""退市制度改革"等，其主要的作用在于矫正扭曲的股票市场价格体系，方向是完全正确的。但我们应该清醒地看到，由这些新政策实施而导致的股票结构调整，其股价大趋势应该下跌，而不是上涨。在股价回归到正常之前，股价与经济增长的背离现象可能还会发生。

经济的"不正常"主要表现为经济增长方式过度依赖投资的增长和房地产市场的繁荣，这种不可持续的增长影响了上市公司盈利的预期，导致市场估值水平的下降，与GDP 的增长形成强烈反差。

这两个不正常的东西放在一起，构成了不正常的关系。不是经济学的"公理"出了问题，而是我们的股市和经济运行出现了问题。在股价结构扭曲和经济结构扭曲得到纠正之前，简单地通过经济增长的速度来判断股市的运行是不可靠的。

资料来源：《如何看待我国股市与经济增长之间的背离》，银行家，2012 年第 6 期，有删节。

---

2. 通货膨胀变动与证券市场的关系

一般说来，温和的通货膨胀对股价的影响较小；严重的通货膨胀会使企业经营严重受挫，引起股价和债券价格下跌。如果通货膨胀在一定可容忍的范围内持续，而经济处于扩张阶段，产量和就业都持续增长，那么股价也将持续上升。严重的通货膨胀可能从两个方面影响证券价格：其一，资金流出证券市场，引起股价和债券价格下跌；其二，经济扭曲并失去效率，企业筹集不到必需的生产资金，同时原材料、劳务成本等价格飞涨，使企业经营严重受挫，赢利水平下降，甚至使企业倒闭。

政府往往不会容忍通货膨胀长期存在，它必然会使用某些宏观经济政策工具抑制通货膨胀，这些政策必然对经济运行造成影响。通货膨胀时期，并不是所有价格和工资都按同一比率变动，而是相对价格发生变化。这种相对价格变化引起财富和收入的再分配，因而某些公司可能从中获利，而另一些公司可能蒙受损失。通货膨胀不仅产生经济影响，还可能产生社会影响，并影响投资者的心理和预期，从而对股价产生影响。通货膨胀使各种商品价格具有更大的不确定性，也使企业未来经营状况具有更大的不确定性，这样就增加了证券投资的风险。长期严重的通货膨胀必然使经济环境和社会环境恶化，股价也将受大环境的影响而下跌。

通货紧缩带来的经济负增长使股票、债券及房地产等资产价格大幅下降，使银行资产状况严重恶化。而经济危机与金融萧条的出现反过来又大大影响了投资者对证券市场走势的信心。

想一想

下图为1991—2007年我国GDP增长率、上证综合指数增长率、1年期存款利率以及CPI指数的变动图。

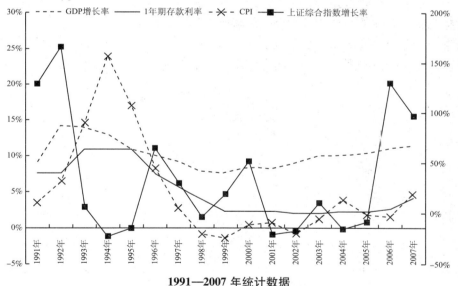

1991—2007年统计数据

说明：除GDP增长率为次坐标轴外，其他三个指标均为主坐标轴。

思考：

（1）上证综合指数增长率、GDP增长率、CPI指数三者自身的变化有何规律？

（2）这三者之间是否存在"此消彼长"或者"提前预见"的关系？为什么？

---

3. 经济周期变动与证券市场的关系

经济总是处在周期性运动之中，股价伴随经济周期的运动而出现波动，但股价的波动超前于经济运动，股价波动是永恒的。证券市场反映了人们对于经济形势的预期，而这种预期又必然反映到投资者的投资行为中，从而影响证券市场的价格。

经济周期是指经济形势由高峰到低谷周而复始的运动，沿着经济发展的总体趋势所经历的有规律的扩张和收缩的过程。一个完整的经济周期包括：复苏—繁荣—衰退—萧条四个阶段。其中经济的复苏和繁荣阶段构成了经济周期中的扩张期，而经济的衰退和萧条阶段则构成了经济周期中的收缩期。经济周期如图2-3所示。

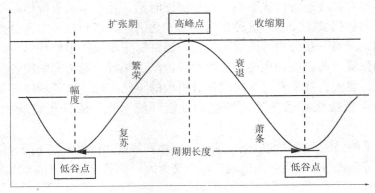

图2-3　经济周期

经济周期与股价变动有着极其紧密的联系。股票价格变动的周期一方面与经济的周期波动相一致，通常表现为股价先行于经济波动，又比经济波动的幅度大；另一方面，它与现实经济变动相脱离，表现为股价变动与金融因素密切相关，即金融因素的变动导致股票价格的变动，结果使股票价格的变动周期比经济周期短。这是因为股市股价的涨落包含投资者对经济走势变动的预期和投资者的心理反应等因素。经济周期与股价的关系如图2-4所示。

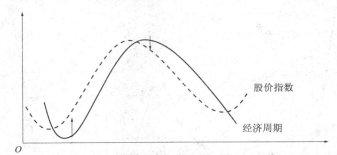

图2-4　经济周期与股价关系

研究发现，美国、日本等几个主要国家股价指数与经济发展周期之间存在相对稳定的关联性。道·琼斯股价指数与美国经济增长的关联性很大。从我国的实证分析来看，由于我国市场经济发展较晚，经济周期性特征尚不明显，但股市大的趋势与经济波动的关联性还是较大的。

通常情况下，经济周期与股价指数的变动不是同步的，而是股价指数先于经济周期。在西方国家，股价指数领先经济周期3~6个月，具体情况如表2-3所示。

表2-3　战后美国股市循环与经济循环时差表

股市高峰与经济高峰的时差			股市低谷与经济低谷的时差		
1948-06	1948-07	1个月	1949-06	1949-10	4个月
1953-01	1953-02	2个月	1953-09	1954-08	11个月

股市高峰与经济高峰的时差			股市低谷与经济低谷的时差		
1956 – 07	1957 – 02	6 个月	1957 – 12	1958 – 05	5 个月
1959 – 07	1968 – 02	6 个月	1960 – 10	1961 – 02	4 个月
1968 – 10	1969 – 03	3 个月	1970 – 06	1970 – 11	5 个月
1973 – 01	1973 – 03	2 个月	1974 – 10	1975 – 03	6 个月
1979 – 10	1980 – 01	3 个月	1980 – 03	1980 – 07	4 个月
1981 – 02	1981 – 07	5 个月	1982 – 08	1982 – 11	3 个月
平均时差为 3.5 个月			平均时差为 5.25 个月		

资料来源：郑宏韬主编《证券投资分析（第 2 版）》第 34 页，电子工业出版社，2012 年 9 月。

　　根据以上的分析，我们知道，股价伴随着经济周期的运动而相应地波动，股价的波动总是超前于经济运动。因此，投资者应该收集有关宏观经济资料和政策信息，随时注意经济发展动向；正确把握当前经济发展处于经济周期的哪个阶段，对未来做出正确的判断；把握经济周期，认清经济形势，不要受股价波动的迷惑而追逐小利或回避小失，以免错过投资机会。根据经济周期进行股票投资的策略是：复苏期持有股票，繁荣期中后期卖出股票，衰退期持有现金，萧条期末期买进股票。

模块三　宏观经济政策与证券市场

　　宏观经济政策是国家为弥补市场失灵，有意识有计划地运用各种政策工具，调节控制宏观经济的运行，以达到一定的政策目标。宏观经济政策主要有财政政策、货币政策、收入政策等，它们在实际运用中，通常会对证券市场产生一定的影响。

一、财政政策对证券市场的影响

　　财政政策的手段有扩张性财政政策和紧缩性财政政策两种。扩张性财政政策是指通过财政分配活动增加和刺激社会总需求，增加国债，使支出大于收入，并出现财政赤字。紧缩性财政政策是指通过财政分配活动减少和抑制社会总需求。财政政策手段的选择是由财政政策的性质及其目标决定的。财政政策的阶级性质和具体目标不同，其所采取的手段也不同。

　　概括地说，财政政策对证券市场的影响是实行扩张性的财政政策，增加财政支出，减少财政收入；增加政府购买、财政补贴、转移支付，减少税收、降低税率、扩大减免税范围；增加社会总需求和总供给，刺激经济发展，使公司业绩上升，经营风险下降，居民收入增加，从而使证券市场价格上涨。反之，实行紧缩性财政政策就会减少财政支出，增加财政收入，导致社会总需求和总供给减少，使过热的经济发展受到抑制，从而使公司利润下滑，居民收入减少，导致证券市场价格下跌。扩张性财政政策对证券市场价格的影响如图 2 – 5 所示。

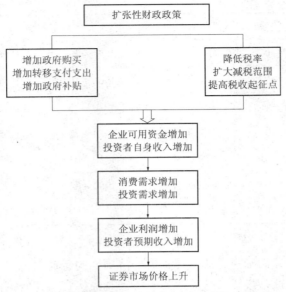

图 2-5　扩张性财政政策对证券市场价格的影响

具体地说，实行扩张性财政政策对证券市场的影响主要表现在以下几个方面。

1. 财政支出对证券市场的影响

扩大财政支出和加大财政赤字可以扩大社会总需求，从而刺激投资，扩大就业。政府通过购买和公共支出增加商品和劳务需求，激励企业增加投入，提高产出水平，于是企业利润增加，经营风险降低，这将使股票价格和债券价格上升。同时，居民在经济复苏中增加了收入，持有货币增加，这种良好的趋势增加了投资者的信心，证券市场人气旺盛，证券市场趋于活跃，证券价格自然上涨。特别是与政府购买和支出相关的企业，如从事基础设施建设的企业，它们将最先、最直接地从财政政策中获益，相关企业的股票价格和债券价格率先上涨。但过度使用此项政策而使财政收支出现巨额赤字时，虽然进一步扩大了需求，但却增加了经济的不稳定性因素，使通货膨胀加剧，物价上涨，还可能使投资者对经济的预期不乐观，造成股价下跌。

2. 税收对证券市场的影响

国家通过调节税收总量和结构可以调节证券投资和实际投资规模，调节社会投资总需求膨胀或补偿有效投资需求的不足。运用税收杠杆可对证券投资者的行为进行调节。对证券投资者的投资所得规定不同的税种和税率，这将直接影响投资者税后的实际收入水平，从而起到鼓励与支持的作用。一般而言，税征得越少，企业用于发展生产和发放股金的盈余越多，投资者用于购买股票的资金越多，因而低税率会对股票投资产生积极的影响。

相反，高税率或适当地增加税额则降低了企业和个人的投资和消费水平，从而阻碍生产发展和经济增长。其政策效应表现在：提高税率和缩小免税范围可以减少企业和居民的收入，抵制经济主体的投资需求，从而减少社会供给，进而减少人们的收入，并同时减少投资主体的投资需求和消费需求。对证券市场的影响表现在：减少收入直接引起证券市场价格下跌，减少投资需求和消费支出又会抑制社会总需求的增长。总需求的减少反过来抑制投资需求，从而使企业缩小生产规模，减少企业利润；而利润下降又将抑制企业扩大生产规模的积极性，进一步降低利润总额，从而抑制股票价格上涨。

看一看

历次印花税调整对股市影响

1991 年 10 月，印花税率从 6‰调整到 3‰，牛市行情启动，上证指数从 180 点升至 1992 年 5 月的 1 429 点，升幅达 694%；1997 年 5 月 12 日，证券交易印花税率由 3‰提高到 5‰，沪指半年内下跌近 500 点，跌幅达到 30% 多。当然，印花税率调整也有失效的时候。1998 年 6 月，证券交易印花税率从 5‰下调至 4‰，由于力度达不到市场预期，股指不升反降，两个月内震荡走低 400 点；在 2001 年 6 月到 2005 年 6 月的熊市中，尽管 2001 年 11 月 16 日，印花税率调低至 2‰，2005 年 1 月 23 日又从 2‰下调为 1‰，都未能阻止股市的下跌，但这并未减弱有关部门灵活运用印花税率这种神奇调控工具的热情。2007 年 5 月 29 日，著名的"半夜鸡叫"，印花税率从 1‰上调到 3‰，引发"5·30 大跌"；从 2008 年 4 月 24 日起，印花税税率由 3‰调整为 1‰，第二天股市走出"4·24 井喷"行情。2008 年 9 月 19 日印花税改为单边征收，沪指当天暴涨 9.45%。印花税作为财政政策之一，其调控工具的功能被发挥到极致。

印花税调整对股市的影响

时间	印花税调整幅度	市场动态
2008 – 09 – 19	证券交易印花税单边征收	沪指当天创史上第三大涨幅，暴涨 179.25 点，涨幅为 9.45%，超过 1 000 只个股涨幅超 9%
2008 – 04 – 24	从 3‰调整为 1‰	沪指收报 3 583 点，暴涨 304 点，涨幅 9.29%，创七年来涨幅最高纪录
2007 – 05 – 30	从 1‰调整为 3‰	两市收盘跌幅均超 6%，跌停个股达 859 家，12 346 亿元市值在一日间被蒸发
2005 – 01 – 23	从 2‰调整为 1‰	1 月 24 日沪指上涨 1.73%
2001 – 11 – 16	从 4‰调整为 2‰	股市产生一波 100 多点的波段行情
1999 – 06 – 01	B 股交易印花税降低为 3‰	上证 B 指一月内从 38 点升至 62.5 点，涨幅高达 50%
1998 – 06 – 12	从 5‰下调至 4‰	当日沪指小幅升涨 2.65%
1997 – 05 – 12	从 3‰上调至 5‰	当天形成大牛市顶峰，此后股指下跌 500 点，跌幅达到 30%
1992 – 06 – 12	按 3‰税率缴纳印花税	当天指数没剧烈反应，盘整一月后从 1 100 多点跌到 300 多点，跌幅超 70%
1991 – 10	深市调至 3‰，沪市开始双边征收 3‰	大牛市行情启动，半年后上证指数从 180 点飙升至 1 429 点，升幅高达 694%

3. 国债对证券市场的影响

国债是国家按照有偿信用原则筹集财政资金的一种形式，同时也是实现政府财政政策、进行宏观调控的重要工具。国债对证券市场的影响表现在，国债本身是构成证券市场上金融资产总量的一个重要部分。由于国债的信用程度高、风险水平低，国债的发行量较大时会使证券市场风险和收益的一般水平降低。国债税率的升降变动严重影响其他证券的发行和价格。当国债利率水平提高时，投资者就会把资金投放到既安全收益又高的国债上。因此，国债和股票是竞争性金融资产，当证券市场一定或增长有限时，过多的国债发行会影响股票的发行和交易量，导致股票价格下跌。相反，减少国债发行（或回购部分短期国债）或国债发行规模的缩减会使市场供给量减少，从而对证券市场原有的供求平衡产生影响，导致更多的资金转向股票，推动证券市场价格上扬。

二、货币政策对证券市场的影响

货币政策是中央银行为实现特定的经济目标而采用的各种控制和调节货币供应量及利率，进而影响宏观经济的方针和措施的总和。货币政策主要是通过调控货币供应总量保持社会总供给与总需求的平衡；通过调控利率和货币总量控制通货膨胀，保持物价总水平的稳定；调节国民收入中消费与储蓄的比例，引导储蓄向投资的转化并实现资源的合理配置。其主要内容包括货币政策目标和货币政策工具。

货币政策的目标是稳定物价、充分就业、经济增长和国际收支平衡。稳定物价是指一般物价水平在短期内没有显著的或急剧的波动；充分就业通常是指有能力并自愿参加工作的人都能在较合理的条件下随时找到工作；经济增长通常是指一国国民生产总值的增长，经济增长的程度表示了一国的生产能力和经济实力；国际收支平衡是指一国对他国的全部货币收入和货币支出相抵，略有顺差和逆差。

货币政策工具主要包括存款准备金政策、再贴现政策和公开市场业务。存款准备金政策指在国家法律所赋予的权利范围内，通过规定或调整商业银行交存中央银行的存款准备金率，控制商业银行的信用创造能力，间接调节社会货币供应量；再贴现政策是指中央银行通过制定或调整再贴现率来干预和影响市场利率及货币市场的供应和需求，从而调节市场货币供应量的一种手段；公开市场业务是指中央银行在公开市场上买进卖出有价证券的业务。公开市场业务并不是在所有国家都能开展，它只能在具有完善的金融市场和以政府债券为主的大量有价证券买卖的经济发达国家中开展。

货币政策的运作包括紧缩的货币政策和扩张的货币政策。紧缩的货币政策是指减少货币供应量、提高利率，加强信贷控制等。紧缩的货币政策减少了社会总需求，同时也减少了对证券的需求，使证券价格下降。扩张的货币政策是指降低法定存款准备金率、降低再贴现率、增加货币供应量、放松信贷控制等。扩张的货币政策增加了社会总需求，同时也增加了对证券的需求，有利于证券价格上升。

1. 法定存款准备金率与证券市场的关系

法定存款准备金率是指中央银行规定的金融机构为满足客户提取存款和资金清算需要而准备的在中央银行的存款占其存款总额的比例。当经济萧条时，若中央银行降低法定存款准备金率，则商业银行可用的资金增加、贷款能力扩大，货币乘数变大，市场货币流通量便会增加。所以，在通货紧缩时，中央银行可降低法定准备金率。反之，则提高法定存款准备金率。由于存款准备金率对商业银行的影响和控制是最强有力的，具有强制性，直接影响银行系统内的资金量，因而它对经济的影响相对其他货币政策手段更直接有效。但若调节过度，对经济的危害作用也会随之扩大。降低法定存款准备金率与股价指数上升关系如图 2 - 6 所示。

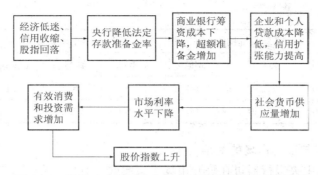

图 2-6 降低法定存款准备金率与股价指数上升的关系

表 2-4 是 2008—2015 年中国人民银行实行差别存款准备金率调整的当天上证综合指数涨跌情况。

表 2-4 存款准备金率调整后股市表现（2008—2015 年）　　　　　%

公布日	大型金融机构			小型金融机构			股市
	调整前	调整后	幅度	调整前	调整后	幅度	沪指
2015-06-27	18.50	18.00	-0.50	15.00	14.50	-0.50	-3.34
2015-04-19	19.50	18.50	-1.00	16.00	15.00	-1.00	-1.64
2015-02-04	20.00	19.50	-0.50	16.50	16.00	-0.50	-1.18
2012-05-12	20.50	20.00	-0.50	17.00	16.50	-0.50	-0.60
2012-02-18	21.00	20.5	-0.50	17.50	17.00	-0.50	0.20
2011-11-30	21.50	21.00	-0.50	18.00	17.50	-0.50	2.29
2011-06-14	21.00	21.50	0.50	17.50	18.00	0.50	-0.95
2011-05-12	20.50	21.00	0.50	17.00	17.50	0.50	0.95
2011-04-17	20.00	20.50	0.50	16.50	17.00	0.50	0.22
2011-03-18	19.50	20.00	0.50	16.00	16.50	0.50	0.08
2011-02-18	19.00	19.50	0.50	15.50	16.00	0.50	1.12
2011-01-14	18.50	19.00	0.50	15.00	15.50	0.50	-3.03
2010-12-10	18.00	18.50	0.50	14.50	15.00	0.50	2.88
2010-11-19	17.50	18.00	0.50	14.00	14.50	0.50	-0.15
2010-11-10	17.00	17.50	0.50	13.50	14.00	0.50	1.04
2010-05-02	16.50	17.00	0.50	13.50	13.50	0.00	-1.23
2010-02-12	16.00	16.50	0.50	13.50	13.50	0.00	-0.49
2010-01-12	15.50	16.00	0.50	13.50	13.50	0.00	-3.09
2008-12-22	16.00	15.50	-0.50	14.00	13.50	-0.50	-4.55
2008-11-26	17.00	16.00	-1.00	16.00	14.00	-2.00	-2.44
2008-10-08	17.50	17.00	-0.50	16.50	16.00	-0.50	-0.84

公布日	大型金融机构			小型金融机构			股市
	调整前	调整后	幅度	调整前	调整后	幅度	沪指
2008 – 09 – 15	17.50	17.50	0.00	17.50	16.50	– 1.00	– 4.47
2008 – 06 – 07	16.50	17.50	1.00	16.50	17.50	1.00	– 7.73

2. 公开市场业务与证券市场的关系

公开市场业务即中央银行通过在公开市场上买卖政府有价证券，以扩大或收缩货币供应量的行为。如果经济萧条，信用收缩，反映在证券市场中则为股指连续大幅下跌，央行则会采取扩大性货币政策调控，刺激过于疲软的经济增长。此时，便可在国债市场或其他有价证券市场购回国债或其他有价证券，投资货币，增加社会货币流通量，使商业银行扩张信贷规模，从而达到刺激投资和消费的目的，并使物价回落。对股市的作用则是使股票价格由下跌转向回升。公开市场操作与股价指数关系如图 2－7 所示。

这一过程的中间环节是国债价格变动引起市场利率水平的反向波动，进而促使股价指数做出与国债价格相同方向的波动。但能否有效地实施公开市场操作，要取决于各商业银行是否积极配合，否则会事倍功半。特别是在公开市场业务频繁作用时，股市投资者应当密切关注国债价格的波动趋势，因为国债市场价格往往是利率波动趋势的反映。利率水平波动同样会影响股票价格的变化。

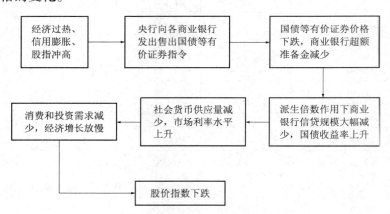

图 2－7　公开市场操作与股价指数关系

3. 再贴现率与证券市场的关系

再贴现工具是指中央银行通过调整再贴现率，影响商业银行的信贷规模扩张或紧缩，从而引起社会货币供应量变化的政策调节手段。再贴现工具一般包括再贴现率的确定和再贴现资格的确定，主要着眼于短期政策效应。中央银行根据市场资金供求状况调整再贴现率，以影响商业银行借入资金成本，进而减少商业银行对社会的信用量，从而减少货币供给总量。在传导机制上，若商业银行需要以较高的代价才能获得中央银行的贷款，则它便会提高对企业的再贴现率，或者对企业或居民提高贷款利率，其结果就是使信用量收缩、市场货币供应量减少。反之，则市场货币供应量增加。再贴现工具最大的特征是"宣传效应"，它一经调整，便会向社会发出中央银行将推行何种货币政策的信号。另外，它还能直接决定市场利率水平，进而影响证券市场股票价格。再贴现率与股票价格关系如图 2 - 8 所示。

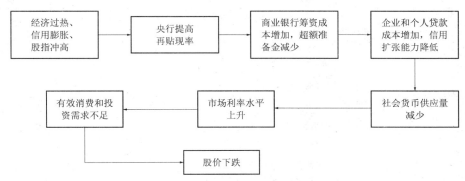

图 2 - 8　再贴现率与股票价格关系

在现实经济生活中，当中央银行宣布提高或降低再贴现率时，股价指数在央行宣布前后就会起到立竿见影的效果，而在短时间内，货币供应量并没有发生较大的变动。这表明，短期内再贴现率政策对股票价格变动的影响具有明显的宣传和示范效应。

4. 利率对证券市场的影响

利率是计算股票内在投资价值的重要依据之一。中央银行调整基准利率的高低会对证券价格产生影响，具体表现在以下三个方面。

第一，利率的调整最先影响存款人和贷款人的利益分配。提高利率后，存款人可以从多得的利息中直接受益，提高了将手持货币转化为存款的积极性，从而使流动中的货币量收缩；而贷款人考虑到资金成本，必然压缩对贷款的需求，其结果也是使流通中的货币量收缩。降低利率产生的结果则完全相反。在这个意义上，利率调整对证券市场的影响就是影响市场资金流入量的大小。

第二，利率的调整会通过影响上市公司业绩而影响证券市场。在利率下调的情况下，企业贷款成本下降，利润提高。预期收益的提高是股票价格上升的促进因素。另外，由于利率下降使一些储蓄转化为现实的商品购买力，这样就会提高社会商品销售总额，使商业企业利润上升，使工业产品积压减轻、资金周转加速、效益提高。这也是促使股票价格上升的因素。利率上调，情况则完全相反。

第三，在利率调整中，存款利率与贷款利率的调整幅度也会对证券市场中金融板块股票产生直接的影响。如果贷款利率下调的幅度没有存款利率下调的幅度大，那么商业银行和其他金融机构就会从中得到因调整而加入的存贷利差，有利于改善银行和其他金融机构的经营环境，其股价自然上升。但如果在利率下调的过程中，存款利率的下调幅度没有贷款利率下调的幅度大，则会对金融股票构成直接的利空。

看一看

央行历次利率调整对股市影响

我国 1993—2007 年人民银行调整利率与调整后股市变化的对比情况

次数	调整时间	调整内容	公布第二交易日股市表现（沪指）
12	2007 - 12 - 21	一年期存款基准利率上调 0.27 个百分点 一年期贷款基准利率上调 0.18 个百分点	12 月 21 日，开盘：5 017.19 点 收盘：5 101.78 点，涨 1.15%

续表

次数	调整时间	调整内容	公布第二交易日股市表现（沪指）
11	2007 – 09 – 15	一年期存款基准利率上调 0.27 个百分点 一年期贷款基准利率上调 0.27 个百分点	9 月 17 日，开盘：5 309.06 点，收盘：5 421.39 点，涨 2.06%
10	2007 – 08 – 22	一年期存款基准利率上调 0.27 个百分点 一年期贷款基准利率上调 0.18 个百分点	8 月 23 日，开盘：5 070.65 点，收盘：5 107.67 点，涨 1.49%
9	2007 – 07 – 20	上调金融机构人民币存贷款基准利率 0.27 个百分点	7 月 23 日，开盘：4 091.24 点，收盘：4 213.36 点，涨 3.81%
8	2007 – 05 – 19	一年期存款基准利率上调 0.27 个百分点 一年期贷款基准利率上调 0.18 个百分点	5 月 21 日，开盘：3 902.35，低开 127.91，报收 4 072.22，涨幅 1.04%
7	2007 – 03 – 18	上调金融机构人民币存贷款基准利率 0.27%	3 月 19 日，开盘：2 864.26 报收 3 014.442，涨幅 2.87%
6	2006 – 08 – 19	一年期存、贷款基准利率均上调 0.27%	8 月 21 日，开盘：1 565.46 收盘：1 601.15，上涨 0.20%
5	2006 – 04 – 28	金融机构贷款利率上调 0.27%，达到 5.85%	沪指低开 14 点，最高 1 445，收盘 1 440，涨 23 点，涨幅 1.66%
4	2005 – 03 – 17	提高了住房贷款利率	沪指下跌 0.96%
3	2004 – 10 – 29	一年期存、贷款利率均上调 0.27%	沪指大跌 1.58%，报收 1 320 点
2	1993 – 07 – 11	一年期定期存款利率由 9.18% 上调到 10.98%	沪指下跌 23.05 点
1	1993 – 05 – 15	各档次定期存款年利率平均提高 2.18%，各项贷款利率平均提高 0.82%	沪指下跌 27.43 点

在 12 次上调各类利率期间，代表股市表现的沪指有 4 次下跌，基本上是在宏观经济不景气、股市下跌之时；8 次上涨基本处于宏观经济繁荣、股票行情十分看好之时。因此，当宏观经济看好、股票行情上涨时，利率的调整对股价的控制作用就不会很大。同样，当股市处于大跌时，即使出现利率下降的调整政策，股价也可能是回升乏力。

利率对证券市场价格的影响一般比较明显，利率的变动会迅速反映到证券市场上。要把握股票价格的走势，首先需要全面掌握利率的变化趋势。特别强调的是，利率政策也是中央银行货币政策的一个组成内容，但利率的变动同时也受其他货币政策的影响，如货币供应量的增加、中央银行贴现率降低、中央银行所要求的银行存款准备金率下降，这就表明中央银行在放松银根，利率呈下降趋势；反之，则表示利率总的趋势在上升。一般情况下，上述利率与股价运动呈反向变化，但股价和利率并不是呈绝对的负相关关系。

三、收入政策对证券市场的影响

收入政策是指国家为实现宏观调控总目标和总任务，针对居民收入水平高低或收入差距大小不一而在分配方面所制定的原则和方针政策的总称。收入政策目标包括收入总量目标和收入结构目标。收入总量目标着眼于近期的宏观经济平衡，着重处理积累和消费问题、人们近期生活水平改善和国家长远经济发展的关系，以及失业和通货膨胀的问题。收入结构目标着眼于处理各种收入的比例，以解决公共消费、私人消费和收入差距等问题。

收入总量调控政策主要通过财政机制和货币机制来实施。财政机制通过预算控制、税收控制、补贴调控和国债调控等手段贯彻收入政策。货币机制通过调控货币供应量、货币流通量、信贷方向和数量、利息率等贯彻收入政策。因而，收入总量调控政策通过财政政策和货币政策的传导对证券市场产生影响。

中共十七大报告中首次提出"创造条件，让更多群众拥有财产性收入"，国家"十三五"规划也指出"进一步增强人民群众的获得感"。目前，百姓收入包括金融资产和实物资产。金融资产涉及股息、利息、分红等收入，也就是财产性收入。报告中的这个新说法意味着老百姓的收入不仅来自工资，国家还将创造条件增加百姓的多元化收入。自改革开放以来，中国经济快速发展，老百姓也积累了越来越多的财富，当前居民储蓄在 15 万亿元左右。而随着股市等金融市场的繁荣，百姓投资理财热情高涨。资本市场是涉及投资金融领域最直接、最广泛的场所，能够为投资者提供创造财富的机会。

总之，随着社会主义市场经济体制的建立和完善，我国收入分配格局发生了根本性的变化，从而导致了我国居民金融资产大幅度增加。这些资产必然要寻找出路，如储蓄、投资，而大多数投资会进入证券市场。居民金融资产的增大和社会总积累趋向于社会分配的状况将导致储蓄的增加，同时增加证券市场需求，促进证券市场规模的扩大和价格水平的逐步提高。

看一看

收入分配改革对股市的影响

第一，引导"藏富于民"的税收政策体系，从而激发民间创业的激情。社会财富的分配向劳动者倾斜，向中低收入者倾斜，将有助于普通人创业；同时，由于社会公平度提升，经济社会环境稳定，中等收入者也可以获得更好的事业发展的空间。这有助于激发民间资本的创业热情，促进民营经济大发展，有助于多种所有制经济公平竞争，提高经济运行的效率。而民营经济得到更大发展，将为证券市场提供新的利润源泉。

第二，引导和鼓励社会资本的形成和聚集，促进居民财产性收入的提高。提高中低收入者的收入水平，可以促进居民剩余资金的积累。随着经济转型进程的加快，社会化投资平台会更加完善并多样化，居民投资理财活动将更加普遍。只有将社会收入的一部分向民间转移，才能为社会资本的形成提供助力。而随着居民投资理财活动的放大，居民拥有更多的财产性收入也将不再是空话。证券市场作为中国最重要的投资理财平台，将因此获得空前发展。

第三，促进居民消费水平和"企业素质"双向提高。毫无疑问，居民收入提高是消费升级的基础。"十二五"规划中明确提出，要实现居民收入增长和经济发展同步、劳动报酬增长和劳动生产率提高同步。这是居民消费水平提高的保障。而居民收入水平提高作用到企业身上，一是整体上增加企业包括上市公司的人工成本的支出，二是促使企业改善管理，提高效益，三是促使企业生产更优质的产品和提供更优质的服务。这对于证券市场持续发展也是积极的。

资料来源：《收入分配改革将从三方面影响中国股市》，证券日报，2011 - 03 - 04，有删节。

模块四 国际金融环境、政治因素与证券市场

一、国际金融环境对证券市场的影响

目前，我国证券市场是相对独立的，国际金融市场对我国证券市场的直接冲击力较小，但由于经济全球化的发展，我国经济与世界经济的联系日趋紧密。因此，国际金融市场的剧烈动荡会通过各种途径影响我国的证券市场。

1. 国际金融市场动荡通过人民币汇率预期影响证券市场

汇率对证券市场的影响是多方面的。一般而言，一国的经济越开放，证券市场的国际化程度越高，国际金融动荡越激烈，证券市场受汇率的影响越大。汇率上升，本币贬值，本国产品竞争力增强，出口型企业收益增加，因此企业的股票和债券价格将会上涨；相反，进口型企业成本增加，利润下降，股票和债券价格下降。同时，汇率上升、本币贬值将导致资本流出本国，资本的流失将使本国证券市场需求减少，从而使证券价格下跌。

另外，汇率上升时，本币表示的进口商品价格提高，进而带动国内物价水平上涨，引起通货膨胀。为维持汇率稳定，政府可能运用外汇储备，抛售外汇，从而减少货币的供应量，使证券市场的价格下跌，直到汇率回落并恢复均衡。相反的效应可能使证券价格回升。如果政府利用债市与汇市联动操作达到既控制汇率的长势，又不减少货币供应量的目的，即抛售外汇的同时回购国债，这将使国债市场价格上涨。国际金融市场对证券市场的影响如图2-9所示。

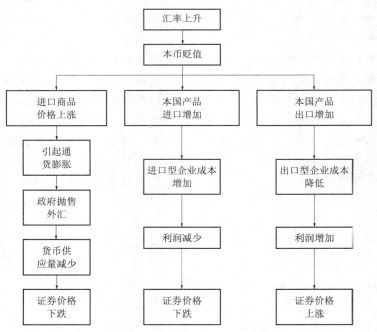

图2-9 国际金融市场对证券市场的影响

2. 国际金融市场动荡从宏观面和政策面间接影响证券市场的发展

改革开放以来，我国国民经济的对外依存度大大提高。国际金融市场动荡导致我国出口贸易增长减缓；利用外资数量下降导致我国经济增长率下降、失业率上升；宏观经济环境的

恶化导致上市公司业绩下降和投资者信心下降，最终使证券市场价格下跌。其中，国际金融动荡影响外向型上市公司和外贸行业上市公司业绩，影响其在证券市场上的表现。目前，国际金融动荡对 B 股市场冲击较大。

看一看

"港沪通"进行时

2014 年 4 月 10 日，李克强总理在博鳌论坛表示，将积极推动建立上海和香港股票交易的互联互通机制。同日，证监会批复沪港开展互联互通机制试点。至 2014 年 11 月 17 日，港沪通正式开通。

沪港通对资本市场的意义在于：一是推动 A 股大盘蓝筹与国际投资者的接轨，从而提升内地股票市场在全球市场的影响力。但沪港通不会取代 QFII 和 RQFII 机制，而是进一步增强了各种产品的渠道。二是沪港通推动 A 股市场在微观结构方面的完善与发展，包括在机构投资者市场上面的占比，在交易与结算机制等方面与国际市场的接轨。三是通过两地跨境的监管和执法方面的合作，推动监管层不断完善现有机制和投资的机制，提高市场效率，进一步走向国际化。四是沪港通也将是人民币国际化关键的一步，沪港通可以给离岸人民币一个投资渠道，支持香港发展为离岸的人民币中心，从而有利于人民币的国际化。

沪港通不但重构内地证券版图、助推 A 股交易制度及投资理念的改变，更是中国股市与国际股市无缝对接的重要一步，这些在沪港通全解读系列策划中已进行了充分阐释。不过，对于沪港通对 A 股市场的推动效果不宜过分乐观，更不应将其片面夸大。保持冷静，在全面了解沪港通优劣的基础上理性决策，才能坦然应对资本市场的潮起潮落。

资料来源：《中国证券报》，2014 年 9 月 23 日。

二、政治因素对证券市场的影响分析

政治因素泛指那些对股票价格具有一定影响力的国际政治活动、重大经济政策的发展计划以及政府的法令、政治措施等。政治形势的变化，对股票价格也产生了越来越敏感的影响。

1. 国际形势的变化

国际形势是国家与国家之间的所有相互关系的现状及其动态，当今国际形势的突出特点是世界多极化不可逆转，和平与发展为人心所向。在全球一体化、经济开放下，国际形势对资本市场的影响也越来越大。如外交关系的改善会使有关跨国公司的股价上升。投资者应在外交关系改善时，不失时机地购进相关跨国公司的股票。

2. 战争的影响

战争使各国政治经济不稳定，人心动荡，生产中断，由战事导致的物资消耗过大，还会带来物价飞涨，失业率上升，对绝大多数行业和公司不利，股价下跌更是难免。但对于军工板块、石化和煤炭板块，却又存在短期的投机性炒作机会，在战争没有结束前，这些板块的脉冲式行情还会持续。

看一看

美军9次重要空袭后美股表现

第1次：1991年1月17日，沙漠风暴。萨达姆·侯赛因于1990年8月入侵科威特后，美股大跌，至当年10月中旬，标准普尔500指数下跌16%，而原油价格在同期上涨近70%。当多国联军在中东集结形成所谓沙漠盾牌后，美股反弹了7%，当沙漠风暴行动开始后，标准普尔500指数当天即暴涨3.7%。至1991年2月28日科威特解放，标准普尔500指数已经较空袭开始时上涨了16%。

第2次：1993年6月26—27日，空袭巴格达。美国前总统老布什访问科威特时险遭暗杀，作为报复，时任总统比尔·克林顿下令美军向伊拉克首都巴格达发射了24枚巡航导弹。在接下来的一周，标准普尔500指数上涨1%，但全周收跌0.4%。

第3次：1995年8月30日，北约空袭波黑。1995年8月30日开始，北约对波黑地区进行了大规模空袭。直至9月14日空袭结束，标准普尔500指数上涨4%。

第4次：1996年9月3日，空袭伊拉克。美国B52远程轰炸机向伊拉克南部和首都巴格达发射了44枚巡航导弹，标准普尔500指数在空袭期间表现平静，当周微幅上涨。原油价格在空袭开始当天上涨5.2%，并在全周上涨7.2%。

第5次：1998年8月20日，空袭苏丹、阿富汗。在1998年8月7日美国驻坦桑尼亚和肯尼亚使馆遭到袭击后，时任美国总统克林顿命令美军以巡航导弹空袭，标准普尔500指数至当月下跌了13%。

第6次：1998年12月16—19日，沙漠之狐行动。驻海湾美军对伊拉克开始发动代号为沙漠之狐的外科手术式的军事行动。从行动开始到结束，标准普尔500指数收跌3.5%。

第7次：1999年3月24日—6月10日，北约轰炸南联盟。以美国为首的北约开始对南联盟进行了长达78天的军事打击，在此期间，股市宽幅波动，但最终收涨3.2%。

第8次：2003年3月20日，伊拉克战争。在战争准备的2个月内，标准普尔500指数下跌了7%。随后，该指数掉头向上，直至第一波针对伊拉克的空袭震慑行动到达顶点，上涨12%。在随后小幅下跌后，标准普尔500指数继续上行，至5月1日布什宣布主要战事结束，又上涨了7%。

第9次：2011年3月19日，空袭利比亚。在当月上半月空袭尚未开始时，标准普尔500指数下跌2%，从空袭开始直至北约当局完全接管当地局势，该指数上涨近4%。

资料来源：新浪财经，2013－08－31日，http：//finance.sina.com.cn/world/20130831/051116624203.shtml。

3. 重大政治事件

如政治风波、政权转移、领袖更替等也会对股票产生影响。它先对股票投资者的心理产生影响，从而间接地影响股价。

看一看

美国股市演绎总统选举行情

通过比较选举年各个月份和非选举年的相同月份，统计发现自1946年以来，美国大选年

1 到 4 月份，标普 500 指数表现并不如非选举年同期收益，但从 5 月份起却开始有明显改善。尤其是行情一向较为清淡的 9 月份，大选年股市总会活跃许多。加上选前的 10 月以及 11 月初，美股也有优于非选举年同期表现的倾向，因此美股在一定程度上会演绎总统选举行情。

美股对总统大选的观望气氛直接反映在交易量上。1888 年以来的长期经验显示，大选结束后的 11 月到来年 4 月的这 6 个月期间，美股交易量较其余 6 个月高出 30%，而非大选年的 11 月到来年 4 月交易量较其余月份平均交易量只多出 9%。1960 年以来，大选年 11 月到来年 4 月交易量较其他月份高出 13%，非大选年同期比较的数字为高出 11%。特别是当选情激烈，即胜负双方得票差距小于 6% 时，或者在野党候选人击败现任总统时，选后 6 个月交易量迅速增长的趋势也较其他情形明显。而且美股在总统任期内第三年和第四年通常表现较佳。

资料来源：《美国大选牵动资本神经》，中国证券报报，2004 - 10 - 28，有删节。

4. 法律制度

如果一个国家（金融方面的）法律制度健全，使投资行为得到管理与规范，并使投资者的正当权益得到保护，会提高投资者投资的信心从而促进股票市场的健康发展。如果法律法规不完善，投资者权益受法律保护的程度低，则不利于股票市场的健康发展与繁荣。

课后复习题

一、名词解释

通货膨胀　财政政策　货币政策　公开市场业务　收入政策

二、单项选择题

1. 一般情况下，中央银行采取宽松的货币政策将导致（　　）。
A. 股价水平上升　　B. 股价水平下降　　C. 股价水平不变　　D. 股价水平盘整
2. 一般情况下，市场利率上升，股票价格将（　　）。
A. 上升　　　　　　B. 下降　　　　　　C. 不变　　　　　　D. 盘整
3. 中央银行在金融市场上买卖有价证券，以此来调节时常货币供应量的政策行为称为（　　）。
A. 再贴现政策　　　B. 公开市场业务　　C. 直接信用控制　　D. 间接信用控制
4. 关于通货膨胀的理解，以下错误的是（　　）。
A. 价格水平的上升必须是明显的，微小上升不能被视为通货膨胀
B. 通货膨胀不是指一次性或短期的价格总水平的上升，而是一个持续的过程
C. 通货膨胀不是指个别商品价格的上涨，而是指价格总水平的上涨
D. 通货膨胀意味着我们的生活水平必然下降
5. 流通中的现金指的是（　　）。
A. M0　　　　　　　B. M1　　　　　　　C. M2　　　　　　　D. M3

三、多项选择题

1. 宏观经济运行状况的各项指标包括（　　）。
A. 总量指标　　　　B. 相对指标　　　　C. 绝对指标　　　　D. 平均指标

2. 宏观经济分析主要指标有（　　　）。

A. 国内生产总值　　　B. 通货膨胀　　　C. 利率　　　D. 汇率

3. 货币政策的目标是（　　　）。

A. 稳定物价　　　B. 充分就业　　　C. 经济增长　　　D. 国际收支平衡

4. 货币政策工具主要包括（　　　）。

A. 存款准备金政策　　B. 利率政策　　　C. 再贴现政策　　D. 公开市场业务

5. 宏观经济分析的主要方法有（　　　）。

A. 总量分析法　　　B. 个体分析法　　　C. 结构分析法　　　D. 全局分析法

6. 财政政策的手段有（　　　）。

A. 扩张性财政政策　　B. 紧缩性财政政策　C. 一般性财政政策　D. 稳定的财政政策

四、问答题

1. 绘图分析宏观经济运行对证券市场的影响。

2. 分析法定存款准备金率与证券市场的关系。

3. 绘图分析经济周期变动与证券市场的关系。

技能训练题

1. 下面为 2000—2009 年中国台湾省 GDP 增长率与股票报酬率走势图。

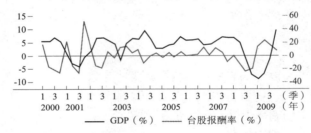

2000—2009 年台湾省 GDP 增长率与股票报酬率走势

回答下列问题：

（1）描述 10 年来台湾省 GDP 和股票收益情况，并划分发展阶段。

（2）阐述台湾省 GDP 与股市关系。

2. 2016 年 9 月 2 日，××证券公司两名证券分析师发布了国金证券（600109）的投资研究报告，并给出"买入（维持）"的投资建议，具体如下：

国金证券（600109）

评级

买入（维持）

证券分析师

×××（执业证书编号 S106051××）

×××（执业证书编号 S106051××）

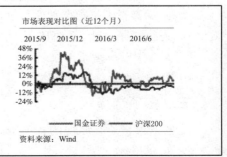

市场表现对比图（近12个月）

资料来源：Wind

一、事件描述

国金证券发布 2016 年中报，报告期实现营业收入 21.47 亿元，同比下滑 34.99%；归属净利润 6.38 亿元，同比下滑 48.28%；基本每股收益 0.21 元，同比下滑 50.93%；归属净资产 166.68 亿元，较 2015 年年末增长 1.15%。

二、事件评论

互联网战略成效显著，线上线下联动发展。公司明确"线上标准化，线下增值化"发展格局，构建全方位金融服务平台；线上完善产品功能，拓宽合作渠道，在资讯等领域深化渠道合作；线下加快分支机构建设，上半年开业 6 家营业部。报告期实现经纪收入 9.52 亿元，同比下滑 44.82%；净佣金率约万分之 3.3；股基成交份额为 1.52%，较 15 年提升约 28%，随着与百度等合作的推进，经纪份额有望持续提升。

投行潜力十足，新三板不断加码。公司加大优质企业开拓力度，新设北京分公司专营新三板业务，目前 IPO 在会项目 40 个，排名第 4，保代人数 100 人，排名第 7，资源储备充足。报告期实现投行收入 4.81 亿元，同比下滑 6.72%，股债融资规模分别为 93.49 亿元和 195.10 亿元，IPO 规模减小为业绩下滑主因，未来随着项目的推进将陆续释放业绩。

资管加大产品创新。资管业务在保持原有优势产品基础上，重点开发 FOF、MOM 等创新产品，丰富资管产品线，满足不同风险偏好的客户需要，并加大高净值个人和企业客户的获取力度。报告期末集合、定向、专项资管规模分别为 92.56 亿元、965.47 亿元和 112.56 亿元，较 2015 年年末增长 0.2%、7.1% 和 67%；实现资管收入 1.95 亿元，同比增长 6.45%。

自营投资稳健。公司自营资产中，权益类和固收类占比分别为 44.51% 和 55.49%，其中权益类主要配置公募基金、资管产品、基金专户、定增项目，交易性股票持仓较低；在债券收益率震荡下行趋势下，公司加大债券投资规模，报告期实现投资业务收入 1.57 亿元，同比下滑 46.83%。

公司增发募资 48 亿元目前已经恢复审核，融资完成后将进一步推动各项业务开展；经纪业务不断深化互联网转型，与朝阳永续、wind 等机构合作建立 PB 平台有望优化公司客户结构；投行业务资源储备充足，增长潜力较大；与蚂蚁金服等合作设立相互保险公司将完善公司业务布局。

三、盈利预测及投资评级

我们看好国金证券的业务模式以及经营理念为公司带来的上升空间，考虑到深港通等外部因素和公司业务链更加完善，公司营业规模、经营效率、盈利能力都将迈上新台阶，我们预计公司 2016 年、2017 年 EPS 为 0.42 元和 0.52 元，对应 PE 为 30.89 倍和 25.49 倍，维持"买入（维持）"评级，合理股价为 13.25 元。

四、风险提示

资本市场大幅波动，业务推进低于预期。

××证券投资评级：

买入（预计 12 个月内，股价表现强于沪深 300 指数 10% 以上）

增持（预计 12 个月内，股价表现强于沪深 300 指数 5%～10%）

中性（预计 12 个月内，股价表现相对沪深 300 指数在 ±5% 左右）

减持（预计 12 个月内，股价表现弱于沪深 300 指数 5% 以上）

重要声明：

本报告的作者是基于独立、客观、公正和审慎的原则制作本研究报告。本报告的信息均来源于公开资料，本公司对这些信息的准确性和完整性不作任何保证，也不保证所含信息和建议不发生任何变更。本公司已力求报告内容的客观、公正，但文中的观点、结论和建议仅供参考，不包含作者对证券价格涨跌或市场走势的确定性判断。报告中的信息或意见并不构成所述证券的买卖出价或征价，投资者据此做出的任何投资决策与本公司和作者无关。

本报告所载的资料、意见及推测仅反映本公司于发布本报告当日的判断，本报告所指的证券或投资标的的价格、价值及投资收入可升可跌，过往表现不应作为日后的表现依据；在不同时期，本公司可发出与本报告所载资料、意见及推测不一致的报告；本公司不保证本报告所含信息保持在最新状态。同时，本公司对本报告所含信息可在不发出通知的情形下做出修改，投资者应当自行关注相应的更新或修改。

回答下列问题：

（1）国金汇券业绩下滑直接原因是什么？

（2）国金汇券面临哪些有利和不利的宏观经济政策？请逐一罗列。

（3）国金汇券业绩下滑，为什么分析师还给出"买入（维持）"评级？

3. 根据本项目所学内容，对某一股票进行宏观经济分析，提交一份投资报告。

提示：投资报告的格式、结构可以参照第2题中研究报告。具体内容，可包括GDP变动、通货膨胀、经济周期等宏观经济运行对股市的影响，财政政策、货币政策、收入政策等宏观经济政策对股市的影响，以及国际金融市场、国内外政治因素等对股市的影响。

项目三

行业分析技巧

学习目标

　　行业分析属于证券投资基本分析的第二个层次分析，与宏观经济分析一脉相承，而又相互作用、相互影响。通过本项目的教学，力求达到以下目标：

知识目标：

（1）掌握行业分析含义和行业划分方法；

（2）掌握行业分析内容与影响因素；

（3）熟悉行业投资的选择方法。

能力目标：

（1）能在证券投资行情软件中找到行业分类；

（2）能分析某一股票所属行业类型、市场结构、生命周期以及影响因素等；

（3）能根据行业分析结果进行选股和股票交易。

知识网络图

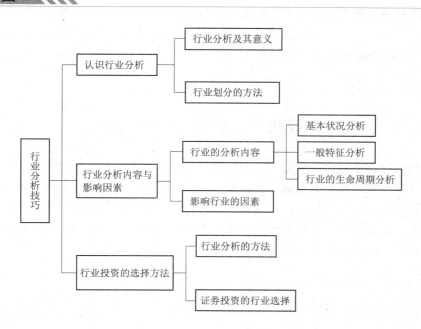

导入案例

互联网行业获2013年投资案例最多

2014年9月完成的投资事件中，从投资案例数量上看，互联网行业排名第一，电信及增值业务行业排名第二，IT行业则位居第三。

从披露的行业数量来看，2014年9月完成的投资案例主要分布在互联网、电信及增值业务、IT、金融、娱乐传媒、生物技术、医疗健康、能源、矿产和物流等19个一级行业。从投资案例数量上看，互联网行业排名稳居榜首，共完成49起投资案例，占投资案例总数的35.8%；电信及增值业务行业排名第二，共完成38起投资案例，占投资案例总数的27.7%；金融行业位居第三，共完成15起投资案例，占案例总数的10.9%。

互联网行业披露金额位居第二，披露金额案例有41起，披露金额是5.23亿美元，占披露案例总金额的6.9%，主要得益于优信互联（北京）信息技术有限公司完成B轮融资。2014年9月16日，二手车网络拍卖平台优信拍宣布，公司完成新一轮约2.60亿美元的融资，包括美国华平投资集团、老虎环球基金投资优信互联（北京）信息技术有限公司等多家投资机构。此前，优信拍还获得君联资本、DCM、贝塔斯曼亚洲投资基金（BAI）等机构的投资。

除此之外，值得关注的互联网行业投资事件还有2014年9月1日，弘毅投资（北京）有限公司旗下的江苏新兴产业投资基金（有限合伙）投资上海聚力传媒技术有限公司3.71亿元人民币，占股9.56%。2014年9月22日，中国IT职业在线教育平台极客学院对外宣布完成2 200.00万美元的B轮融资，投资方为SIG（海纳亚洲）和蓝驰创投，3月份其刚刚获得蓝驰创投数百万美元的A轮融资。2014年年初，极客学院上线，主要为专业的开发者提供IT技术课程的在线教育，课程涵盖Android、iOS、HTML5等300多门，堪称国内IT职业在线教育付费模式的首吃螃蟹者，收入主要来源于会员制收费。

资料来源：《中国经济时报》，2014年5月16日。

思考： 你知道哪些互联网行业？举例说明。它们与一般行业有什么不同，为什么它能获得投资者的青睐？

模块一　认识行业分析

行业在国民经济中地位的变更，行业的发展前景和发展潜力，新兴行业引来的冲击等，以及上市公司在行业中所处的位置、经营业绩、经营状况、资金组合的改变及领导层人事变动等都会影响相关证券的价格。相比宏观经济分析，行业分析侧重于产业所属的不同市场类型、所处的不同生命周期以及产业的业绩对证券价格的影响。从某种意义上说，投资于某个上市公司实际上就是以某个产业为投资对象的。

一、行业分析及其意义

行业分析是指根据经济学原理，综合应用统计学、计量经济学等分析工具对行业经济的运行状况、产品生产、销售、消费、技术、行业竞争力、市场竞争格局、行业政策等行业要素进行深入的分析，从而发现行业运行的内在经济规律，进一步预测未来行业发展的趋势。行业分析是介于宏观经济与微观经济分析之间的中观层次的分析，是发现和掌握行业运行规律的必经之路，是行业内企业发展的大脑，对指导行业内企业的经营规划和发展具有决定性的意义。

从证券投资分析的角度看，行业分析主要是界定行业本身所处的发展阶段及其在国民经济中的地位，同时对不同的行业进行横向比较，为最终确定投资对象提供准确的行业背景。而宏观经济的分析是为了掌握证券投资的宏观背景条件，把握好证券市场的发展趋势，并没有为投资者指出投资的具体领域和具体对象。要对投资的具体领域和具体对象加以选择，就需要进行行业分析和公司分析。行业分析是连接宏观经济分析和上市公司分析的桥梁，是基本分析的重要环节。行业分析的重要任务之一就是挖掘最具投资潜力的行业，并在此基础上，选择具有投资价值的上市公司。以日用消费品行业为例，如图 3 - 1 所示，通过层层分析，最后得到了投资标的可口可乐公司。

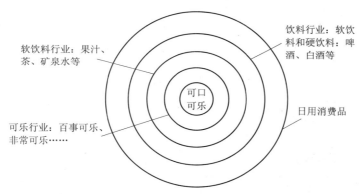

图 3 - 1　行业分析思路

行业经济是宏观经济的构成部分，宏观经济活动是行业经济活动的总和。通过行业分析了解行业本身所处的发展阶段及其在国民经济中的地位，分析影响行业发展的各种因素以及判断对行业的影响力度，预测并引导行业的未来发展趋势，判断行业的投资价值，揭示行业投资风险，为政府部门、投资者以及其他机构提供决策依据或投资依据。

在任何情况下，总是有些行业的增长与宏观经济的增长同步，有些行业的增长高于或者低于宏观经济的增长。行业有其特定的生命周期，处在生命周期不同发展阶段的行业、在国民经济中具有同地位的行业，其投资价值都是不一样的。不同的行业会为公司投资价值的增长提供不同的空间，因此，行业分析是直接决定公司投资价值的重要因素之一。

二、行业划分的方法

行业，一般是指按生产同类产品或具有相同工艺过程或提供同类劳动服务划分的经济活动类别。行业经济活动是介于宏观经济活动和微观经济活动中间的经济层面。

1. 道·琼斯分类法

道·琼斯分类法将大多数股票分为三类：工业（包括采掘业、制造业和商业）、运输业（包括航空、铁路、汽车运输和航运业）和公用事业（包括电话公司、煤气公司和电力公司等）。

2. 标准行业分类法

联合国经济和社会事务统计局制定了《国家标准行业分类》，建议各国把国民经济划分为 10 个门类。

3. 我国国民经济行业的分类

2002 年，我国推出《国民经济行业分类》国家标准（GB/T4754—2002），该标准共有行业门类 20 个、行业大类 95 个、行业中类 396 个、行业小类 913 个。

A. 农、林、牧、渔业

B. 采矿业

C. 制造业

D. 电力、燃气及水的生产和供应业

E. 建筑业

F. 交通运输、仓储和邮政业

G. 信息传输、计算机服务和软件业

H. 批发和零售业

I. 住宿和餐饮业

J. 金融业

K. 房地产业

L. 租赁和商务服务业

M. 科学研究、技术服务与地质勘探业

N. 水利、环境和公共设施管理业

O. 居民服务和其他服务业

P. 教育

Q. 卫生、社会保障和社会福利业

R. 文化、体育和娱乐业

S. 公共管理和社会组织

T. 国际组织

4. 我国证券市场的行业划分

（1）上证指数分类法。如上海证券交易所将全部上市公司分为五类：工业、商业、地产业、公用事业和综合类。

（2）深证指数分类法。如深圳证券交易所将全部上市公司分为六类：工业、商业、金融业、地产业、公用事业和综合类。

5. 我国上市公司的行业分类

中国证监会于 2001 年 4 月 4 日公布了《上市公司行业分类指引》。由于该指引早于 2002 年的国家标准，所以该指引是以中国国家统计局《国民经济行业分类与代码》（国家标准 GB/T4754—1994）为主要依据，结合联合国国际标准产业分类等制定而成的。该指引将上市公司分为 13 个门类、90 个大类、288 个中类。

此外，根据行业未来的发展前景，可分为朝阳产业和夕阳产业；按照行业采用技术的先进程度，可分为新兴行业和传统行业；按照行业的要素集约度，可分为资本密集型、技术密集型和劳动密集型行业。

小贴士

证券行情软件中行业分类

市面上，证券投资行情软件很多，不同的软件推出了不同的行业分类。以同花顺、光大证券的行业软件为例，其行业分类如下：

种植业与林业	光学光电子	生物制品	通信服务
养殖业	其他电子	医药商业	计算机应用
农产品加工	电子制造	医疗器械服务	传媒
农业服务	汽车整车	电力	综合
煤炭开采	汽车零部件	燃气水务	新材料
石油矿业开采	非汽车交运	环保工程	
采掘服务	交运设备服务	港口航运	
基础化学	通信设备	公路铁路运输	
化学制品	计算机设备	公交	
化工合成材料	白色家电	机场航运	
化工新材料	视听器材	物流	
钢铁	饮料制造	房地产开发	
有色冶炼加工	食品加工制造	园区开发	
建筑材料	纺织制造	银行	
建筑装饰	服务家纺	保险及其他	
通用机械	造纸	证券	
专用设备	包装印刷	零售	
金属制品	家用轻工	贸易	
电气设备	化学制药	景点及旅游	
半导体及元件	中药	酒店及餐饮	

同花顺软件中行业分类

煤炭	家居用品	公共交通	互联网
电力	医药	水务	综合类
石油	商业连锁	供气供热	
钢铁	商贸代理	环境保护	
有色	传媒娱乐	运输服务	
化纤	广告包装	仓储物流	
化工	文教休闲	交通设施	
建材	酒店餐饮	银行	
造纸	旅游	证券	
矿物制品	航空	保险	
日用化工	船舶	多元金融	
农林牧渔	运输设备	建筑	
纺织服饰	通用机械	房地产	
食品饮料	工业机械	电脑设备	
酿酒	电气设备	通信设备	
家用电器	工程机械	半导体	
汽车类	电器代表	元器件	
医疗保健	电信运营	软件服务	

光大证券软件中行业分类

同花顺软件中行业分类达到了 65 个，光大证券则是 56 个，两者很多是类似的或者存在包含关系。总的来看，前者比后者分类更细。

模块二　行业分析内容与影响因素

一、行业的分析内容

1. 基本状况分析

基本状况分析包括行业概述、行业发展的历史回顾、行业发展的现状与格局分析、行业发展趋势分析、行业的市场容量、销售增长率现状及趋势预测、行业的毛利率、净资产收益率现状及发展趋势预测等。

2. 一般特征分析

（1）行业的经济结构分析

现实中各行业的市场不同，即存在着不同的市场结构。市场结构就是市场竞争或垄断的程度。根据该行业中企业的数量、进入限制程度和产品差别，行业基本上分为完全竞争、不完全竞争或垄断竞争、寡头竞争、完全垄断四种市场结构。

（2）经济周期与行业分析

各行业变动时，往往呈现出明显的、可测的增长或衰退的格局。这些变动与国民经济总体的周期变动是有关系的，但关系密切的程度不一样。据此可将行业分为以下几类。

①增长型行业。增长型行业的运动状态与经济活动总水平的周期及其振幅无关，这些行业主要依靠技术的进步、新产品推出及更优质的服务实现增长。典型的行业有 IT 行业、通信技术行业等。这些行业收入增长的速率相对于经济周期的变动来说，并未出现同步影

响，因为它们主要依靠技术的进步、新产品的推出及更优质的服务，从而使其经常呈现出增长形态。

②周期型行业。周期型行业的运动状态直接与经济周期相关，典型行业有消费品业、耐用品制造业等。当经济处于上升时期，这些行业会紧随其后而扩张；当经济衰退时，这些行业也相应衰退。

③防守型行业。防守型行业的存在是因为其产业的产品需求相对稳定，并不会受到经济周期的影响，典型行业有食品业、公用事业等。

3. 行业的市场结构分析

市场结构就是市场竞争或垄断的程度，根据该行业中企业数量的多少、进入限制程度和产品差别，行业可分为四种市场结构：完全竞争、不完全竞争、寡头垄断和完全垄断，如表3－1所示。

（1）完全竞争市场

完全竞争市场是指许多企业生产同质产品的市场情形。完全竞争的根本特点在于：企业的产品无差异，所有的企业都无法控制产品的市场价格。完全竞争是一个理论上的假设，在现实经济中这种市场类型是很少见的，初级产品的市场类型较接近于完全竞争。

（2）不完全竞争市场

不完全竞争市场又称"垄断竞争"，是指许多生产者生产同种但不同质产品的市场情形。在不完全竞争的市场上，每个企业都具有一定的垄断力，但它们之间又存在激烈的竞争，没有一个企业能有效地影响其他企业的行为，造成这种市场结构的原因就在于产品的差别。在国民经济各行业中，制成品的市场一般都属于这种类型。

（3）寡头垄断市场

寡头垄断市场是指少量的生产者在某种产品的生产中占据很大市场份额的市场情形。资金密集型、技术密集型产品（如钢铁、汽车）以及少数储量集中的矿产品（如石油）等的市场多属这种类型，因为生产这些产品所必需的巨额投资、复杂的技术或产品储量的分布限制了新企业对这个市场的侵入。

（4）完全垄断市场

完全垄断市场是指独家企业生产某种特质产品（没有或缺少相近的替代品的产品）的市场情形。完全垄断可分为两种类型：一是政府完全垄断，如国有铁路、邮电等部门；二是私人完全垄断，如根据政府授予的特许专营或根据专利生产的独家经营，以及由于资本雄厚、技术先进而建立的排他性的私人垄断企业。在国民经济各行业中，公益事业（如发电厂、煤气公司、自来水公司和邮电通信等）和某些资本、技术高度密集型或稀有金属矿藏的开采等行业属于这种完全垄断的市场类型。

表3－1 行业市场结构分析图

特征	完全竞争	垄断竞争	寡头垄断	完全垄断
厂商数量	很多	较多	很少	一个
产品差异情况	同质无差异	同种产品在质量、包装、牌号或销售条件方面的差异	同质，或略有差异	独特产品
价格控制能力	没有	较小	较大	相当大

特征	完全竞争	垄断竞争	寡头垄断	完全垄断
生产要素的流动	自由流动	流动性较大	较小	没有
典型行业	初级产品市场	轻工业产品、制成品的市场	资本密集型、技术密集型产品，如钢铁、汽车，以及少数储量集中的矿产品（如石油）等的市场	国有铁路、邮电、公用事业（如发电厂、煤气公司、自来水公司）和某些资本、技术高度密集型或稀有金属矿产开采等行业

4. 行业的生命周期分析

（1）行业的生命周期

通常每个行业都要经历一个由成长到衰退的发展演变过程，这个过程便是行业的生命周期，具体可分为初创期（幼稚期）、成长期、成熟期和衰退期四个阶段，如表3-2所示。

① 初创期。企业数量少（只有为数不多的创业公司）；技术较不成熟；产品品种单一；新产品的研发和推介等固定费用高，行业利润微薄甚至亏损；公司相互间的市场竞争度较弱。

② 成长期。行业和产品的市场需求和规模增大，产品逐步呈现多样化、差别化和质量优良的特点；行业的利润迅速增长且利润率较高，行业内部市场竞争压力显著加大。初期（投资机会时期）主要竞争形式为价格竞争。促进生产技术提高和生产成本的降低以及新产品的研发，导致财力与技术实力相对较弱以及经营不善的企业被淘汰或被兼并，破产率与合并率极高。

③ 成熟期。本阶段通常会持续相对较长的时间。少数企业在激烈的生产竞争中生存下来并占有一定比例的市场份额，行业集中程度提高并出现一定程度的垄断；行业利润达到很高的水平；风险因市场比例稳定和新企业进入难而降低，竞争手段逐步从价格转向提高产品质量或改善产品性能以及加强售后服务等。

④ 衰退期。新产品和替代品大量出现，行业竞争力下降，市场需求逐渐减少，产品销售量下降且价格下跌引致利润降低，企业数量减少。投资者应选择增长型行业，或在行业生命周期中处于成长阶段、成熟阶段的行业。

表3-2 行业生命周期特征

阶段	初创期	成长期	成熟期	衰退期
公司数量	少	增加	减少	少
产品价格	高	下降	稳定	
利润	亏损	增加	高	减少或亏损
风险	高	高	降低	增大
代表行业	太阳能、基因工程	电子信息、生物医药	石油冶炼、超级市场	煤炭开采、自行车、钟表

（2）处于不同周期阶段的行业的市场表现

在证券市场上，处在不同周期阶段的行业具有不同的表现，如表3-3所示。

① 处于初期的行业由于收益较差甚至亏损，在传统的证券市场是不符合上市条件的，

为了满足它们对资本的需求，除风险基金外，许多国家和地区专门设立了便于新兴行业上市融资的新型证券市场，如美国的 NASDAQ 市场和香港的创业板市场。基于对这些市场上市公司未来高成长的预期，一些处于初创期行业的股票往往表现极为出色，但这类市场投机性极强，因此风险极大。

②处于成长期的行业由于利润快速增长，股票价格也呈现上涨趋势且具有业绩基础，但证券市场会出现对未来成长的过度预期与对这种过度预期的纠正而导致股票价格的波动。

③处于成熟期的行业是蓝筹股的集中地，由于行业垄断已经形成而其发展空间不大，股票价格往往出现走势稳定的格局，具有长期持有的价值。

④处于衰退期的行业，往往成为绩差股或垃圾股的摇篮。这类行业的股票通常是低价股，不具有投资价值，但是由于证券市场上市资格的稀缺，处于衰退期的行业会成为资产重组的对象。

表3-3　行业生命周期分析图

生命周期阶段	行业状况	典型行业
初创期	公司前景不明朗，股价走势也不明朗	新型能源、遗传工程
成长期	公司业绩快速增长，股价快速增长	IT 技术、生物医药
稳定期	公司业绩稳定增长，股价增长速度减缓	汽车制造、钢铁冶炼
衰退期	公司利润下降，公司股价下滑	钟表、自行车

小贴士

未来中国十大朝阳行业

1. 体育经营管理

中国体育市场的产业化开始于20世纪80年代。90年代中期，中国体育产业才具有较为完整的产业形态和较为完善的体育行业的制度，中国的体育广告业、体育建筑业、体育博彩业、体育旅游业和体育用品业等具体行业也是在这个时期充分发展的。美国体育产业对于美国经济的贡献达到11%，我国体育产业的贡献则只有0.7%，我国体育产业尚处于国际体育产业发展过程中的初期，身为运动员的姚明也投资到了这个行业中。

2. 传媒

像中国这样的经济大国却没有出现传媒大亨是不可思议的，这当然与媒体行业长期没有放开有关。中国电视、互联网、手机用户、网民数量已经是全球第一，广告收入增长迅猛，媒体是增长最快的消费品。但人均广告支出只有美国的2%~3%，前景看好。

3. 卡通产业

据统计，我国每年国产动画节目播出市场需求缺口为25万分钟，其制作收入、衍生产品收入和国际市场播放收入合计达200亿元。随着数码和多媒体技术广泛运用，消费方式已经进入"看图"时代，卡通文化需求将进一步释放，中国的卡通行业就是一座有待开发的"金矿"。

4. 本土服装品牌

去二三线城市的大街上走一走，我们看到的越来越多的是本土的消费品牌。除了安踏、特步、361度、李宁等体育服饰品牌，雅仕和卡宾等也纷纷向乔治·阿玛尼和杰尼亚等品牌发起挑战。这些原本在十几年前扮演西方品牌的外包制造者角色的工厂，慢慢开始创新建立自己的品牌。虽然创新程度有待加强，自然界的规律却慢慢被打破了。"小鱼"们学会了"农村包围城市"，从二三线城市出发包围"大鱼"们，直至吞噬。

5. 金融投资

尽管中国的资本市场被普遍看好，国际投资大师频频惠顾。但仅靠金融投资而登上富豪榜的本土富豪还未出现。中国能不能出现巴菲特？中国经济改革开放30年，激荡增长30年，股市也20年间大涨25倍，最高上涨60倍。未来中国股市出现类似于巴菲特45年增长4361倍的投资神话的可能性相当大。但把个人财富积累到450亿美元的可能性不大。最主要的原因是，中国私人企业要想像巴菲特那样大规模并购实现规模扩张和财富增长条件还不成熟。

6. "低碳经济"下的新能源

中国环保产业总体规模相对还很小，其边界和内涵仍在不断延伸和丰富。随着中国社会经济的发展和产业结构的调整，中国环保产业对国民经济的直接贡献将由小变大，逐渐成为改善经济运行质量、促进经济增长、提高经济技术档次的产业。产业内涵扩展的方向将主要集中在洁净技术、洁净产品、环境服务等方面。

7. 影视娱乐

国家广电总局统计数据显示，我国电影票房从2003年的约9亿元增长到2008年逾43亿元的规模，增幅近4倍，年复合增长率接近40%。2008年我国电影市场票房收入首次突破40亿元大关，以30%的票房增幅居全球之冠，并且首次成功跻身全球电影票房市场的前十名。

8. 零排放汽车

石油价格的高居不下让人们对零排放汽车的需求日益扩大。中国之前汽车行业的落后很大原因在于起步晚。而现在机会来了，未来能源制约型的经济发展新模式下，汽车业的未来就在于新能源，尤其是电池等关键技术的突破，这可能成为中国汽车业"超车"国际车业巨头的最佳机会。上汽研发的电动车荣威750每充电一次可以行驶200至300千米左右，百千米加速18秒。而氢动力车百千米加速是15秒。

9. 云计算

云计算是一种新兴的商业计算模型。它将计算任务分布在大量计算机构成的资源池上，使各种应用系统能够根据需要获取计算力、存储空间和各种软件服务。企业通过使用云计算以极低的成本投入获得极高的计算能力，不用再投资购买昂贵的硬件设备，负担频繁的保养与升级。对中小企业和创业者来说，云计算意味着巨大的商业机遇，他们可以借助云计算在更高的层面上和大企业竞争。

10. 奢侈品行业

据最新的报告显示，日渐富足起来的中国人对奢侈品的消费能力正变得越来越强，未来10年内中国有望超过美国成为全球最大的奢侈品消费市场，到2020年，中国奢侈品市场将近1700亿欧元，中国人将消费掉全世界44%的奢侈品，超过美国成为全球最大的消费市场。

资料来源：中国排行网

二、影响行业的因素

行业的生命周期由于受到许多因素的影响，比上述理论上的行业生命周期要复杂得多。

1. 社会需求

需求是行业得以产生和发展的基础。当潜在的需求达到相当规模以至于所有创业企业可以同时进行专业化生产并获得利润时，新兴行业的形成才有可能；需求的稳定与饱和才能推动行业生命周期进入成熟期和衰退期。

2. 技术进步

技术进步一方面创造新产品使得新行业不断出现；另一方面也创造新工艺，推动现有行业的技术升级。技术进步还能提高生产效率，降低成本，加速行业的市场扩张，使行业进入快速成长期。技术进步可以强化企业的竞争手段，使行业实现更大程度的规模经济和市场垄断，扩大产品的市场占有率，使行业从成长期过渡到成熟期。当然，技术进步也必然导致一些行业由于产品最终被市场淘汰步入衰退期。

3. 政府政策

政府对行业的促进作用可以通过补贴、税收优惠、限制外国竞争的关税、保护某一行业的附加法规等措施来实现。同时考虑到生态、安全、企业规模和价格等因素，政府会对某行业采取限制性规定。

20世纪80年代后半期，国家开始较系统地实行产业政策，90年代逐渐步入正轨。此前，产业政策内容主要体现在国民经济发展计划中。1988年，国家计委成立了产业政策司。《中国产业政策大纲》（1989年，国务院）是我国政府文件首次使用"产业政策"一词；《关于当前产业政策要点的决定》（1989年，国务院）是我国第一个正式制定的产业政策；《外商投资产业指导目录》是我国现行产业政策的重要组成部分。

美国政府的《新兴的数字经济》报告（1998年4月，美国商务部）宣布美国电子商务为免税区；《全球电子商务框架》（1997年，美国总统克林顿）主张私营企业在电子商务中起主导作用，政府应当避免做不恰当的限制，在需要政府参与的情况下，其目标也应当是支持和加强一个可预见的、宽松、一致和简单的商业法制环境；《谢尔曼反垄断法》（1890年）主要保护贸易与商业免受非法限制与垄断的影响；《克雷顿反垄断法》（1914年）主要禁止可能导致行业竞争大大减弱或行业限制的一家公司持有其他公司股票的行为；《罗宾逊·帕特曼法》（1936年）规定了某些类型的价格歧视是非法的，应当取缔。此外还曾制定过保护关税、赠予铁路公司土地、国有土地上自然资源保护等法。

日本也曾制定过针对战后某类产业高速增长现象的法规，如《机械工业合理化临时措施法》，加速某类行业发展的法规，如《石油工业法》《电子产业振兴法》等。

4. 行业组织创新

行业组织创新包括技术创新和服务创新，以确保行业获得超额利润。直接效应：实现规模经济、专业化分工与协作，提高产业集中度，促进技术进步和有效竞争等；间接影响：创造产业增长机会，促进产业增长，构筑产业赶超效应，适应产业经济增长等多项功效。产业组织创新能在一定程度上引起产业（或行业）生命周期运行轨迹或生命周期阶段持续时间的变化。

5. 社会观念、习惯

社会观念、习惯的变化对企业的经营活动、生产成本和收益都会产生影响，促使一些不再适应社会需要的行业衰退的同时激发一批新兴行业的发展。随着人们生活水平和受教育程度的提高，消费心理、消费习惯、文明程度和社会责任感逐渐改变，从而引起对某些商品的需求变化并进一步影响行业兴衰。社会观念、社会习惯、社会趋势变化对企业经营活动、生产成本和收益等产生一定影响，足以使一些不再适应社会需要的行业衰退而又激发新兴行业的发展。

6. 经济全球化

经济全球化导致产业的全球性转移，国际分工出现重要变化，资源禀赋作用减弱，后天因素（政府效率、市场机制完善程度、劳动者掌握知识与信息的能力、受政策影响的市场规模等）作用逐步增强，行业内贸易和公司内贸易比重大幅度提高。

7. 恩格尔定律作用下的需求变化对行业发展的导向

需求变化是未来优势产业的发展导向，在相当程度上影响行业的兴衰。收入相对较低时，由于恩格尔定律作用，人们对生活用品有较大需求，提供生活消费品的公司和满足这些需求的销售渠道，在不断满足这些消费需求的过程中发展起来。随着收入水平的提高，生活消费品支出占消费总支出的比例逐渐下降，人们更多地需要服务消费和金融投资，金融、旅游、教育、医疗、保险、体育、文化等行业从中获得了快速增长的动力。

想一想

下面为××证券公司于2016年9月1日发布的《零售行业2016半年报总结：行业仍处于艰难调整期，布局国企改革和跨界转型机会》专题报告，可结合本模块内容，指出影响行业的因素有哪些。分析师的观点你赞同吗？

零售行业2016半年报总结 2016年9月1日	评级：增持 维持评级 分析师：××（执业证书编号S08800××） 联系人：××（电话：021-386761××）

一、事件描述

零售板块半年报发布完毕，过半企业收入/净利润下滑。商贸零售板块93家上市公司仅30家实现营业收入正增长，63家营业收入出现下滑，50家扣除非经常性损益的净利润下滑，20家扣除非经常性损益后出现亏损。超市板块，除永辉超市、新华都（扭亏为盈）外，其余公司均有较大的业绩滑坡。黄金珠宝板块两极分化严重，老凤祥、潮宏基在逆势下实现业绩正增长，豫园商城、爱迪尔均出现较大降幅。

零售额低位徘徊，行业仍处于艰难调整期。2016年以来，社会零售额增速一直在低位徘徊且走势疲软。1~7月，社零总额182 966亿元，同比增长10.3%，较去年同期增速回落0.26%。消费者信心日趋悲观，信心指数自2015年第二季度达到107.7高点后持续回落，2016年第二季度仅有101.23。大型零售企业经营压力依旧，上半年百强零售企业销售额同比下降3.2%，增速较去年同期下滑3.8%。

各业态营收增长乏力，超市略好于百货。上半年零售上市公司营收增速仍然较弱，其中重点百货收入同比下降2.75%，重点超市收入同比增长3.98%，黄金珠宝板块收入同比下降2.28%，以苏宁云商、宏图高科为代表的3C连锁受益电商布局及新奇特转型，营收仍保持较高增速，上半年同比增长8.72%。

百货、超市毛利率逐年上升，但可持续性仍待观察。随着消费市场逐渐低迷，百货、超市等零售企业均开始注重内功，通过增加自营、布局跨境、联合采购等一系列措施改造传统供应链来扩大毛利空间。从结果来看，百货毛利率出现逐年上升趋势，从2011年约19%升至目前的21%，超市毛利率从约20%升至目前的21%。黄金珠宝零售企业受益金价上涨，毛利率也出现小幅提升。但百货业态的竞争力仍在被购物中心、电商削弱，渠道的议价能力长期处于下行趋势。

行业费用率仍呈上扬趋势，收入下行期费用管控难度更大。上半年，百货板块销售费用率、管理费用率呈现波动上升趋势，分别同比上升0.34%、0.92%～8.51%、7.83%。超市板块销售费用率出现明显提升，管理费用率较为稳定，分别上升0.57%、0.01%～18.36%、3.03%。综合来看，行业固定费用很难压缩，人力成本处于上行趋势，物业租金有升有降，不同区域分化，同店下滑环境下，费用率很难压缩，关店、减员是最为有效的途径。

二、投资建议

消费需求持续低迷且短期内看不到拐点，零售企业仍处于调整期。但我们认为消费黄金未来进一步恶化的概率较小，且百货企业自有物业居多，多年来的物业资产价格暴涨提升了固定资产价值，为市值提供了较高的安全边际，随着多种物业资产证券化手段的应用，行业隐蔽的物业价值有望获得体现。部分资产优质、较早开始购物中心业态转型、经营能力较强的龙头百货收入和利润都表现出更强的逆市增长能力，当前低估值下具有较强的配置价值。此外整个板块中国企占比较高，属于竞争类资产，未来随着国企改革的推进，或将对整个行业形成催化，迎来较大主题性投资机会。我们维持行业"增持"评级。建议选择以下投资标的：

①资产优质、较早开始购物中心业态转型、业绩较为稳健、低估值的龙头百货，且自有物业价值充裕，推荐鄂武商、天虹商场、王府井，以及实力强劲的外贸供应链服务龙头企业江苏国泰。

②主业低迷情况下，跨界转型成为突破发展瓶颈的重要途径，布局高成长性、稀缺性的行业的公司有望进入发展的快车道，推荐东百集团（转型物流地产）、南极电商（电商/IP供应链服务平台企业）、宏图高科（布局艺术品拍卖、消费金融）、翠微股份（介入教育投资）。

③国企改革自上而下有望提速，商贸企业作为完全竞争领域将迎来制度松绑，混合所有制或股权激烈推进有利于推动企业盈利改善和转型加速，国资退出/资产注入也将给公司带来质的变化，建议关注兰生股份、北京城乡、首商股份、广百股份、南宁百货、中百集团、飞亚达。

④资产价值充裕、市值较物业重估值折让最为严重的大商股份、欧亚集团。

××证券行业投资评级的说明：

买入：预期未来3～6个月内，该行业上涨幅度超过大盘在15%以上；

增持：预期未来3～6个月内，该行业上涨幅度超过大盘在5%～15%；

中性：预期未来3～6个月内，该行业变动幅度相对大盘在-5%～5%；

减持：预期未来3～6个月内，该行业下跌幅度超过大盘在5%以上。

模块三　行业投资的选择方法

行业分析的目的是挖掘最具投资潜力的行业，选出最具投资价值的上市公司。只有进行行业分析，我们才能更加明确地知道某个行业的发展状况，以及它所处的行业生命周期的位置，并据此做出正确的投资决策。

一、行业分析的方法

1. 历史资料研究法

历史资料研究法是通过对已存在的资料进行深入研究，寻找事实和一般规律，并依照这种一般规律对未来进行预测。以史为鉴，根据历史资料去描述、分析和解释过去的事件，发现规律，并对当前事件进行解释，对未来事件进行预测。其优点是省时、省力、节省费用，缺点是只能被动地局限于资料。

2. 调查研究法

调查研究法的形式一般有抽样调查、实地调研和深度访谈等，通过问卷调查、访查、访谈等方法从被调查者处获得资讯，并进行专题研究。调查研究法的优点是可以获得最新的资料和信息，可以主动提出问题并获得解释，缺点是成功与否取决于研究者和访问者的技巧和经验。

3. 归纳法与演绎法

归纳法是从个别到一般，从现象观察到模式总结的过程。演绎法是从一般到个别，从预期模式到对预期模式的验证。演绎法是先推论后观察，归纳法是先观察后结论。

4. 比较研究法

比较研究法可以分为横向比较和纵向比较。横向比较是取某一时点的状态或者某一固定时段（比如一年）的指标，在这个横截面上对研究对象及其比较对象进行比较研究。纵向比较是利用历史数据，如销售收入、利润、企业规模等，分析行业过去的增长情况，并据此预测行业的未来发展趋势。

5. 数理统计法

随着研究的深入，数理统计和计量经济学的理论和方法被越来越多地应用到行业分析中。其中最常用的有相关分析、线性回归和时间数列。相关分析主要用于探索两个数量指标之间的依存关系。线性回归是对两个具有相关关系的数量指标进行线性拟合获得最佳直线回归方程，从而在相关分析的基础上进行指标预测。时间数列是根据数列的排列特征，来预测未来一期或若干期的指标。

二、证券投资的行业选择

在实体经济中，行业的景气程度会发生迁移，同时行业间的发展也具有不平衡性，因此各个行业在证券市场的表现会出现轮动现象。通过对各个行业进行多层次的定性和定量分析，判断行业的景气状况，并在此基础上，实施灵活、动态的行业配置，选择景气行业和景气复苏行业中的优势股票进行投资，可以为投资者获取稳健的投资收益。一般来说，在投资决策过程中，投资者应选择增长型的行业和在行业生命周期中处于成长期与成熟期的行业，如生物医药行业、通信设备及半导体器件行业、互联网行业和垄断行业。

小贴士

炒股选行业　紧跟政策走

2012 年 6 月 8 日，中国央行 3 年来首次降息，但 A 股市场却不涨反跌。对此，华人街风云人物、被人誉为最富远见的国际投资家罗杰斯表示，由于西方经济出现问题，所以 A 股市场受到拖累，表现也差强人意。"仅一次降息对股市影响不大。一般连续三次降息后，应该就会见效。"

罗杰斯说，股市总会有起伏，但如果找对好的行业、好的公司总会赚钱的。"我非常关注中国的'十二五'规划，从中可以看出中国的大量开支会投向哪里。现在中国正面临着水资源问题、环境污染问题，农业也面临巨大挑战。我就是要找到那些政府支持的行业，回避政府不投资的行业，找情况好的行业买入。"

罗杰斯提醒，投资是非常难的一件工作，要学会独立思考，要有怀疑的精神，不要被周围的信息所迷惑。就像我们不要随便掏钱给别人一样，股市里也不要随便投资，除非你清楚地知道自己在干什么。

2012 年来，A 股市场人气低迷，电视证券节目收视率大幅下滑，罗杰斯认为，当大家都放弃的时候，股市的机会来了。虽然不像有的人那么乐观，但估计离大牛市不远了。

资料来源：钱江晚报，2012 年 06 月 09 日

课后复习题

一、名词解释

行业分析　寡头垄断市场　历史资料研究法

二、单项选择题

1. 处于（　　）的行业由于利润快速增长，股票价格也呈现上涨趋势。

A. 初创期　　　　　　　B. 成长期　　　　　　C. 成熟期　　　　　　D. 衰退期

2. （　　）的存在是因为其产业的产品需求相对稳定，并不受到经济周期处于衰退阶段的影响。

A. 增长型行业　　　　　B. 周期型行业　　　　C. 防守型行业　　　　D. 稳定型行业

3. （　　）是指许多生产者生产同种但不同质产品的市场情形。

A. 完全竞争市场　　　　B. 不完全竞争市场　　C. 寡头垄断市场　　　D. 完全垄断市场

4. 以下属于完全垄断市场的是（　　）

A. 大米　　　　　　　　B. 冰箱　　　　　　　C. 汽车　　　　　　　D. 邮电通信

5. 从个别到一般，从现象观察到模式总结的过程被称为（　　）

A. 调查研究法　　　　　B. 比较研究法　　　　C. 归纳法　　　　　　D. 演绎法

三、多项选择题

1. 按照行业的要素集约度，可将行业分为（　　）。

A. 资本密集型行业　　　B. 技术密集型行业　　C. 劳动密集型行业　　D. 新兴行业

2. 行业的生命周期，具体可分为以下阶段（　　）。

A. 初创期　　　　　　　B. 成长期　　　　　　C. 成熟期　　　　　　D. 衰退期

3. 一般来说，在投资决策过程中，投资者应选择（　　）的行业。

A. 初创期　　　　　　　B. 成长期　　　　　　C. 成熟期　　　　　　D. 衰退期

4. 道·琼斯分类法将大多数股票分为（　　）。

A. 工业　　　　　　　　B. 农业　　　　　　　C. 运输业　　　　　　D. 公用事业

5. 周期型行业的运动状态直接与经济周期相关，典型行业有（　　）。

A. 耐用品制造业　　　　B. 消费品业　　　　　C. 公用事业　　　　　D. IT 行业

四、问答题

1. 简述行业分析对证券投资的意义。

2. 简述我国上市公司的行业分类。

3. 简述在证券投资过程中如何对行业进行选择。

技能训练题

1. 通过查询行业的基本情况、市场容量、销售增长和利润增长的预测，找到一个有发展投资前景的行业，并说明理由。

2. 分析下列行业所处的生命周期阶段并对比其投资价值：

（1）生物医药行业；

（2）农产品；

（3）互联网业务；

（4）家用电器行业；

（5）物流；

（6）房地产；

（7）钢铁；

（8）新能源（太阳能、风能）；

（9）服装制造行业。

3. 以小组为单位，对银行业进行行业分析：

（1）分别从初创、成长、成熟到衰退四个阶段描述银行业生命周期的特点；

（2）分析影响银行业的因素；

（3）以某家银行为例，做出其短期、中期和长期投资策略。

公司分析技巧

学习目标

在投资分析时，除了要对宏观经济、行业发展进行考察，还应加强对上市公司自身情况的研究，"打铁还需自身硬"。通过本项目的教学，力求达到以下目标：

知识目标：

（1）掌握公司分析的内涵、意义；

（2）熟悉公司基本素质分析的内容；

（3）熟悉公司财务报表的具体内容，财务指标的构成要素、计算公式。

能力目标：

（1）能搜集上市公司经营状况信息和财务报表；

（2）能分析影响公司竞争地位的基本素质；

（3）能计算并分析公司各类财务指标，给出投资建议。

知识网络图 ///

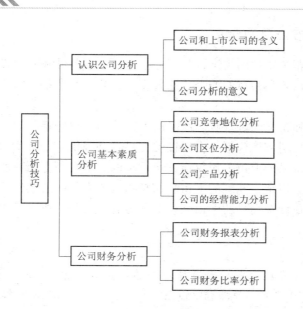

导入案例

万科——中国领先的房地产企业

　　万科企业股份有限公司（证券简称"万科 A"，证券代码 000002）成立于 1984 年 5 月，是目前中国最大的专业住宅开发企业，总部设在深圳。至 2009 年，已在 20 多个城市设立分公司。2016 年，万科实现销售面积 2765.4 万平方米，实现销售金额人民币 3 647.1 亿元，创历史新高，超额完成全年 3000 亿元目标。

　　万科认为：坚守价值底线，拒绝利益诱惑，坚持以专业能力从市场获取公平回报，是万科获得成功的基石。公司致力于通过规范、透明的企业文化和稳健、专注的发展模式，成为最受客户、投资者、员工、合作伙伴欢迎，最受社会尊重的企业。凭借公司治理和道德准则上的表现，公司连续六次获得"中国最受尊敬企业"称号，入选《华尔街日报》（亚洲版）"中国十大最受尊敬企业"。

　　经过多年的努力，万科逐渐确立了在住宅行业的竞争优势："万科"成为行业第一个全国驰名商标，旗下"四季花城""城市花园""金色家园"等品牌得到各地消费者的接受和喜爱；公司研发的"情景花园洋房"是中国住宅行业第一个专利产品和第一项发明专利；公司物业服务通过全国首批 ISO9002 质量体系认证；公司创立的万客会是住宅行业的第一个客户关系组织。同时也是国内第一家聘请第三方机构，每年进行全方位客户满意度调查的住宅企业。

　　请思考：作为投资者，投资万科 A 的理由有哪些？不投资万科 A 而选择其他房地产公司的理由又有哪些？

模块一　认识公司分析

一、公司和上市公司的含义

　　根据我国公司法相关条款的规定，公司是指依照法定条件和程序设立的、从事商品生产经营或提供服务的、以赢利为目的的企业法人。根据公司股票是否上市流通，公司可分为上市公司和非上市公司。

　　上市公司有广义和狭义两种理解。广义的上市公司不仅包括所发行的股票在证券交易所上市交易的股份有限公司，还包括在全国证券交易自动报价系统（简称 STAQ 系统）挂牌买卖的股份有限公司。狭义的上市公司仅指其所发行的股票在证券交易所上市交易的股份有限公司。我国现行公司法规定，我国的上市公司是指其所发行的股票经国务院或国务院授权的证券管理部门批准，在证券交易所上市交易的股份有限公司。本项目主要讨论狭义的上市公司的状况。

小贴士

　　截止到 2016 年 8 月底，我国上海证券交易所上市股票 1 169 只，上市公司数 1 125 家，总股本 32 003.19 亿股，总市值 269 201.84 亿元，其中流通股本 28 914.22 亿股，流通市值 231 145.20 亿元。

深圳证券交易所上市公司 1 806 家，其中主板 478 家、中小板 797 家、创业板 531 家，总股本 15 317.69 亿股，总市值 221 033.88 亿元，其中流通股本 11 283.72 亿股，流通市值 151 097.16 亿元。

二、公司分析的意义

公司的经营状况和管理水平直接影响证券的市场表现和投资收益。因此，只有通过分析潜在投资对象的背景资料、业务资料和财务资料，从整体上多角度地了解公司，才能恰当地确定公司证券的合理定价，进而通过比较市场价位与合理定价的差异进行投资决策。公司分析大致可以分为基本素质分析和财务分析两大部分。

具体而言，公司分析的意义有：

通过对上市公司进行分析，可以更好地了解其财务状况、行业状况、发展潜力、发展空间、竞争压力、投资价值等。充分了解上市公司，是做出正确决定的基础。

通过对上市公司所处环境进行分析，可以知道上市公司所处行业环境、压力等；可以为公司找到好的发展方向、战略目标；可以使公司建立合理的规模和合理的体系。

通过对上市公司文化进行分析，可以建立良好、健康的企业文化，提高效率，减少费用支出，提升品牌含金量，增加产品的价值，从而增强企业竞争力。

通过分析资产负债表，可以了解公司的财务状况，对公司的偿债能力、资本结构是否合理、流动资金充足性等作出判断；通过分析损益表，可以了解公司的盈利能力、盈利状况、经营效率，对公司在行业中的竞争地位、持续发展能力作出判断；通过分析现金流量表，可以了解和评价公司获取现金和现金等价物的能力，并据以预测公司未来的现金流量。

模块二　公司基本素质分析

公司在本行业中的竞争地位是公司基本素质分析的首要内容。因为市场经济的规律是优胜劣汰，只有确定了竞争优势并且不断保持这种优势地位的公司才能长期存在并发展壮大。这样的公司才是投资者寻求的投资目标。

一、公司竞争地位分析

竞争地位分析是公司基本素质分析的首要内容。只有确立了竞争优势，并不断通过技术进步和管理能力的提升来保持这种竞争优势的公司，才具有长期投资价值。

1. 技术水平

技术水平决定了产品的竞争能力。只有拥有了先进的技术水平，才能快速占领市场，在竞争中处于有利的位置。对公司技术水平的评价主要通过以下部分：机械设备、工艺技术、生产专利，以及专业人才和公司每年研发费用的投入数量等。

2. 管理水平

管理水平高的公司，往往可以在相同条件下获得超过行业平均水平的利润。分析内容主要包括各层次管理人员的素质及管理能力、企业管理风格和经营理念、内部调控机制、人事管理效率等。

3. 市场开拓能力和市场占有率

市场占有率是市场开拓能力的体现和结果。只有积极通过各种营销手段争夺现有市场和开发潜在市场，才能扩大市场份额并提高市场占有率。而市场占有率的提高则意味着收益的增加和竞争能力的增强。另外，市场占有率还取决于公司的品牌战略和产品的竞争能力。

4. 资本与规模效益

随着公司规模的扩大，边际成本呈现出递减的趋势，当公司产量扩大到一定程度时，就会在长期平均成本最低点的规模上进行生产，从而使收益达到最大，公司也更具竞争能力。

5. 项目储备以及新产品的开发

任何产品都是有其生命周期的。只有不断进行产品更新和技术改造，随时能将储备的项目投向市场，才能保持公司的市场份额和在行业中的优势地位。

案例分析

日本 canon 公司对喷墨打印机的开发

打印机制造业经历了从应用碰撞原理的色带打印、针式打印到应用非碰撞原理的感热打印以及目前流行的激光打印和喷墨打印的巨变过程。canon 自 20 世纪 80 年代到 90 年代中期，一直维持着该行业领头羊的优势地位。这一地位的取得，是该公司从研发复印机中培养起来的电子照相技术在开发激光打印机得到了充分应用的结果，也是该公司未雨绸缪地开发和培育起喷墨技术这一新的替代核心技术得以市场化的结果。1986 年到 1994 年，canon 喷墨打印机的累计市场占有率高达 68%。

canon 是一个能够比较好地处理和平衡企业现有核心技术与新的核心技术关系的典范企业。该公司在现有企业核心技术作为事业中心起步时，就着手开发新的核心技术，并且锲而不舍地从人力和财力等多方面培育这一技术。该公司先是应用电子照相技术开发出激光打印机，取得竞争优势；当激光打印机的技术逐渐被竞争企业所模仿和超越时，又不失时机地应用新的核心技术推出喷墨打印机，比较持久地维持它的竞争优势。

问题：请以小组讨论的形式，对 canon 公司的竞争地位进行分析。

二、公司区位分析

区位也称为经济区位，是指经济地理范畴上的经济增长或经济增长点及其辐射范围，是资本、技术和其他经济要素高度集聚并且快速发展的地区。上市公司的投资价值与区位经济的发展密切相关。

1. 区位内的自然条件和基础条件

自然条件和基础条件包括矿产资源、水资源、能源、交通、通信设施等。这些因素在区位经济发展中具有重要作用，也对区位的上市公司的发展起着重要的限制或促进作用。首先分析上市公司的经营条件对区位内的自然条件和基础条件的依赖程度，再分析自然条件和基础条件对上市公司经营条件的满足程度，从而得出上市公司的经济效益和发展前景的基本结论。例如，在电力资源稀缺的地区从事高耗能的工业项目，用电高峰期就可能面临限电的问题，这将影响公司的经济效益。

2. 区位内的比较优势和特色

区位内的比较优势和特色是相对区位外而言的，是指本区位经济与区位外经济的联系和互补性、龙头作用及其发展活力与潜力的比较优势，主要包括经济发展环境、经济发展条件和经济发展水平等方面的比较优势和特色。特色在某种意义上意味着优势，利用自身的优势发展本区位的经济，这无疑在经济发展中找到了很好的切入点。

3. 区位内政府的产业政策和其他相关的经济支持

为了促进区域经济的发展，地方政府一般都会制定经济发展的战略规划，提出相应的产业政策，确定区位优先发展和扶持的企业，并给予相应的财政、信贷和税收等诸多方面的优惠政策。这些政策有利于引导和推动相关产业的发展，相关产业内的公司将会受益。上市公司可以凭借政府产业政策的支持，扩大经营规模，从而取得较好的经营效益。

想一想

鞍钢和宝钢的区位比较

鞍钢股份有限公司于1997年5月8日由鞍山钢铁集团公司独家发起设立，并于1997年分别在香港联交所（证券简称"鞍钢股份"，证券代码：0347）和深圳证券交易所（证券简称"鞍钢股份"，证券代码：000898）挂牌上市。鞍钢公司地处辽宁省鞍山区，所在地有钢铁工业发展所需的煤炭和铁矿石，已探明的铁矿石储量约占全国的四分之一。依托着辽中南工业基地，有着便利的交通运输条件。2006年公司开发的高强、超高强度船体结构、海洋工程结构用钢，通过英国、挪威等9国船级社的权威认证。

宝山钢铁股份有限公司（证券简称"宝钢股份"，证券代码600019）所在的长江三角洲地区无煤也无铁，尤其是铁矿石需要从遥远的澳大利亚、巴西和印度运来。宝钢专注于生产碳钢、不锈钢和特殊钢领域内的高技术含量、高附加值的钢铁产品。公司采用国际先进的质量管理，主要产品均获得国际权威机构的认可，目前已成为我国最大、最现代化的钢铁联合企业，在国际钢铁市场上亦属于世界级钢铁巨人，产品出口日本、韩国、欧美四十多个国家和地区。

思考： 从区位分析的视角，对鞍钢和宝钢进行比较，你更看好谁？

三、公司产品分析

产品是公司获取收入及实现利润的主要载体，其市场认可度和竞争力直接决定了公司的赢利能力和竞争能力。公司产品要在激烈的市场竞争中获胜，它就必须有自己的优势。

1. 成本优势

成本优势是指公司的产品依靠低成本获得高于同行业其他企业的赢利能力。成本优势往往是决定公司竞争优势的关键因素。如果公司可以以较低的成本生产出与竞争对手价值相当或相近的产品，那么只要把价格控制在行业平均水平，它就能获得优于平均水平的经营业绩。一般而言，成本优势可以通过规模经济、高技术水平、优惠的原材料、廉价的劳动力及发达的营销网络等手段来实现。

2. 技术优势

技术优势是指公司拥有比同行业其他竞争对手更强的技术实力及研究与开发新产品的能力。技术优势的建立和维持一般是通过产品的创新来实现的。产品的创新一般包括以下几种。

①通过新的核心技术的研制，开发出一种全新的产品。

②通过新工艺的研究，降低现有的生产成本，实行一种新的生产方式。

③根据细分市场进行产品细分，实行差异化生产。

④通过产品组成要素的重新组合，对现有产品进行改进。

3. 质量优势

质量优势是指公司的产品以高于其他公司同类产品的质量赢得市场，从而取得竞争优势。质量是产品信誉的保证，质量高的产品会给消费者带来信任感。不断提升公司产品的质量是提升公司产品竞争力的有效方法。特别是在与竞争对手成本相等或相似的情况下，具有质量优势的公司往往会在该行业中占据领先地位。

4. 品牌优势

品牌是公司的生命线，品牌知名度、美誉度越强，其竞争能力越强，客户的忠诚度越强，最终体现为公司产品畅销，市场份额稳定，公司的收入和赢利能力能够得到保障。

想一想

海尔氧吧空调，有氧运动有活力

提起空调行业，大家想到的往往是"价格战"，正当大家在猜测今年夏天谁将是第一个打响价格战枪声的企业，并比去年提前多长时间开枪的时候，市场上出现了一种令消费者的眼睛为之闪亮，并为之惊叹的产品：氧吧空调。

在遭受"极端夏天""40度高温"以及原材料涨价等多重"压迫"后，海尔空调仍有不俗表现，最主要的因素来自于产品（概念）创新——氧吧空调。与其说是产品设计的成功，不如说是概念创新的成功，是对消费者生活密切关注而诞生的满足需求方式的成功。氧吧空调的创意很简单，根据室内因封闭而导致氧气不足，虽然这种相对的氧气不足对人并没有多大影响，通过空调增加氧气含量。而原理也很简单，只是在空调上加上一种特殊的富氧膜，使通过这层膜的氧气浓度提高到30%，然后用气泵将含有30%氧气的空气导入室内，从而保证室内空气氧气充足，既保证了人们的活力，又避免了空调病的发生。

海尔氧吧空调，通过产品（概念）的差异化设计，实现了又一次超越。在其他各空调品牌高举价格屠刀腥风血雨地残杀时，海尔又一次通过一个简单而伟大的创新产品（概念）独享高利润。

问题：从产品分析视角来看，海尔制胜的法宝在于什么？对于空调和家电行业，要独享高利润，需要在哪些方面突出产品优势？

四、公司的经营能力分析

上市公司经营管理水平的高低直接影响公司的赢利能力，进而影响该公司股票在二级市场上的表现。经营管理好的上市公司普遍被投资者看好，这类公司的股票会受到投资者的追捧；反之，经营管理差的上市公司，投资者认为购买该公司的股票风险较大，因此这类公司的股票价格往往会下跌。公司经营管理能力分析一般包括公司法人治理结构、公司员工的素质和能力分析、管理风格及管理理念分析等方面。

1. 公司法人治理结构

公司法人治理结构有狭义和广义两种定义。狭义的公司法人治理结构是指有关公司董事会的功能、结构和股东的权利等方面的制度安排；广义的法人治理结构是指有关企业控制权和剩余索取权分配的一整套法律、文化和制度安排，包括人力资源管理、收益分配和激励机制、财务制度、内部制度和管理等。健全的公司法人治理机制至少体现在以下几个方面：

①规范的股权结构。股权结构是公司法人治理结构的基础。规范的股权结构包括三层含义：一是降低股权集中度，避免大股东侵害小股东权益；二是流通段股权的适度集中，发展机构投资者和战略投资者，发挥他们在公司治理中的积极作用；三是提升股权的普遍流通性，即实现股权的全流通。

②完善的独立董事制度。在董事会中引入独立董事制度，以加强公司董事会的独立性，这有利于董事会对上市公司的经营决策做出独立判断。

③监事会的独立性和监督责任。一方面，应该巩固监事会的地位，增强监督制度的独立性，加强监督的力度，限制大股东提名监事候选人和作为监事会召集人；另一方面，应该加大监事会的监督责任。

④相关利益人的公共治理。相关利益人包括员工、债权人、供应商和客户等主要利益相关人。相关利益人共同参与的共同治理机制可以有效地建立公司外部治理结构，以弥补公司内部治理机制的不足。

想一想

法人治理结构健全不等同于结构有效

2004 年 11 月 29 日，中国航油（新加坡）股份有限公司（以下简称"中航油"）因错判油价走势，在石油期货投资上累计亏损 5.5 亿美元，决定向新加坡高等法院申请破产保护。作为一个成功进行海外收购、被称为"买了个石油帝国"、2003 年净资产为1.28 亿美元的企业，何以会产生如此巨额的亏损而轰然倒下？对此如果要理出一个清晰的脉络，法人治理结构失灵是一个绝对不能错过的原因。

同大多数成功在海外上市的企业一样，中航油有完善的公司治理结构，而且治理结构完全按照新加坡关于上市公司监管的要求建立，各种治理机关没有缺失；也有一个"符合国际惯例"的风险防范机制，聘请了世界上最大的安永会计师事务所为其制定了《风险管理手册》及《财务管理手册》。此外，中航油按照市场规则定期公布运营情况，2004 年更是被评为新加坡最具透明度的上市公司，受到媒体和投资者的推崇。

但就是这样一个企业，却是公司总裁陈久霖一个人说了算，董事会、监事会、决策咨询委员会、风险管理委员会等都成了摆设。陈久霖擅自扩大业务范围，从 2003 年开始从事石油衍生品期权交易这样的金融赌博，并以做假账的方式瞒天过海，从最初的 200万桶一直发展到出事时的 5 200 万桶，一直未向中国航油集团公司报告，最后"押了小点开盘后却是大点"，直接导致了中航油破产。

中航油事件后，国务院国有资产监督管理委员会主任李荣融在接受采访时表示，想得最深的还是治理结构。此后，央企加快了治理结构探索步伐，首个董事会试点——上海宝钢董事会于 2005 年 10 月 17 日设立。中航油事件可能只是中国企业忽视公司法人治理结构而造成经营失效的一个特例，但却表明法人治理结构健全不等同于结构有效，在建设现代企业制度过程中，仅仅将别人的法人治理结构"拷贝"过来还远远不够。

> 事实上，没有一个制度是完美无缺的，公司法人治理结构并不存在一个标准的模式。从公司法人治理结构在经济与管理实践中的演变来看，它的每一步发展往往都是针对公司失败或者系统危机做出的反应，不同企业的股权结构、发展阶段、产业势态、业务风险等情况都需要有特定的治理结构与之相对应。建立并完善法人治理结构，不能寄所有希望于某一种治理模式，更重要的是能够通过实践，设计适合本企业实际情况的治理框架，做到"因企制宜"，这样的启示对致力于建立现代企业制度的企业无疑是值得牢记的。
>
> 问题：建立了法人治理结构就能保证企业健康发展吗？

2. 公司员工的素质和能力分析

素质是指一个人的品质、性格、学识、能力、体质等方面特性的总和。一个公司的经营管理状况是否良好，该公司员工的素质和能力常常起到重要的作用。

①决策层。决策层主要指公司的董事会，负责制定公司的重大方针和决策方向。作为决策层，需要具备较高的管理技能和丰富的管理经验，以及优秀的组织协调能力，并且具有开拓精神，对新事物和新观念有敏锐的感知能力。

②管理层。管理层主要是贯彻决策层的意图，完成既定的任务和目标，并进行日常事务的管理。管理层应精通与该企业相关的技术知识和管理经验，并有较强的组织能力，善于与上下级沟通及对外交流合作。

③执行层。执行层是企业最基础的部门，各项决策和方针的执行最终将落实在执行层上。执行层需要熟练掌握本部门或本岗位的操作程序和操作技术，按时完成工作任务并保证产品质量，同时还要积极提出合理化建议，促进本部门工作效率的提高。

3. 公司管理风格和经营理念分析

管理风格是企业在管理过程中一贯坚持的原则、目标及方式的总称。经营理念是企业发展一贯坚持的一种核心思想，是公司员工坚守的基本信条，也是企业制定战略目标及实施战术的前提条件和基本依据。一个适应社会经济发展和不断创新的管理风格及经营理念是公司成功的前提和保障，也是公司经管理能力的重要体现。

分析公司的管理风格可以预测公司是否具有可持续发展的能力，而分析公司的经营理念则可据此判断公司管理层制定何种发展战略。

4. 公司经营效率分析

对公司经营活动效率的分析应重点评价以下内容：经营人员的整体观念和奉献精神；经营人员的开拓能力和应变能力；经营人员的业务精通程度和效益意识；经营人员的工作效率和工作业绩；经营人员的职业道德和进取精神。

5. 公司内控机制效率分析

公司内部应当建立完善的管理制度，并严格执行相关的办事程序和行为准则。科学有效的管理制度是公司成功的基础。考察公司的管理制度时，可根据公司的具体经济目标，了解公司内部各项规章制度是否订立、是否切实可行、各员工是否遵守，了解各部门是否都有自己的办事程序、是否分工明确、职责是否清楚、权利是否享受、义务是否履行等。根据这些情况对该公司内部调控机构做出总体评价。

看一看

上市公司董事会秘书制度

自1994年境外上市的公司设立董事会秘书职位以来，上市公司董事会秘书制度已实施了近20年，中国董事会秘书制度也经历了从无到有、从不完善到逐步完善的过程。令人欣喜的是伴随中国资本市场的发展，上市公司董事会秘书的基本素质得到提高，任职能力不断增强，履职环境有所改善，已成为公司规范运作的重要窗口、公司治理效率的关键枢纽和股东之间沟通协调的良好渠道。

1. 董事会秘书基本素质

董事会秘书的整体素质较高，其年龄结构和专业结构较为优化。其中，董事会秘书的学历较高，大学本科以上学历占近95%。从专业背景来看，三分之二的董事会秘书具有经济学或管理学背景。而董事会秘书的年龄大部分在35岁以上，其中35岁到45岁的占了48%。董事会秘书在公司的任职时间较长，4年以上的占了近70%，表明董事会秘书的工作岗位比较稳定。

2. 董事会秘书的聘任、报酬和解聘

53.55%的董事会秘书职位由内部选拔晋升，董事推荐、经市场招聘、上级委派、股东、提名委员会推荐等占比较小，董事会秘书来源趋于多样化和职业化。只有25.33%的董事会秘书是专职，在兼职董事会秘书中，39.87%由副总裁兼任。16.34%的董事会秘书进入了董事会。

绝大多数董事会秘书的薪酬由董事会决定，程序较为合理。董事会秘书的薪酬在高管中处于中等的占46.56%，低于高管薪酬的占13.01%，与其公司地位相匹配。关于董事会秘书的解聘，81.94%的董事会秘书认为解聘程序需根据法律法规或交易所管理办法办理，董事会秘书的职位需得到法律法规的保护，这表明其缺乏安全感。

3. 董事会秘书的定位和作用

78.06%的董事会秘书认为其向董事会负责，只有极少数选择了向总经理或大股东或委派机构负责。对于董事会秘书的角色，绝大多数人认为其应致力于完善公司的治理结构、提高公司的透明度，并致力于上市公司承担对投资者的责任。

就日常工作而言，董事会秘书认为信息披露的重要性占首位，其次是组织董事会的日常工作和管理投资者关系。在时间投入上也与其重要性吻合，而上市公司新闻发布和股权管理则花了比较少的时间。

除了董事会的日常工作外，许多董事会秘书在日常经营活动中也比较活跃，有83.23%的董事会秘书列席总裁办公会议，有76.13%的董事会秘书还参与或主导增发、配股、发债等资本市场融资事宜。在与投资者交流时，董事会秘书常采用的三种沟通方式分别是接听咨询电话、接待机构投资者或研究员来访。只有少部分的董事会秘书会主动地与投资者交流。

4. 我国董事会秘书职业群体执业中遇到困境

总体而言，董事会秘书对公司的履职环境评价介于满意和一般之间。对于董事会秘书的权、责、利关系，现行法律、法规和政策规定的不是很多。董事会秘书的职责规定对其个人的政治素养、理论素养和业务素养各方面都提出了较高的要求，董事会秘书不仅仅要和"事"打交道，还要和人打交道，包括接待各类投资者，与前面的"权"和"利"相比较，董事会秘书的"责"无疑显得重要了许多。

模块三　公司财务分析

公司财务分析具有一定的针对性和明确的目的性，并且具有非常丰富的内容。投资者可以通过公司财务分析所提供的信息资料对公司的发展潜力、经营管理水平、投资收益率和利润分配情况进行分析。

一、公司财务报表分析

财务报表分析是以公司的财务报表为主要依据，运用一定的分析方法，分析和评价公司过去和现在的财务状况、经营成果，其目的在于了解过去、评价现在、预测未来。财务报表分析主要包括资产负债表分析、利润表分析和现金流量表分析。

1. 资产负债表分析

资产负债表是反映公司在某一特定日期的财务状况的会计报表，如每年 12 月 31 日的财务状况。由于它反映的是某一时点的情况，所以又称为静态报表。资产负债表的分析内容主要包括三个方面。

（1）分析公司的资源配置

通过资产负债表，一方面可以分析各类资产在总资产中所占的份额和比率，另一方面还可以分析各种资产在各类资产中所占的份额和比率，并通过前后期比较和同业比较，了解公司的资源配置是否合理。

（2）分析公司的资金来源构成

通过资产负债表，可以分析公司资金问题及结构的变化，并进行同业比较，了解公司资金来源的构成及公司的财务风险状况。

（3）分析公司的资产与资本结构

资产与资本结构是指公司以何种方式为资产提供资金来源，一般来说，长期资产的投资应来源于长期资本，如长期负债、利润留存、股东投资等，这会影响公司的长期偿债能力和盈利能力。流动资金可来源于流动负债，也可来源于长期资本，会影响公司的短期偿债能力和盈利能力。

表 4-1 为万科 A 资产负债表。

表 4-1　万科 A 资产负债表

报告期	2014-09-30	2014-06-30	2014-03-31
资产			
流动资产	476 931 438 577	461 746 985 011	457 764 427 482
货币资金	48 741 855 059	42 861 721 092	37 525 817 693
应收账款净额	1 738 411 713	2 210 244 418	2 926 167 656
其他应收款净额	42 893 229 999	43 061 540 851	43 042 088 131

续表

报告期	2014 - 09 - 30	2014 - 06 - 30	2014 - 03 - 31
存货净额	351 234 702 363	341 667 664 762	340 564 884 967
流动资产合计	476 931 438 577	461 746 985 011	457 764 427 482
长期股权投资	16 392 170 595	15 208 461 567	12 186 644 476
固定资产净值	1 810 353 688	1 808 760 213	2 115 515 217
在建工程净额	800 967 687	956 493 084	945 245 112
固定资产合计	2 611 321 375	2 765 253 297	3 060 760 329
无形资产	650 506 215	637 793 525	485 395 363
长期待摊费用	76 655 738	74 290 408	69 249 649
无形资产及其他资产合计	727 161 953	712 083 933	554 645 012
资产总计	519 974 136 115	501 774 293 462	495 118 977 269
负债及股东权益			
应付账款	60 344 787 659	59 668 028 767	55 598 684 734
预收账款	199 271 975 120	181 529 734 053	176 721 332 709
其他应付款	51 710 301 154	52 846 722 394	61 370 374 902
应付工资	269 194 097	331 260 358	1 556 962 538
应交税金	2 964 383 938	2 575 285 865	3 889 052 592
一年内到期的长期负债	13 834 961 785	15 699 221 237	23 530 931 156
流动负债合计	356 126 594 906	336 160 914 777	341 351 899 588
长期借款	46 856 899 748	49 210 595 087	43 772 083 289
应付债券	9 888 438 742	9 900 821 941	7 469 031 945
其他长期负债	55 909 832	48 509 069	48 157 606
长期负债合计	56 872 301 154	59 233 228 836	51 352 278 286
负债合计	413 791 622 756	396 054 413 569	393 368 005 532
少数股东权益	27 653 028 334	28 831 405 270	28 207 275 786
资本公积金	8 332 067 684	8 312 641 832	8 242 822 048
盈余公积金	20 135 409 720	20 135 409 720	20 135 409 720
未分配利润	38 648 885 033	36 999 989 727	33 720 230 985
股东权益合计	78 529 485 025	76 888 474 623	73 543 695 951
负债及股东权益总计	519 974 136 115	501 774 293 462	495 118 977 269

2. 利润表分析

利润表也称损益表，是指关于收益和损耗情况的财务报表。利润表是一定时期内经营成果的反映。利润及利润分配表是一个动态报告，它展示本公司的损益账目，反映公司在一定时间的业务经营状况，直接明了地揭示公司获取利润能力的大小和潜力，以及公司的经营趋势。利润表反映了两个资产负债表编制日之间公司财务赢利或亏损的变动情况，对投资者了解、分析上市公司的实力和前景具有重要的意义。利润表分析的内容主要包括三个方面。

（1）分析公司的经营成果和盈利能力

通过分析利润表的主营业务利润、营业利润、利润总额和净利润等项目数据并进行前后对比，可判断公司的经营业绩和盈利能力的变化。其中，主营业务利润是重点分析内容，因为它是公司最基本的盈利能力，它占利润总额的比重将会影响公司盈利能力。

（2）分析公司的销售规模与增长能力

通过分析利润表中的主营业务收入，结合其他业务收入的前后期变化，可判断公司销售规模和收入的变动情况。重点是分析主营业务的增长能力，这一能力越强，说明公司前景越好，生存基础越稳固。

（3）分析公司的成本与费用

通过分析公司利润表中的主营业务成本、销售费用、管理费用与财务费用等项目前后期的变化，以及各项目在总成本费用中的比重变动，来分析公司成本费用的消耗状况，尤其是收入变动与成本费用的配比。

表 4-2 为万科 A 利润表。

表 4-2　万科 A 利润表

报告期	2014-09-30	2014-06-30	2014-03-31
一、营业收入	63 139 592 563.49	40 961 902 094.71	9 497 216 581.95
减：营业成本	44 157 105 583.25	28 298 414 139.65	5 706 277 172.09
营业税金及附加	5 729 750 412.19	3 740 227 449.78	905 257 221.26
销售费用	2 575 251 473.43	1 542 285 908.15	710 554 989.67
管理费用	2 092 866 817.66	1 409 092 634.14	665 240 868.64
财务费用	603 385 869.20	396 758 461.31	183 481 549.77
资产减值损失	55 813 578.66	30 891 546.05	38 902 473.38
加：公允价值变动净收益	2 804 353.95	2 894 705.74	-572 697.83
投资收益	1 629 437 106.83	1 309 133 729.66	730 820 824.95
二、营业利润	9 557 660 289.88	6 856 260 391.03	2 017 750 434.26
加：营业外收入	338 714 512.93	304 748 592.97	37 129 416.93
减：营业外支出	65 601 749.33	38 534 238.21	15 681 977.44
三、利润总额	9 830 773 053.48	7 122 474 745.79	2 039 197 873.75
减：所得税	2 225 775 642.64	1 629 994 819.27	400 867 449.88
四、净利润	7 604 997 410.84	5 492 479 926.52	1 638 330 423.87
归属于母公司所有者的净利润	6 458 133 425.96	4 809 238 120.15	1 529 479 377.61
少数股东损益	1 146 863 984.88	683 241 806.37	108 851 046.26
五、每股收益	—	—	—
（一）基本每股收益	0.59	0.44	0.14
（二）稀释每股收益	0.59	0.44	0.14

3. 现金流量表分析

现金流量表是反映某公司在某一会计年度内的现金变化结果和财务状况变化原因的一种会计报表。现金流量表中的现金是指现金和现金等价物。现金主要是指库存现金和存入银行及其他金融机构的活期存款。现金等价物是指短期国库券、商业票据、货币市场资金等短期内能够变现的投资。现金流量是公司现金流动的金额，也是对公司现金流入量和流出量的总称。现金流入量减现金流出量的净额称为现金净流量。所以，现金流量表也就是反映公司一定时期内在各种经济业务活动中所发生的现金流量的一张动态会计报表。

现金流量表主要由三部分组成，分别反映公司在经营活动、投资活动和筹资活动中产生的现金流量。

（1）经营活动产生的现金流量分析

重点分析公司销售商品、提供劳务收到的现金以及购买商品、接受劳务支付的现金是否全额入账。如果经营活动现金流量规模较大，说明公司从生产经营中获取现金的能力较强；反之，说明公司资金主要依赖于增加资本或对外借款。

（2）投资活动产生的现金流量分析

重点分析公司是否按计划和规定用途购建固定资产，收到的投资收益是否按规定入账。如果投资活动产生的现金流入大于流出，应分析公司是否变现了大量的固定资产，如果这些变现的资产是闲置或多余的，这种变现对企业的经营是有利的，否则说明公司经营或偿债出现了困难。如果投资活动的现金流出大于现金流入，应分析企业是否实施了投资扩张的政策，应与投资收益结合起来进行分析。

（3）筹资活动产生的现金流量分析

重点分析公司筹措资金对公司资本及债务规模和构成产生的影响，确定筹资成本是否适中。如果公司筹资活动的现金流入明显大于现金流出，联系公司投资活动的现金流量，如果投资活动净现金流出也非常明显，则说明公司加快了投资和经营扩张的步伐，有扩大获利的机会；联系公司经营活动的现金流量，如果经营活动的现金净流出也明显，则说明公司筹资活动的资金部分用于经营活动的现金支出。

表4-3为万科A现金流量表。

表4-3　万科A现金流量表

报告期	2014-9-30	2014-6-30	2014-3-31
一、经营活动产生的现金流量			
经营活动现金流入	113 502 093 567	70 485 604 282	33 289 010 333
经营活动现金流出	96 297 593 242	67 052 922 120	38 868 140 841
经营活动产生的现金流量净额	17 204 500 325	3 432 682 162	-5 579 130 508
二、投资活动产生的现金流量			
投资活动现金流入	2 428 944 721	2 134 080 712	1 228 766 645
投资活动现金流出	5 340 621 285	3 680 973 694	2 430 363 908
投资活动产生的现金流量净额	-2 911 676 564	-1 546 892 982	-1 201 597 263

续表

报告期	2014-9-30	2014-6-30	2014-3-31
三、筹资活动产生的现金流量			
筹资活动现金流入	32 889 191 088	30 982 801 316	17 023 538 652
筹资活动现金流出	42 390 422 695	34 179 445 936	16 881 254 665
筹资活动产生的现金流量净额	-9 501 231 607	-3 196 644 620	142 283 987
四、汇率变动对现金的影响	25 025 145	19 030 483	25 426 438
五、现金及现金等价物净增加额	4 816 617 298	-1 291 824 957	-6 613 017 346

二、公司财务比率分析

一般来说，财务报表中单个数据的作用是有限的。通过财务比率来考察这些项目之间的关系会提供一种更有意义的分析。一个财务比率本身并不具有任何意义，而是必须将其放在公司的历史、行业、主要竞争对手及整体经济的背景下考察，其意义才能体现。财务比率本身不会回答证券分析的问题，但财务比率有助于投资者展开对公司的分析。

财务比率分析可以通过公司过去的资料、公司当年的计划预测资料、同业的先进资料或平均资料等几种标准比较后得出结论。比率分析涉及企业管理的各个方面，大致可分为资本结构比率分析、公司偿债能力分析、经营效率分析、盈利能力分析和投资收益分析五大类。

1. 资本结构比率分析

（1）股东权益比率分析

股东权益亦称产权资本，是指上市公司投资者对公司净资产的所有权。它表明公司的资产总额在抵偿了一切现存债务后的差额，包括公司所有者投入资金以及尚存收益等，包括实收资本、资本公积、盈余公积及未分配利润四个部分，并在资产负债表上得以反映。实收资本包括国家、其他单位、个人对公司的各种投资。资本公积包括公司接受捐赠、法定财产重估增值等形成的股东权益。盈余公积是从净利润中提取的，具有特定用途的资金，包括法定盈余公积、任意盈余公积和公益金。未分配利润是公司净利润分配后的剩余部分，即净利润中尚未指定用途的、归股东所有的资金。

股东权益比率是股东权益总额与资产总额的比率。其计算公式为：

股东权益比率 = 股东权益总额 ÷ 资产总额 × 100%

该指标反映所有者提供的资本在总资产中的比重，反映公司基本财务结构是否稳定。一般来说，股东权益比率大比较好，因为所有者出资不存在像负债那样到期还本的压力，不至于陷入债务危机，但也不能一概而论。股东权益比率高是低风险、低报酬的财务结构；股东权益比率低是高风险、高报酬的财务结构。

（2）资产负债率分析

资产负债率是公司的负债总额除以资产总额的比率。资产负债率反映在总资产中有多大比率是通过借债筹集的，同时也可以衡量公司在资产清算时债权人有多少权益。资产负债率的计算公式为：

资产负债率 = 负债总额 ÷ 资产总额 × 100%

资产负债率是说明在公司每100元的资产中，有多少是由负债构成的。通常，公司的资产负债率应控制在50%左右。

（3）股东权益与固定资产比率分析

股东权益与固定资产比率也是衡量公司财务结构稳定性的一个指标。它是股东权益总额除以固定资产总额的比率，用公式表示为：

$$股东权益与固定资产比率 = 股东权益总额 \div 固定资产总额 \times 100\%$$

该比率反映购买固定资产所需要的资金有多大比例来自所有者资本。由于所有者权益没有偿还期，它最适宜于为公司提供长期资金来源，以满足公司长期资金需求。该比率越大，说明资本结构越稳定，即使长期负债到期也不必变卖固定资产等来偿还，保证了公司持续稳定经营的必要基础。当然，长期负债也可以作为购置固定资产的资金来源，所以并不要求该比率大于1。但如果该比率过低，则说明公司资本结构不尽合理，财务风险较大。

> **案例分析**
>
> 根据万科A的资产负债表，可计算其2014年9月30日的资本结构：
>
> 股东权益比率 = 股东权益总额 ÷ 资产总额 × 100%
>
>   = 78 529 485 025 ÷ 519 974 136 115 × 100%
>
>   = 15. 11%
>
> 资产负债率 = 负债总额 ÷ 资产总额 × 100%
>
>   = 413 791 622 756 ÷ 519 974 136 115 × 100%
>
>   = 79. 58%
>
> 股东权益与固定资产比率 = 股东权益总额 ÷ 固定资产总额 × 100%
>
>   = 78 529 485 025 ÷ 2 611 321 375 × 100%
>
>   = 30. 07%
>
> 股东权益比率15. 11%相对较低，显示了万科的高风险、高报酬的财务结构。资产负债率79. 58%高于标准值50%，表明万科的负债水平需要加强控制，防范风险。而股东权益与固定资产比率远大于1，表示公司购置固定资产所需资金有很大部分来自于债权人，公司经营较不稳健。

2. 公司偿债能力分析

（1）流动比率分析

流动比率衡量公司在某一时点偿付即将到期债务的能力，反映公司短期偿债能力的高低，又称短期偿债能力比率。其计算公式为：

$$流动比率 = 流动资产 \div 流动负债$$

一般而言，生产类上市公司最佳流动比率应该是2。这是由于在流动资产中，变现能力最差的存货金额约占流动资产总额的一半，剩下的流动性较大的各类流动资产总额至少要等于流动负债，这样公司的短期偿债能力才会得到保证。

（2）速动比率分析

流动比率虽然可以用来评价流动资产总体的变现能力，但人们（特别是短期债权人）还希望获得比流动比率进一步反映变现能力的比率指标。这个指标被称为速动比率，也被称为酸性测试比率。

速动比率是从流动资产中扣除存货部分，再除以流动负债的比值。速动比率的计算公式为：

$$速动比率 = （流动资产 - 存货） \div 流动负债$$

　　人们通常认为正常的速动比率为1，低于1的速动比率被认为是短期偿债能力偏低。这只是一般的看法，因为行业不同，速动比率也会有很大的差别，速动比率没有统一的标准。例如，采用大量现金销售的商品，几乎没有应收账款，低于1的速动比率则是正确的；相反，一些应收账款较多的企业，速动比率可能大于1。

　　（3）现金比率分析

　　现金比率是公司的货币资金和短期证券的总和与流动负债的比率。现金比率能够准确地反映公司的直接偿付能力。其计算公式为：

$$现金比率 =（货币资金 + 短期证券）÷ 流动负债$$

　　一般认为，现金比率维持在0.25以上，说明公司有比较强的直接偿付能力。当公司面临支付工资或股息红利，或者集中进货需要大量现金时，现金比率就显示出其重要性。

　　（4）应收账款的周转率和周转天数分析

　　公司的应收账款在流动资产中具有举足轻重的地位。公司应收账款如能及时收回，公司的资金使用效率便能大幅提高。应收账款周转率是反映公司应收账款周转速度的比率，它说明公司应收账款流动的速度，即一定期间公司应收账款转为现金的平均次数。用时间表示的应收账款周转天数也称为平均应收账款回收期或平均收现期，它表示公司从获得应收账款的权利到收回款项、转换为现金所需要的时间。其计算公式为：

$$应收账款周转率 = 营业收入 ÷ 平均应收账款$$

　　其中：平均应收账款 =（年初应收账款余额 + 年末应收账款余额）÷ 2

$$应收账款周转天数 = 360 ÷ 应收账款周转率$$

　　一般而言，企业一年的应收账款周转率标准值为3。当然，其值越高，平均收账期越短，说明应收账款的收回速度越快。否则，企业的营运资金会过多地呆滞在应收账款上，影响正常的资金周转。

　　（5）已获利息的倍数分析

　　已获利息的倍数是指公司经营业务收益与利息费用的比率。其计算公式为：

$$已获利息的倍数 =（税后利润 + 所得税 + 利息费用）÷ 利息费用$$

　　该指标用于衡量偿付借款利息的能力。已获利息的倍数越大，公司到期不能支付利息的风险就越小；反之，公司到期不能支付利息的风险就越大。一般认为，公司已获利息的倍数为3时，公司具有良好的偿付利息的能力。

案例分析

　　根据万科A的资产负债表、利润表，可计算其2014年9月30日的偿债能力：

　　流动比率 = 流动资产 ÷ 流动负债

　　　　　　 = 476 931 438 577 ÷ 356 126 594 906

　　　　　　 = 1.34

　　速动比率 =（流动资产 − 存货）÷ 流动负债

　　　　　　 =（476 931 438 577 − 351 234 702 363）÷ 356 126 594 906

　　　　　　 = 0.35

　　现金比率 =（货币资金 + 短期证券）÷ 流动负债

　　　　　　 = 48 741 855 059 ÷ 356 126 594 906

　　　　　　 = 0.14

应收账款周转率 = 营业收入 ÷ 平均应收账款

$$= 63\,139\,592\,563.49 \div [\,(1\,738\,411\,713 + 3\,078\,969\,781) \div 2\,]$$

$$= 26.21$$

其中：1 738 411 713 是期末 2014 年 9 月 30 日应收账款金额，3 078 969 781 则为期初 2014 年 1 月 1 日的金额。

应收账款周转天数 = 360 ÷ 26.21 = 10.30（天）

已获利息的倍数 =（税后利润 + 所得税 + 利息费用）÷ 利息费用

$$=（10\,001\,034\,270 + 825\,408\,590）÷ 825\,408\,590$$

$$= 13.12$$

从短期偿债能力来看，万科公司流动比率为 1.34，速动比率为 0.35，现金比率为 0.14。而按照国际惯例，当这三项数据分别保持在 2、1、0.25 时，说明企业的短期偿债能力和策略是比较适宜的。万科公司的流动比率略低于这一要求，此外它的速动比率也比较低。可以看出，作为一家房地产公司，销售不动产是它的主营业务，这一特点在一定程度上影响了该企业的流动资产，从而影响了它的短期偿债能力。

但万科公司的应收账款周转率和已获利息的倍数处于高位水平，说明公司应收账款的收回快，且具有良好的偿付利息的能力。

3. 经营效率分析

（1）存货周转率和存货周转天数分析

在流动资产中，存货所占的比重较大。存货的流动性直接影响企业的流动比率，因此必须特别重视对存货的分析。存货的流动性一般用存货的周转速度指标来反映，即存货周转率或存货周转天数。其计算公式为：

存货周转率 = 营业成本 ÷ 平均存货

其中：平均存货 =（期初存货 + 期末存货）÷ 2

存货周转天数 = 360 ÷ 存货周转率 = 平均存货 ÷ 营业成本 × 360

一般而言，企业存货周转率标准值为 3。存货周转速度越快，表明存货的占用水平就越低，流动性越强，存货的变现速度越快。所以，提高存货周转率可以提高存货的变现能力。

想一想

公司存货多少才好

存货是上市公司流动资产中重要的项目。它所占的金额通常占流动资产的大部分，一般可达到流动资产金额的 50% ~ 80%。但存货是流动资产中变现能力较差的一种。存货过多，会影响上市公司资金的使用效益和利润的可靠性；存货过少，又会影响公司的生产经营。因此，为了提高公司效益，满足经营的需要，必须确定一个合理的存货量。

（2）固定资产周转率分析

固定资产周转率是营业收入与全部固定资产平均余额的比值，企业标准值为 0.8 ~ 1。其计算公式为：

$$固定资产周转率 = 营业收入 \div 平均固定资产$$

该比率是衡量公司利用现存厂房、机器设备等固定资产形成多少销售额的指标，反映公司固定资产的使用效率。由于受固定资产原值、存续时间、折旧等因素的影响，不同企业的固定资产周转率有时会出现很大差异，所以这一指标一般只用于公司不同年份的纵向比较，而很少在不同公司之间做横向比较。

（3）总资产周转率分析

总资产周转率是营业收入与平均资产总额的比值，企业标准值为 0.8。其计算公式为：

$$总资产周转率 = 营业收入 \div 平均资产总额$$

其中：平均资产总额 =（年初资产总额 + 年末资产总额）÷2

该项指标反映资产总额的周转速度。总资产周转次数越多，周转天数越少，则表明公司全部资产的利用效率越高，公司的获利能力就越强。

案例分析

根据万科 A 的资产负债表、利润表，可计算其 2014 年 9 月 30 日的经营效率：

存货周转率 = 营业成本 ÷ 平均存货

= 44 157 105 583.25 ÷ [（351 234 702 363 + 331 133 223 279）÷2]

= 0.13

其中：351 234 702 363 为期末 2014 年 9 月 30 日存货金额，331 133 223 279 为期初 2014 年 1 月 1 日存货金额。

存货周转天数 = 360 ÷ 0.13 = 2 086.18（天）

固定资产周转率 = 营业收入 ÷ 平均固定资产

= 63 139 592 563.49 ÷ [（1 810 353 688 + 2 129 767 863）÷2]

= 32.05

其中：1 810 353 688 为期末 2014 年 9 月 30 日固定资产净额，2 129 767 863 为期初 2014 年 1 月 1 日固定资产净额。

总资产周转率 = 营业收入 ÷ 平均资产总额

= 63 139 592 563.49 ÷ [（519 974 136 115 + 479 205 323 491）÷2]

= 0.13

其中：519 974 136 115 为期末 2014 年 9 月 30 日总资产金额，479 205 323 491 为期初 2014 年 1 月 1 日总资产金额。

从上述计算出的指标易知，万科 A 的存货周转率严重偏低，仅 0.13，低于上一年 0.32（可计算），对于公司而言当前存货的积压十分明显，需要尽快提高存货的利用率，否则将占用更多的资金。固定资产周转率方面，数值高达 32.05，远高于一般企业 0.8~1 之间的水平，表明万科固定资产利用效率偏低，但相对 2013 年度 72.38（可计算）的水平而言，已有了较大幅度的降低，呈现积极信号。总资产周转率为 0.13，距离 0.8 的标准值仍有较大提升空间，应进一步优化。

---

4. 盈利能力分析

（1）销售毛利率分析

销售毛利率简称毛利率，是毛利占销售收入的百分比，其中毛利是销售收入与销售成本的差。其计算公式为：

$$销售毛利率 = [（销售收入 - 销售成本）÷销售收入] ×100\%$$

该指标反映公司销售收入的获利水平。销售毛利指扣除销售成本、销售折让、销售折扣和销售退回之后的毛利额。销售毛利率表示每一元销售收入剔除销售产品或商品成本后，有多少钱可以用于各项期间的费用和形成盈利。毛利率是企业销售净利率的基础，没有足够大的毛利率，企业便不能盈利。

（2）销售净利率分析

销售净利率是公司净利润占销售收入的百分比。其计算公式为：

$$销售净利率 = 净利润 ÷销售收入 ×100\%$$

该指标反映每一元的销售收入带来的净利润，表示销售收入的收益水平。销售净利率与净利润成正比，与销售收入成反比。企业在增加销售收入额的同时必须获得更多的净利润，这样才能使销售净利率保持不变或有所提高。分析销售净利率的升降变动可以促使企业扩大销售，并注意改进经营管理，提高盈利水平。

（3）资产收益率分析

净资产收益率用 ROE 表示，用来衡量企业对股东投入资本的利用效率。总资产收益率代表公司资产利用的综合效果，用于衡量公司运用全部资产获利的能力。两者计算公式为：

$$净资产收益率 = 净利润 ÷平均归属母公司股东权益（或平均净资产）×100\%$$
$$总资产收益率 = 归属母公司所有者的净利润 ÷平均资产总额 ×100\%$$

其中：
$$平均股东权益 = （期初归属母公司股东权益 + 期末归属母公司股东权益）÷2$$
$$平均资产总额 = （期初资产总额 + 期末资产总额）÷2$$

两者指标越高，表明资产的利用效率越高，说明企业在增加收入和节约资金使用等方面取得了良好的效果，否则相反。

（4）主营业务利润率分析

主营业务利润率是主营业务利润与主营业务收入的百分比。其计算公式为：

$$主营业务利润率 = 主营业务利润 ÷主营业务收入 ×100\%$$

该指标反映公司的主营业务获利水平，只有在企业主营业务突出、主营业务利润率较高的情况下，企业才能在竞争中占据优势地位。

（5）每股现金流量分析

每股现金流量是公司经营活动所产生的净现金流量减去优先股股利与流通在外的普通股股数的比率。其计算公式为：

$$每股现金流量 = （经营活动所产生的净现金流量 - 优先股股利）÷普通股股数$$

一家公司的现金流量越高，说明这家公司的每股普通股在一个会计年度内所得的现金流量越多；反之则表示每股普通股所得的现金流量越少。虽然每股现金流量在短期内比每股盈余更能显示公司在资本性支出和支付股利方面的能力，但每股现金流量绝不能代替每股盈余作为公司盈利能力的主要指标的作用。

案例分析

根据万科 A 的利润表、资产负债表，可计算其 2014 年 9 月 30 日的盈利能力：

销售毛利率 = [（销售收入 - 销售成本）÷销售收入] ×100%

　　　　　 = （63 139 592 563.49 - 44 157 105 583.25）÷63 139 592 563.49 ×100%

　　　　　 = 30.06%

销售净利率＝净利润÷销售收入×100%

　　　　　　＝7 604 997 410.84÷63 139 592 563.49×100%

　　　　　　＝12.04%

净资产收益率＝归属母公司所有者的净利润÷平均股东权益×100%

　　　　　　＝6 458 133 425.96÷〔（78 529 485 024.96＋76 895 983 339.70）÷2〕

　　　　　　×100%

　　　　　　＝8.31%

总资产收益率＝归属母公司所有者的净利润÷平均资产总额×100%

　　　　　　＝6 458 133 425.96÷〔（519 974 136 115＋479 205 323 491）÷2〕×100%

　　　　　　＝1.29%

主营业务利润率＝主营业务利润÷主营业务收入×100%

　　　　　　　＝9 557 660 289.88÷63 139 592 563.49×100%

　　　　　　　＝15.14%

每股现金流量＝（经营活动所产生的净现金流量－优先股股利）÷普通股股数

　　　　　　＝17 204 500 325÷11 015 027 100

　　　　　　＝1.56

从上述计算出来的指标可以看出，万科公司的销售毛利率达到了30.06%，处于较高水平；销售净利率为12.04%，相比毛利率，净利率数值较小，说明公司在销售成本上损耗较大，应控制成本费率，提高销售净利率。净资产收益率为8.31%，相比第二季度6%（可计算），有一定幅度的上升，表明股东获取的资本投入收益有所改善；总资产收益率仅1.29%，数值偏低，应加快提高公司整体盈利能力。每股现金流量为1.56元，数值较高，表明公司每股普通股赚取的现金流较多。

5. 投资收益分析

（1）普通股每股净收益分析

普通股每股收益（EPS），是本年盈余与普通股流通股数的比值。其计算公式为：

普通股每股净收益＝（归属母公司所有者的净利润－优先股股息）÷发行在外的加权平均普通股股数

我国公司法没有关于发行优先股的规定，所以普通股每股净收益等于净利润除以发行在外的股份总数。该指标反映普通股的获利水平，指标值越高，每一股份可得的利润越多，股东的投资效益越好；反之则越差。

（2）股息派发率分析

股息派发率是普通股每股股利与每股净收益的百分比。其计算公式为：

股息派发率＝每股股利÷每股净收益×100%

该项指标反映公司的股利政策，反映普通股股东从每股净收益中分得的部分。对这一指标的评价很大程度上取决于投资者注重现金分红还是注重公司的发展潜力。一般而言，如果作为短期投资，注重现金分红者应选择股利派发率比较高的股票；注重公司发展潜力者则应选择股利派发率不是很高的股票，因为这预示着该公司正在将资金再投资于好的发展项目，从而将使其未来的利润增长具有较大的动力，投资者从这类股票中往往能获得较好的投资收益。

（3）市盈率分析

市盈率（PE），是每股市价与普通股每股净收益的比值。其计算公式为：

$$市盈率 = 每股市价 \div 普通股每股净收益$$

该指标是衡量上市公司赢利能力的重要指标，反映投资者对每股净收益所愿支付的价格。一般而言，市盈率越低越好。市盈率越低，表明公司股票的投资价值越高。但也有观点认为，市盈率高说明公众对该股票的评价高。市盈率在市场过热、投机气氛浓郁时，常有被扭曲的情况，投资者应特别小心。

（4）普通股每股净资产分析

每股净资产是净资产除以发行在外的普通股股数的比值。用公式表示为：

$$普通股每股净资产 = 归属母公司所有者的净资产 \div 发行在外的普通股股数$$

其中：净资产为归属母公司所有者的资产总额与负债总额之差，即所有者权益。

该指标反映了每股普通股所代表的所有者权益额。对于投资者而言，该指标可使他们了解每股的权益。

（5）投资收益率分析

投资收益率是公司投资收益除以平均投资额的比值。用公式表示为：

$$投资收益率 = 投资收益 \div \left[（期初长、短期投资 + 期末长、短期投资）\div 2\right] \times 100\%$$

该指标反映了公司利用资金进行长、短期投资的获利能力。

案例分析

根据万科 A 的利润表、资产负债表，可计算其 2014 年 9 月 30 日的投资收益：

普通股每股净收益 =（归属母公司所有者的净利润 - 优先股股息）÷ 发行在外的加
权平均普通股股数

= 6 458 133 425.96 ÷ 11 015 027 100

= 0.59（元）

由于 2014 年第三季度没有派发股利，因此股息派发率为 0。

万科 A 在 9 月 30 日收盘价为 9.18，那么其市盈率为：

市盈率 = 每股市价 ÷ 普通股每股净收益

= 9.18 ÷ 0.59

= 15.66

普通股每股净资产 = 归属母公司所有者的净资产 ÷ 发行在外的普通股股数

= 78 529 485 024.96 ÷ 11 015 027 100

= 7.13（元）

长期股权投资收益率 = 投资收益 ÷ ［（期初长期股权投资 + 期末长期股权投资）÷ 2］
× 100%

= 1 629 437 106.83 ÷ ［（16 392 170 595.06 + 10 637 485
708.34）÷ 2］ × 100%

= 12.06%

从上述计算出来的指标可以看出，万科公司普通股每股净收益达到了 0.59 元，普通股每股净资产为 7.13 元，两个指标数据向好，表明公司普通股每股获利水平和每股所拥有的资产现值均较高。市盈率为 15.66 倍，相对较低，公司投资价值被低估。长期股权投资收益率达到了 12.06%，公司股权投资收益较高。

课后复习题

一、名词解释

上市公司　财务报表分析　资产负债率　流动比率　公司法人治理结构

二、单项选择题

1. 公司各项决策和方针的执行最终将落实在（　　）。
A. 决策层　　　　　　　B. 管理层　　　　　　　C. 执行层　　　　　　　D. 领导层

2. （　　）是反映某公司在某一会计年度内的现金变化结果和财务状况变化原因的一种会计报表。
A. 资产负债表分析　　B. 利润表分析　　　　　C. 工资表分析　　　　　D. 现金流量表分析

3. 一般而言，生产类上市公司最佳流动比率应该是（　　）。
A. 0.5　　　　　　　　　B. 1　　　　　　　　　　C. 2　　　　　　　　　　D. 3

4. 低于（　　）的速动比率被认为是短期偿债能力偏低。
A. 0.5　　　　　　　　　B. 1　　　　　　　　　　C. 2　　　　　　　　　　D. 3

5. （　　）是公司的货币资金和短期证券与流动负债的比率。
A. 流动比率　　　　　　B. 现金比率　　　　　　C. 速动比率　　　　　　D. 资产负债率

三、多项选择题

1. 公司分析大致可以分为（　　）。
A. 基本素质分析　　　　B. 管理分析　　　　　　C. 财务分析　　　　　　D. 技术分析

2. 公司的基本素质分析，主要是进行（　　）。
A. 公司竞争地位分析　　　　　　　　　　B. 公司区位分析
C. 公司产品分析　　　　　　　　　　　　D. 公司的经营能力分析

3. 财务报表分析主要包括（　　）。
A. 资产负债表分析　　B. 利润表分析　　　　　C. 工资表分析　　　　　D. 现金流量表分析

4. 现金流量表主要反映公司在（　　）中产生的现金流量。
A. 经营活动　　　　　　B. 投资活动　　　　　　C. 筹资活动　　　　　　D. 盈利活动

5. 健全的公司法人治理机制至少体现在以下几个方面（　　）。
A. 规范的股权结构　　　　　　　　　　　B. 完善的独立董事制度
C. 监事会的独立性和监督责任　　　　　　D. 相关利益人的公共治理

四、问答题

1. 公司产品要在激烈的市场竞争中获胜，必须具备哪些优势？
2. 公司基本素质分析主要包括哪些内容？

3. 公司财务比率分析主要包括哪些内容?

技能训练题

1. 从公司基本素质分析的视角,以小组为单位,选择某一行业价格相近的 3 只股票,完成下表,并进行选股。

提示:可通过股票行情软件、网站等渠道,查阅公司相关资料,对每一项指标进行情况描述和打分,有些指标不易量化的,可找相应的替代指标来衡量。每一项指标计 10 分,处于领先水平的计 9~10 分,处于优秀水平的计 7~8 分,一般水平的计 5~6 分,较差的计 5 分以下。最后通过得分合计,结合现价,给出最优或次优的选股结论。

股票分析(公司)

分析内容	计分指标	股票名称		股票名称		股票名称	
		现价		现价		现价	
		情况描述	得分	情况描述	得分	情况描述	得分
竞争地位	技术水平						
	管理水平						
	市场占有率						
	资本与规模效益						
区位分析	自然和基础条件						
	区位优势与特色						
	地方产业支持						
产品分析	成本优势						
	技术优势						
	质量优势						
	品牌优势						
经营能力	公司治理结构						
	员工素质与能力						
	管理与经营理念						
	经营效率						
	内控机制效率						
得分合计							
选股结论							

2. 以某一行业为例,任意选取 2 只股票,写出名称、现价,填入下表。进行五个方面的财务比率分析,即偿债能力分析、资本结构分析、经营效率分析、盈利能力分析和投资收益分析,每个方面选取一个指标计算。比较这 2 只股票在财务上的优劣,做出投资判断。

股票分析（行业）

财务比率	选取的指标	股票名称		股票名称	
		现价		现价	
		计算步骤和结果		计算步骤和结果	
偿债能力					
资本结构					
经营效率					
盈利能力					
投资收益					
财务优劣					
投资判断					

3. 以下为××证券于2014年10月30日对洋河股份（002304）作出的公司研究简报：

洋河股份（002304） 2014 - 10 - 29 收盘价 60.42 （ - 0.40%）	评级： 强烈推荐（维持） 证券分析师： ×××（执业资格编号S010051107××）

一、事项

公司公布三季报。前三季度实现收入123.05亿元，同比下滑5.73%，净利润39.83亿元，同比下滑11.45%，EPS为3.70元。

二、观点

（一）第三季度收入增速由负转正，净利润增速继续环比改善。

1. 第三季度收入同比增长0.26%，净利润同比下降6.96%。公司第三季度实现收入36.52亿元，同比增长0.26%，6个季度以来首次实现正增长；净利润11.28亿元，同比下降6.96%，降幅环比继续收窄，基本面趋于稳定。

2. 前三季度毛利率较去年同期基本持平，期间费用率提升2.17个百分点，净利率下降2.09个百分点。前三季度公司毛利率由上年同期的61.23%下降0.08个百分点至61.15%，基本持平。期间费用率较上年同期的14.22%提升2.17个百分点至16.39%。其中，销售费用率上涨0.22个百分点至9.58%；管理费用率提升2.39个百分点至8.11%；财务费用率下降0.44个百分点至-1.30%。公司前三季度净利率较去年同期下降2.09个百分点至32.37%。

3. 由于预收账款等负债项较年初减少，经营性净现金流同比下降19.99%。前三季度公司销售商品、提供劳务收到现金137.76亿元，同比增长0.10%；经营活动产生的现金流量净额30.32亿元，同比下降19.99%，主要是因为预收账款、应付账款及其他应付款分别较年初减少6.14亿元、3.78亿元、4.42亿元。

4. 预计2014年全年净利润同比下滑0%~15%。公司预计2014年全年净利润同比下滑 0%～15% 至 42.52～50.02 亿元，由于去年第四季度基数较低，今年第四季度业绩有望进一步改善。

（二）公司丰富产品线适应消费者需求，积极运作电商，业绩有望企稳。

1. 洋河 1 号开始在全国推广，线上线下相互补充，构建全渠道营销网络。洋河 1 号 5月之前省内铺设完毕，省外铺设从 6 月开始，覆盖北上广深以及浙江、广东、海南、湖北、安徽等经济发达大省的省会及主要城市。除了洋河 1 号之外，公司京东、天猫旗舰店已经上线，积分商城也在逐步完善。线下渠道方面，公司省内合作网点超过 1 000 家。线上线下互为补充，有望打造行业领先的全渠道营销网络。

2. 海天梦系列下滑幅度继续收窄，丰富产品线适应消费者多方位需求。公司蓝色经典约占收入的 60%～70%，下滑幅度进一步收窄，其中海之蓝保持增长。公司在不放弃蓝色经典的同时，推出新品补充海天梦之间的价格空当。新品中，中低端产品以老字号为代表，定位全国性中低端产品，价位在 100 元左右，主要靠走量，目前收入规模还不大。中高端产品以微分子酒为代表，符合市场对白酒需求从口味向健康的转变，有望成为新的重量新品。

三、盈利预测及投资评级

预计 2014—2016 年 EPS 分别为 4.32/4.89/5.43 元，对应 PE 分别为 14X/12X/11X，维持强烈推荐，合理估值为 75 元。

四、风险提示

销售不达预期，反腐继续变严。

××证券股票投资评级：

强烈推荐（相对沪深 300 指数涨幅 20% 以上）

谨慎推荐（相对沪深 300 指数涨幅介于 10%～20%）

中性（相对沪深 300 指数涨幅介于 -10%～10%）

回避（相对沪深 300 指数下跌 10% 以上）

分析师承诺：

作者具有中国证券业协会授予的证券投资咨询执业资格或相当的专业胜任能力，保证报告所采用的数据均来自合规渠道，分析逻辑基于作者的职业理解，通过合理判断并得出结论，力求客观、公正，结论不受任何第三方的授意、影响，特此声明。

免责条款：

本报告是基于本公司认为可靠的已公开信息，但本公司不保证该等信息的准确性或完整性。本报告所载的资料、意见及推测仅反映本公司于发布本报告当日的判断，在不同时期，本公司可发出与本报告所刊载的意见、推测不一致的报告，但本公司没有义务和责任及时更新本报告所涉及的内容并通知客户。

回答以下问题：

（1）财务比率分析通常包括偿债能力分析、资本结构比例分析、经营效率分析、赢利能力分析和投资收益分析，报告中的财务指标分别对应了洋河股份哪几方面的分析？

（2）报告列举了洋河股份在哪几项财务比率分析中有所改善？请详细说明。

（3）洋河股份整体财务状况，分析师给出了怎样的判断？

（4）你赞同洋河股份未来的盈利预测与投资建议吗？请说明理由。

K 线理论运用

学习目标

K线是技术分析的基础方法，经过百余年的实践，受到世界各国股票投资者的广泛重视，本项目将介绍常见的单根 K 线及 K 线组合。通过本项目的教学，力求达到以下目标：

知识目标：

(1) 掌握 K 线的四个重要价格；

(2) 掌握常见的单根 K 线形态；

(3) 熟悉常见的双日 K 线、多日 K 线形态。

能力目标：

(1) 能手工和计算机绘制 K 线；

(2) 能分析单根 K 线形态，并能实战运用；

(3) 能分析双日 K 线形态，并能实战运用；

(4) 能分析多日 K 线形态，并能实战运用。

知识网络图

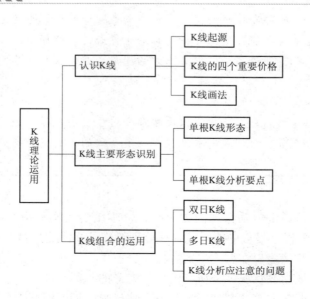

导入案例

武大郎烧饼的 K 线图

小王是面粉供应商，他知道一袋面粉的成本是 90 元，武大郎可以用一袋面粉做 10 个饼，零售价 10 元一个饼，也就是每个饼的成本是 9 元，利润是 1 元。

有一天，小王发现武大郎的烧饼摊前人头攒动，大家争相购买。问其原因，原来大家发现烧饼的 K 线图出现了红三兵的上攻走势，烧饼的价格已经由 10 元涨到 40 元一个，但仍挡不住人们的购买热情，因为张三认为可以以 45 元的价格卖给李四，还有 12.5% 的利润呢。

虽然身为面粉供应商的小王认为大家疯了，但疯狂的大众却认为小王傻了。

过了一段时间，小王发现武大郎的烧饼摊门可罗雀，武大郎报价 2 块钱也无人问津。问其原因，原来大家发现烧饼的 K 线图出现了死叉，并有暴跌走势，烧饼的价格已经跌到 1.5 元一个，但仍挡不住人们的抛售热情，因为如果价格跌到 1 块钱怎么办，岂不要损失 50%？

这时身为面粉供应商的小王认为大家又疯了，开始大量建仓。但疯狂的大众却认为小王又傻了。

思考：用 K 线图反映烧饼价格有何优势？为什么大众和小王的观点总是相悖？

模块一 认识 K 线

每个投资者实际使用中最先接触到的技术图表就是 K 线图。K 线图也是应用最广泛的一种技术图表，而 K 线理论所凭借的就是 K 线图说明有关 K 线的内容。K 线理论是技术分析中一个重要的流派。

一、K 线起源

K 线又称蜡烛线、阴阳线、日式线、日本线、经黑线，英文名称是 Candlestick。K 线起源于 200 多年前的日本幕府时代，发源、流行于日本的大米、白银交易市场。当时，日本没有证券市场，K 线只是用于米市交易，那时的米市类似于今天的商品期货市场，大阪的米商用它记录一天（一周或一月）中米市行情价格的波动变化。后来，人们把这套方法运用到股票市场中，并一直沿用到股票及期货市场。经过 200 多年的运用和变更，目前它已发展成为具有完整形式和翔实技术与方法的一种分析股市行情的理论——K 线分析理论。其使用简便、精确，在实际中得到了广泛的应用，受到了证券市场、外汇市场及期货市场等各类市场投资者的喜爱，所以被人们普遍采用。

K 线蕴含着丰富的东方哲学思想，以阴阳之变表现了多空双方"势"的相互转换。K 线法的研究手法是根据若干天 K 线的组合形态，推测证券市场多方和空方力量的对比。单一的 K 线代表的是多空双方一天之内战斗的结果，不足以反映连续的市场变化；多条 K 线的组合图谱才可能更详尽地表述多空双方一段时间内"势"的转化。多空双方中任何一方突破盘局获得优势，都将形成一段上涨或下跌的行情，这就是"势在必行"。而这种行情的不断发展又为对方积攒反攻的能量，也就是"盛极而衰"。分析K线组合图谱的目的就是通过观察多空势力强弱盛衰的变化，感受双方"势"的转化，顺势而为，寻找并参与蓄势待发的底部，抱牢大势所趋的上涨股票，规避强弩之末的顶部风险。

二、K线的四个重要价格

（1）开盘价

开盘价是指每个交易日的第一笔成交的价格，这是传统的开盘价的定义。市场中存在人为制造的不合理的开盘价。为了克服机构庄家利用通信方式的优势故意人为地造出一个不合实际的开盘价的弊端，目前我国股票市场采用集合竞价的方式产生开盘价，减少了传统意义上开盘价的缺陷。

（2）最高价和最低价

最高价和最低价是在每个交易日中，成交价格曾经出现过的最高的和最低的价格。它们反映当时股票价格的上下波动的幅度。这两个价格如果相差悬殊，说明当时市场交易活跃，买卖双方争夺激烈。但最高价和最低价是瞬间的价格表现，同传统的开盘价一样，最高价和最低价也容易被人为地故意做市，从而使价格脱离实际。最高价与最低价之间的间隔区域被称为当天的交易区域。

（3）收盘价

收盘价是多空双方经过一天的争斗最终达成的共识，是供、需双方最后的暂时平衡点。同样，为了克服人为地造出一个不合实际的收盘价的弊端，目前中国市场的收盘价计算按证券最后一笔交易前一分钟的所有交易的成交量的加权平均数确定，具有指明当前价格位置的重要功能。四个价格中，收盘价是最重要的，这一点早在100年前就被投资者所认识。很多技术分析方法只关心收盘价格。人们谈到证券的价格时，指的往往也是收盘价。

想一想

股票涨跌幅如何算？

股票涨跌幅是指统计期内股票期末价格相对期初价格的变化幅度，可用于衡量投资某股票的收益率水平。就日交易而言，其涨跌计算公式一般为：

日涨跌 = 当日交易的收盘价 - 上一个交易日收盘价

日涨跌幅 = 日涨跌 ÷ 上一个交易日收盘价

举例：江淮汽车（600418）某交易日开盘价为10.90元，最高价为11.25元，最低价为10.90元，收盘价为11.20元；第二个交易日开盘价为11.10元，最高价为11.10元，最低价为10.77元，收盘价为10.89元。

涨跌 = 11.20 - 10.89 = 0.31元

涨跌幅 = 0.31 ÷ 10.89 = 2.85%

K线绘制最常用的类型是阴阳线，通常根据时间的长短将阴阳线分为日线、周线、月线、年线四种。日线是以当天的数据绘制的；周线是以周一的开盘价、周五的收盘价及周内的最高价和最低价绘制的。月线、年线依此类推。

三、K 线画法

K 线是一条柱状的线条，由实体和影线组成。中间的方块是实体，影线在实体上方的部分叫上影线，下方的部分叫下影线。实体分阴线和阳线。

画 K 线需要明确三个要点：一是下影线和上影线的位置；二是实体的位置；三是实体的阴阳。实体用矩形表示，矩形的宽度是没有限制的。实体矩形上下边的位置由开盘价和收盘价确定。实体的阴阳由开盘价和收盘价的关系确定。实体的阴阳和长短，以及上下影线的长短都是 K 线的重要特征。一根 K 线记录的是证券在一个交易单位时间内价格变动的情况。将每个交易时间的 K 线按时间顺序排列在一起，就组成了该证券价格的历史变动情况，叫作 K 线图。

日 K 线的具体画法如下：

① 收盘价高于开盘价时，开盘价在下，收盘价在上，两者之间的长方柱用红色或空心绘出，称为阳线；其上影线的最高点为最高价，下影线的最低点为最低价，如图 5-1 所示。

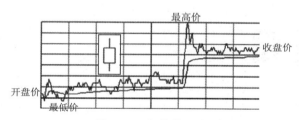

图 5-1　阳线的画法

② 收盘价低于开盘价时，开盘价在上，收盘价在下，两者之间的长方柱用黑色或实心绘出，称为阴线；其上影线的最高点为最高价，下影线的最低点为最低价，如图 5-2 所示。

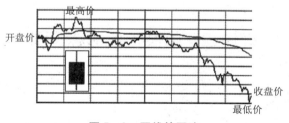

图 5-2　阴线的画法

做一做

根据江淮汽车（600418）某阶段的行情，绘制其日 K 线。

基本步骤：

① 画坐标轴，选择合适的刻度。

② 手工描点，逐一将开盘价、最高价、最低价和收盘价在坐标轴中作记号。

③ 将开盘价、收盘价之间连接成实体，若开盘价高即为阴实体，反之阳实体；将最高价用直线向下连接到实体上端，最低价用直线向上连接到实体下端；

如有多日行情，依次按照上述顺序，画在前一根 K 线之后，最后在横坐标轴上加上日期。

　　如果采用 Excel 或者 WPS 表格绘制，则仅需要按照日期，依次将开盘价、最高价、最低价和收盘价横向录入表格，然后点击"插入图表—图标类型—股价图"，计算机可自动绘制。结果如下：

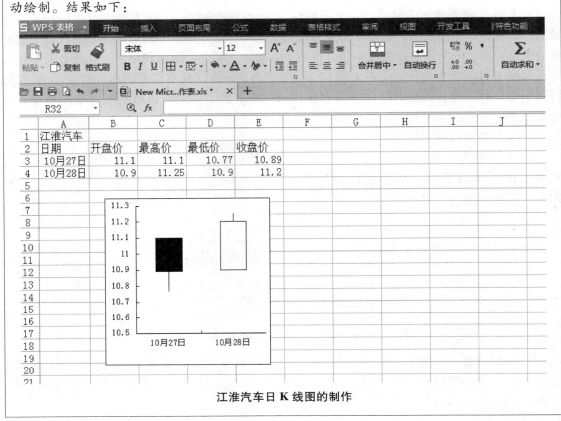

江淮汽车日 K 线图的制作

模块二　单根 K 线形态识别

一、单根 K 线形态

　　分时走势图记录了股价的全天走势，不同的走势形成了不同种类的 K 线，而同一种 K 线却因股价走势不同而具有不同的含义。带有成交量的分时走势图分别说明了数种典型的单个日 K 线图的形成过程和不同含义。

1. 小阳星

　　此时全日中股价波动很小，开盘价与收盘价极其接近，收盘价略高于开盘价。小阳星的出现表明行情处于混乱不明的阶段，后市的涨跌无法预测，此时要根据其前期 K 线组合的形状及当时所处的价位区域进行综合判断，如图 5 - 3 所示。

2. 小阴星

　　小阴星的分时走势图与小阳星相似，只是收盘价略低于开盘价。这表明行情疲软，发展方向不明，如图 5 - 4 所示。

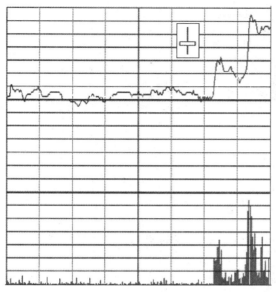

图 5 - 3　小阳星

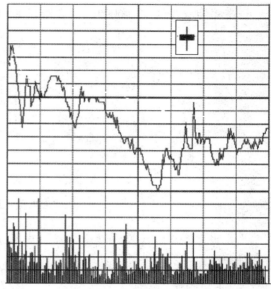

图 5 - 4　小阴星

3. 小阳线

小阳线实体较小，同时带有不太长的上下影线，其波动范围较小阳星增大，多头稍占上风，但上攻乏力，表明行情发展扑朔迷离，如图 5 - 5 所示。

4. 小阴线

小阴线与小阳线类似，实体较小，带有不太长的上下影线，表示空方呈打压态势，但力度不大，如图 5 - 6 所示。

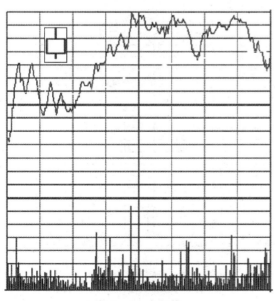

图 5 - 5　小阳线

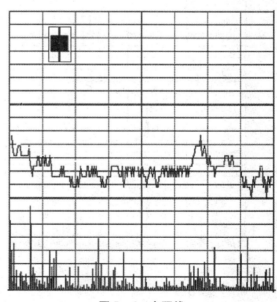

图 5 - 6　小阴线

想一想

下图为吉恩镍业（600432）某阶段的行情：

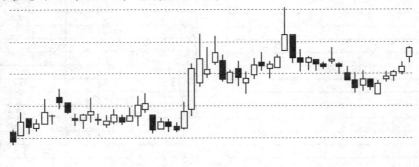

吉恩镍业某阶段的行情

指出上图中哪几处存在小阳星、小阴星、小阳线、小阴线的形态，它们形成的趋势有哪些？尝试解释其原因。

5. 上吊阳线

上吊阳线实体较小，下影线较长，无上影线或只有很短的上影线。

如果在低价位区域出现上吊阳线，股价在探底过程中表现成交量萎缩，而随着股价的逐步盘高，成交量均匀放大，并最终以阳线报收，则预示后市股价将上涨，如图 5 - 7 所示。

如果在高价位区域出现上吊阳线，股价走出如图 5 - 8 所示的形态，则有可能是主力在拉高出货，是见顶的信号，需要留心。

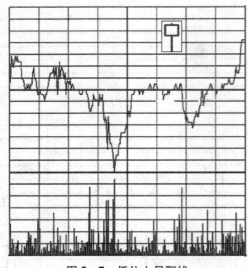

图 5 - 7　低位上吊阳线

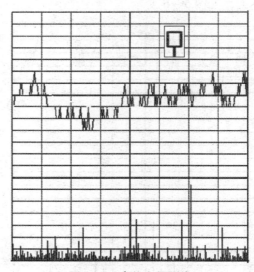

图 5 - 8　高位上吊阳线

6. 上影阳线

上影阳线也叫流星线，实体较短，上影线较长，无下影线或只有很短的下影线。该图线与上吊阳线的性质一样，若处在高价位区域，是行情见顶的信号，应卖出股票，如图 5 - 9

所示；若处在低价位区域，则是行情见底的信号，可考虑买入，如图5-10所示。

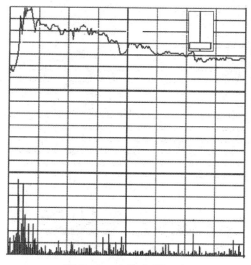  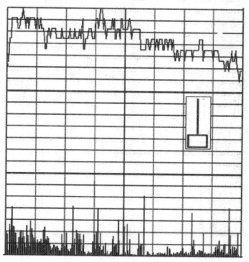

图5-9　高位上影阳线　　　　　　　　　图5-10　低位上影阳线

7. 上影阴线、倒 T 形线

上影线较长，实体较短，此为上影阴线，如图5-11所示；上影线较长却无实体，此为倒 T 形线，如图5-12所示。这两种线型中的任何一种出现在高价位区时，说明上档抛压严重，行情疲软，股价有反转下跌的可能；如果出现在中价位区的上升途中，则表明后市仍有上升的空间。

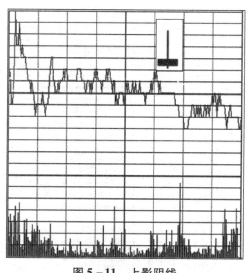 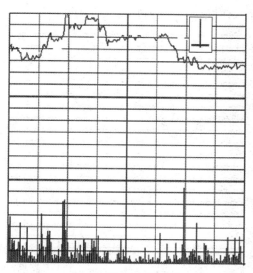

图5-11　上影阴线　　　　　　　　　图5-12　倒 T 形线

8. 下影阴线、下影十字星、T 形线

无实体，下影线较长，只有很短的上影线，此为 T 形十字星；实体较小，下影较长，无上影线或只有很短的上影线，此为下影阴线，如图5-13所示；无实体，下影较长，无上影线，此为 T 形线，如图5-14所示。这三种线型中的任何一种出现在高位区时，都是行情见顶的信号，应卖出股票；若出现在低位区，则是行情见底的信号，可考虑买入。

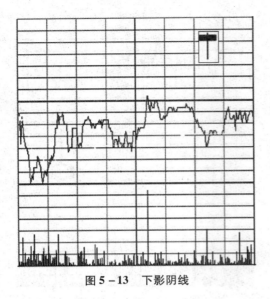

| 图 5 – 13　下影阴线 | 图 5 – 14　T 形线 |

9. 光头阳线

光头阳线是只有下影线而没有上影线的阳线。若其出现在低价位区域，在分时走势图上表现为股价探底后逐浪走高且成交量放大，预示一轮上升行情的开始；如果出现在上升行情途中，则表明后市继续看好，如图 5 – 15 所示。

10. 光头阴线

光头阴线是只有下影线而没有上影线的阴线。这种线型出现于低价位区时，说明抄低盘的介入使股价有反弹迹象，但力度不大，如图 5 – 16 所示。

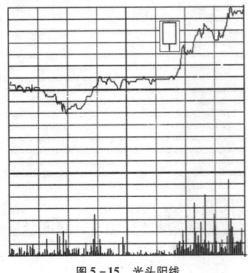

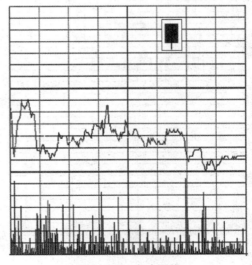

| 图 5 – 15　光头阳线 | 图 5 – 16　光头阴线 |

11. 光脚阳线

光脚阳线是只有上影线而没有下影线的阳线，表示上升势头很强，但在高价位处多空双方有分歧，购买时应谨慎，如图 5 – 17 所示。

12. 光脚阴线

光脚阴线是只有上影线而没有下影线的阴线，表示股价虽有反弹，但上挡抛压沉重，空方趁势打压使股价以阴线报收，如图 5 - 18 所示。

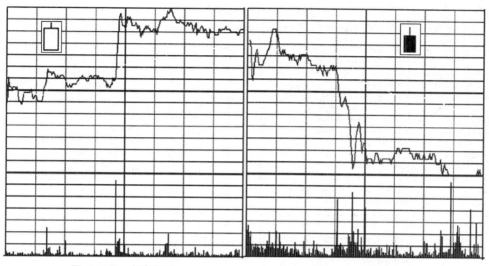

图 5 - 17 光脚阳线   图 5 - 18 光脚阴线

13. 光头光脚阳线

光头光脚阳线是既没有上影线也没有下影线的阳线，表明多方已经牢固控制盘面，逐浪上攻，步步逼空，涨势强烈，如图 5 - 19 所示。

14. 光头光脚阴线

光头光脚阴线是既没有上影线也没有下影线的阴线，表明空方在一日交战中最终占据了主导优势，次日低开的可能性较大，如图 5 - 20 所示。

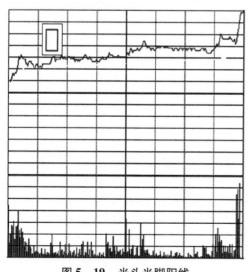
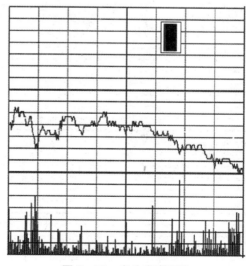

图 5 - 19 光头光脚阳线   图 5 - 20 光头光脚阴线

15. 穿头破脚阳线

股价走出如图 5 - 21 所示的图形时，说明多方已占据优势并展开逐波上攻行情，股价在成交量的配合下稳步升高，预示后市看涨。

　　同样为穿头破脚阳线，股价走势若表现为在全日多数时间内横盘或盘跌而尾市突然拉高时，预示次日可能空跳高开后低走，如图5-21所示。

　　还有一种情况，就是股价走势若表现为全日宽幅振荡而尾市放量拉升收阳时，则可能是当日主力通过振荡洗盘驱赶坐轿客，然后轻松拉高，后市可能继续看涨，如图5-22所示。

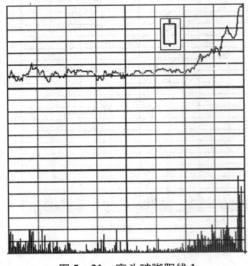

图5-21　穿头破脚阳线1

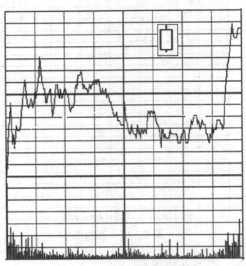

图5-22　穿头破脚阳线2

16. 十字星

　　这种线型常称为变盘十字星，无论其出现在高价位区还是低价位区，都可视为顶部或底部信号，预示大势即将改变原来的走向，如图5-23所示。

17. 一字星

　　这种线型的开盘价、最高价、最低价、收盘价为同值图线。在上升趋势里，股价显强势；在下降趋势里，股价显弱势，如图5-24所示。

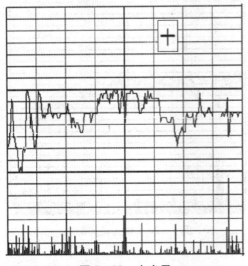

图5-23　十字星

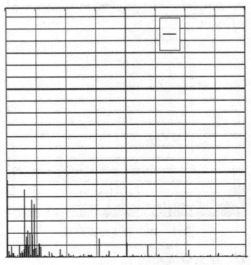

图5-24　一字星

想一想

下图为国通管业（600444）某阶段的行情：

根据前面所学，你能找出哪些形态的K线？对于相似形态但处于不同位置的K线，其后面的走势有何不同？试解释其原因。

二、单根K线分析要点

对单根K线而言，一般上影线和阴线的实体表示股价的下压力量，下影线和阳线的实体则表示股价的上升力量；上影线和阴线实体比较长就说明股价的下跌动量比较大，下影线和阳线实体较长则说明股价的扬升动力比较强。通常，在做单根K线分析时，我们要注意以下五点。

（1）看位置

即便是相同的K线，如果所处的位置不同，市场含义也不同，甚至是相反的。比如，上吊线如果出现在高位是见顶的信号，如果出现在低位则是见底的信号。

（2）看K线的阴阳

因为阴阳K线颜色的不同，实际上表明的是多空双方在博弈的过程中谁占据了优势。阳线代表多方占据优势，阴线代表空方占据优势。

（3）看实体的大小

实体大，说明取得优势的一方占据绝对优势；实体小，说明取得优势的一方占据相对优势。实体的大小客观上也反映了趋势的强弱。

（4）看影线的长短

如果K线的实体变化不大，而上、下影线越来越长，说明市场内部，多空双方之间的分歧越来越大，博弈越来越激烈。

（5）掌握K线的组合应用

在K线的使用过程中，单根日K线通常是用来记录分析当天走势的。为了更准确地分析趋势的变化，通常会结合两根或者两根以上K线的组合，甚至是将若干K线组合成的图形形态进行综合分析研判，这也是下一个模块要学习的内容。

小贴士

单根K线顺口溜

连续下跌T线见，马上进场抢反弹。顶部十字架，立即抛筹码。

连续上涨长上影，抛出筹码不要等。连续下跌遇长十，再不介入后悔迟。
十字星，不一般，后期走势细研判。股价高位防下跌，股价低位抢反弹。
长下影，有门道，仔细分析最重要，升势出现要见顶，跌势出现底在抄。
出水芙蓉最可爱，穿越三条均线带。后市方向理应涨，杀入收益定不赖。
升势拉出大阳线，可作提速来研判。追涨介入机会好，收益丰厚金不换。
升途来个大阴线，后市下跌马上见，此时如果再不跑，资金损失肯定惨。
V形反转，涨势不断。倒V形，可不妙，此刻不跑就挨套。
断头铡，好可怕，大阴连切均线仨，此刻快走莫犹豫，清仓甩卖都不计。
光头阳线看大小，越大上攻越可靠。光头阴线看大小，大阴下跌赶快跑。

模块三　K线组合的运用

　　根据一条K线进行投资分析在许多情况下是很不充分的，需要将两根、三根及多根K线组合起来进行判断才较为稳妥。K线组合大致可分为双日（周）、三日（周）、多日（周）K线组合三种。实际上，K线组合形态中所包括的K线越多，获得的信息就越多，得到的结论相对于K线根数少的组合形态来讲要准确一些，可信性也更大一些。

一、双日K线

1. 待入线

　　"待入线"是由前阴后阳两条图线组成的一种组合形态。"待入线"的特征是前面的一条图线是一条大阴线，后面的一条图线是一条小阳线。小阳线的收盘价低于前阴线的收盘价，与前阴线实体有一段距离，形成"待入"状态。

　　"待入线"出现的频率很高，在K线图中的任何部位都能见到，但只有处在高位和低位的"待入线"才有意义，处在其他位置的"待入线"没有多大实用价值，不用花精力去研究它。"待入线"是判断行情走势的重要信号之一，处在高位的"待入线"多显示见顶信号，应卖出股票，如图5-25所示。处在低位的"待入线"多显示见底信号，可考虑买入，如图5-26所示。

图5-25　高位待入线

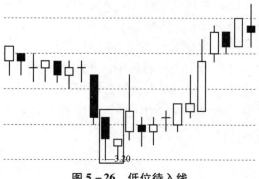

图5-26　低位待入线

2. 切入线

"切入线"的组合形态与"待入线"基本相似，也是由一条大阴线和随后的一条小阳线组成。不同的是，形成"切入线"的小阳线，其收盘价应高于前阴线的收盘价，收在前阴线的实体之内，靠近前阴线实体的下端，显示"进入"状态。

"切入线"出现的频率也很高，可在不同的位置见到，但同样只有出现在高位或低位的"切入线"才有实用价值，在其他位置出现的"切入线"对研究行情走势的意义不大。出现在高位的切入线显示的是卖出信号，出现在低位的切入线显示的是买入信号。投资者应根据它们所处的不同位置进行不同的操作，如图5－27和图5－28所示。

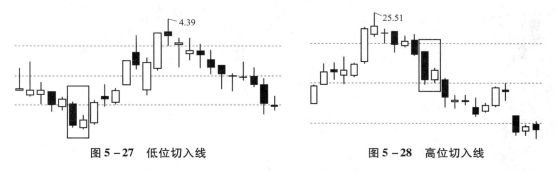

图5－27　低位切入线　　　　　　　图5－28　高位切入线

3. 插入线

"插入线"与上面两种图线的形态也十分相似，同样是由前面的一条大阴线和后面的一条小阳线组成。不同的是，"插入线"后面的阳线，它的开盘价要比前面两种图线的开盘价低一些，收盘价收在前阴线实体内的位置要高一些，一般要求达到前阴线实体中心线以下附近的地方，但不能超过中心线。这种形态的图线就是"插入线"。"插入线"出现的频率虽然较前两种图线低一些，但也只有处在高位和低位的"插入线"才具有实用价值。处在高位的"插入线"显示见顶信号，处在低位的"插入线"显示见底信号，处在其他位置的"插入线"则难显示确切的信号，不便于操作，如图5－29和图5－30所示。

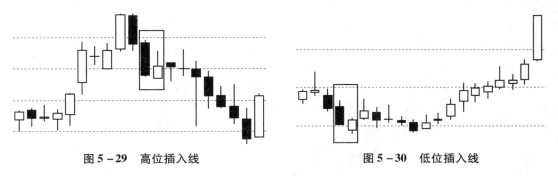

图5－29　高位插入线　　　　　　　图5－30　低位插入线

4. 斩回线

"斩回线"也是由一阴一阳两条图线组成的图形。前一条为大阴线，后一条为中阳线或大阳线，阳线的开盘价要求开得更低，收盘价收得更高，即要求收盘价收在前阴线的中心值以上，这是"斩回线"最重要的一个特征。和上面介绍的"待入线""切入线"和"插入线"一样，"斩回线"所处的位置不同，其显示的信号也不一样。处在高位的"斩回线"显示的是见顶信号，此时应卖出股票；处在低位的"斩回线"显示的是见底信号，此时应买入股票，如图5-31和图5-32所示。

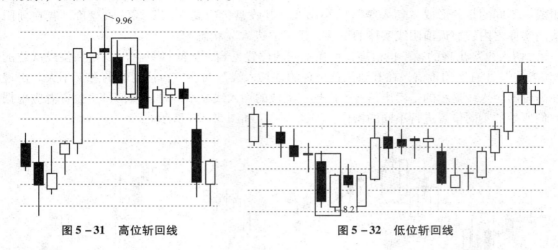

图5-31　高位斩回线　　　　　　　　图5-32　低位斩回线

5. 抱线

"抱线"又称穿头破脚线，是由一小一大两条图线组成的图形。前一条是小图线，后一条是大图线，且大图线的最高价和最低价均超出前一条图线的最高价和最低价。"抱线"分阳抱阴抱线（前一条线为小阴线，后一条线为大阳线）、阴抱阳抱线（前一条线为小阳线，后一条线为大阴线）、阳抱阳抱线（前后图线均为阳线）和阴抱阴抱线（前后图线均为阴线）四种形态。这四种形态的"抱线"因所处的位置不同而显示不同的信号，处在高位和下降途中的"抱线"多显示卖出信号，处在低位和上升途中的"抱线"多显示买入信号。阴抱阴和阳抱阳抱线对判断行情走势的意义不大，因为两条阴线合起来还是一条阴线，两条阳线合起来仍是一条阳线，而且这两种图形出现的概率很小，一般不把这两种"抱线"作为研究的对象。阳抱阴抱线和阴抱阳抱线只要处在相同位置，其买入信号和卖出信号是一样的，均可放心操作，如图5-33、图5-34、图5-35、图5-36所示。

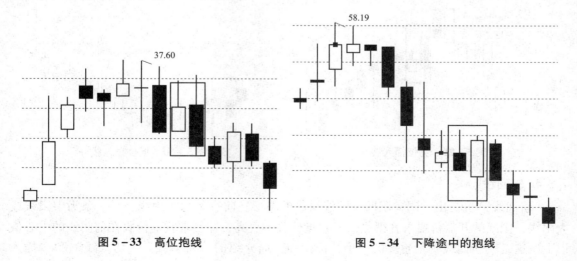

图5-33　高位抱线　　　　　　　　图5-34　下降途中的抱线

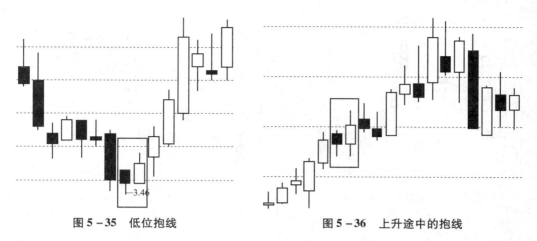

图 5 – 35　低位抱线　　　　　　　图 5 – 36　上升途中的抱线

6. 孕线

"孕线"也是由两条图线组合成的图形。其组合形态与抱线相反，第一条图线为长线，第二条图线为短线，第二条图线的最高价和最低价均不能超过前一图线的最高价和最低价。这种前长后短的组合形似怀孕的妇女，所以称为"孕线"。"孕线"有三种形态。

①前一条图线是一条长、大的阳线，第二条图线是一条短、小的阴线，称为阴孕阳孕线，简称"阴孕线"。

②前一条图线是一条长、大的阴线，第二条图线是一条短、小的阳线，称为阳孕阴孕线，简称"阳孕线"。

③前一条图线是一条长、大的阳线（或阴线），第二条图线是一条十字星线，称为"十字星孕线"，简称"星孕线"。

"孕线"在行情走势的不同部位出现。通常情况下，在顶部和下降途中出现的孕线多显示卖出信号，如图 5 – 37、图 5 – 38 所示；星孕线在高位和低位，如图 5 – 39、图 5 – 40 所示；在低位和上升途中出现的孕线多显示买入信号，如图 5 – 41、图 5 – 42 所示。

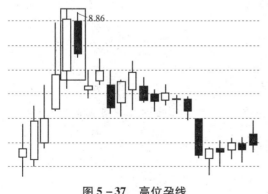

图 5 – 37　高位孕线

图 5 – 38　下降途中的孕线

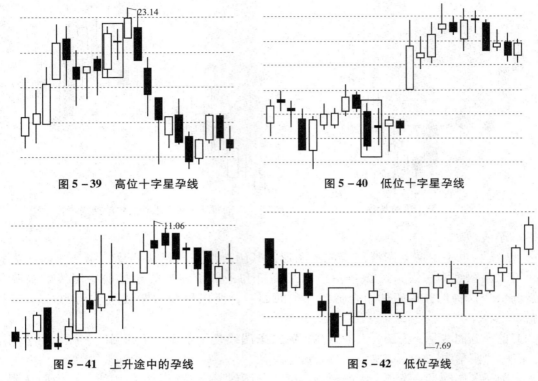

图 5-39　高位十字星孕线　　　　　　　图 5-40　低位十字星孕线

图 5-41　上升途中的孕线　　　　　　　图 5-42　低位孕线

做一做

下图为华菱星马（600375）某阶段的行情：

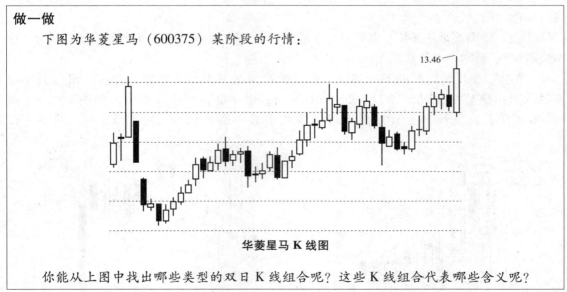

华菱星马 K 线图

你能从上图中找出哪些类型的双日 K 线组合呢？这些 K 线组合代表哪些含义呢？

二、多日 K 线

1. 黄昏星

"黄昏星"又称"三川宵夜明星"，由三条图线组成。第一条线是一条较大的阳线，第二条线是向上空跳的小星形线（阴阳不分，十字星也行），第三条线是一条下降的长阴线。它的出现表示股价见顶回落，发出卖出信号。"黄昏星"多出现在高位，是多头最讨厌的一种图线。该形态形成后，股市就会出现一段较长时间的下跌行情，有的甚至从此由"牛市"变为"熊市"。"黄昏星"形态有三个特征：第一是黄昏星必须处在高位；第二是第二条图线必须是向上空跳开盘且留有空跳缺口的星形图线；第三是第三条阴线应是一条大阴线，收盘价应收在第一条大阳线的中心值附近，收得越低，有效性越高，如图5－43所示。

图5－43　黄昏星

2. 启明星

"启明星"又称破晓明星，也是由三条图线组成的图形。其特征是：一，第一条图线必须是处在低位的一条长阴线；二，第二条图线必须是向下空跳的星形小阳线或小阴线；三，第三条图线必须是一条向上反弹的大阳线。"启明星"与"黄昏星"的组合形态及应用法则完全相反，"黄昏星"为见顶信号，是卖出股票的技术指标；"启明星"为见底信号，是买入股票的技术指标。

具备了上述三个特征的图线才是标准的"启明星"形态。该形态出现的频率较高，在任何一只股票的K线图上都能找到它的身影。该形态的见底信号十分可信，据此操作一般都能获利，所以"启明星"是最受炒股人欢迎的一种图线，如图5－44所示。

图5－44　启明星

3. 黑三鸦

"黑三鸦"是指股价上升到高位后，由三条连续下跌的阴线组成的图形。第一条图线是行情由上升转为下跌的首条阴线，第二条线在第一条线的中间位置开盘，并以较大的幅度于低于前一交易日的最低价位处收盘，第三条线的开盘价稍高于前一交易日的收盘价，最终形成三条连续下跌的阴线——三连阴形态。这是"黑三鸦"的一大特征。

"黑三鸦"这一形态充分表明高位卖压特别严重、后市行情以下跌为主的情形。投资人应注意减仓，或清仓出局，如图 5 - 45 所示。

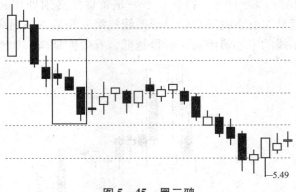

图 5 - 45　黑三鸦

4. 顶部三鸦

"顶部三鸦"是由"山"字形的三条阴线组成的图形。其走势特征是：股价上升到高位后，收下一条阴线（一般为中、大阴线），第二天大幅向上空跳高开，随之下行，收下一条与前阴线实体大体相当的阴线，第三天继续收一条下降的阴线，收盘价收在第一条阴线的中心值以下，有的甚至低于第一条阴线的收盘价。由这样三条阴线组成的图形称为"顶部三鸦"。

"顶部三鸦"大多出现在股价的天顶部位和波段峰顶的高位，是强烈的见顶信号，应卖出股票。但它有时也出现在上升途中和股价深跌后的低位，此时的"顶部三鸦"只有其名而无其实，显示的不再是卖出信号，而变为买入信号，如图 5 - 46 所示。

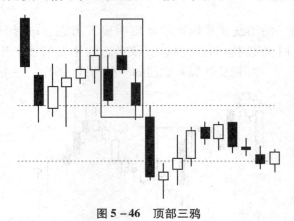

图 5 - 46　顶部三鸦

5. 底部三鸦

"底部三鸦"是由倒山字形的三条阴线组成的图形。该形态有三个特征：第一个是三条图线一般由中阴线组成，实体的长短应大体相当；第二个是该形态的第二条图线一般平开，低开更好，如留有较长的下影线，则其见底的有效性更高；第三个是第三条图线一般是向上空跳高开，高开的幅度应与前两条阴线实体的长度相当，略小也可，但不宜太小，收盘价最好是收在第二条线的开盘价之上，如果第三条线的收盘价收到第二条线的实体内较下的地方，则不能按"底部三鸦"的图线操作。

"底部三鸦"多出现在股价深跌后的低位，是典型的见底信号，可放心多做。它有时也出现在其他位置，但没有实际意义，可不予理会，如图 5 – 47 所示。

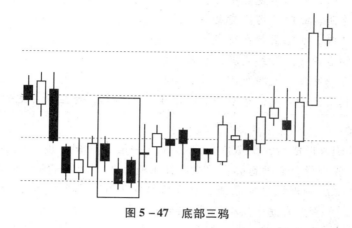

图 5 – 47　底部三鸦

6. 红三兵

由三条上升的阳线组成的图形称为"红三兵"。其特征有三个：第一个是三条阳线应为中小阳线，三条阳线的实体要大体相当；第二个是第二条阳线和第三条阳线要分别在前一条阳线实体的中心值之上开盘；第三个是第三条阳线必须在第二条阳线的最高价之上收盘。具备以上三个特征的图线才是标准的"红三兵"。"红三兵"可在任何位置出现，但只有在低位和上升途中出现的"红三兵"才是可信的买入信号；在高位和下降途中出现"红三兵"时，则应考虑出货，如图 5 – 48 所示。

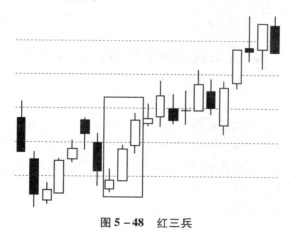

图 5 – 48　红三兵

小贴士

K 线组合顺口溜

两阳夹一阴，看涨可涨放心。

两阴夹一阳，空方力量强，赶快撤出去，回家吃喜糖。

末路红三兵，涨跌要分清，谨慎静观变，确认再行动。

前进红三兵，主力要上攻，短线杀进去，稳定获利丰。

接连三个十字线，后市马上就变盘。

三只乌鸦呱呱叫，此刻不走就挨套。

末期下跌三连阴，随时进场捡黄金。

升势之中见三鸦，明明蓄势在待发。

上升三法，细看说明，仔细判断，涨跌弄清。

早晨之星，开始冲锋，大胆介入，获利颇丰。

黄昏之星走到头，千万别做死多头。一不小心进门里，为庄抬轿把你留。

7. 上升三部曲

当一根强劲的阳线形成后，又依次出现多根（一般为 3 根，也可以更多）下降或上升的小阴或小阳线，成交量呈萎缩态势，但股价并未有效击穿阳线的最低点或阴线的最高点，随后便高开并再次形成一根强劲的阳线，从而确认了股价的运动趋势，这就是"上升三部曲"。上升三部曲预示着上升途中换档调理的结束，反映了"涨—回调—涨"的过程，往往成为继续上行的动力和较好的进入点，如图 5–49 所示。

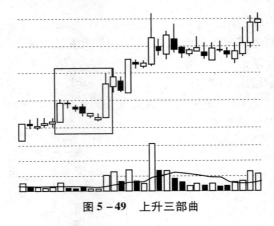

图 5–49　上升三部曲

8. 下降三部曲

下降三部曲和上升三部曲有类似的地方。不同的是，以一根跌幅很大的阴线开启，然后经历若干（可以 3 根也可以更多）小阴线或小阳线，但同样不能击穿大阴线的最高点和最低点，配以量价的萎缩，随后再次出现一根强劲的大阴线，成为继续下行的动力和新的逃命点。下降三部曲确认了股价的下降途中"跌—反弹—跌"的过程，预示着下跌途中回抽反弹的终结，是重要的止损点，如图 5–50 所示。

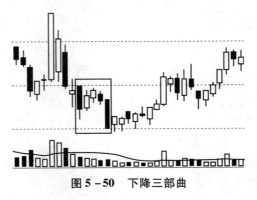

图 5–50　下降三部曲

三、K线分析应注意的问题

在分析K线时，应特别注意以下几点。

①对分析结论不能绝对化。市场的变动是复杂的，而实际的市场情况可能与我们的判断有距离。

②K线组合分析适合短线操作，不适合长线操作。从K线的使用原理看，K线理论只涉及短时间内的价格波动，容易为某些人的非市场行为提供条件。

③K线分析方法只能作为战术手段，不能作为战略手段。战略手段是指决定投资方向的手段。战术手段是指已经从其他的途径做出战略决策决定之后，选择具体的行动时间和地点（价格位置）的手段。战术决策所决定的内容范围较小。使用战术决策可以使正确的战略决策获得更好的效果。所以，K线理论所扮演的应该是战术手段的角色，即在从其他的途径做出该买还是该卖的决定之后，才用K线组合选择具体的行动时间和价格。

④多根K线组合可靠性大。

⑤注意K线的上下影线的长度及K线的相对位置。

⑥深刻了解K线组合形态的内在含义和原理，结合行情的发展阶段进行分析。K线组合形态不是一种完美的技术，这一点同其他技术分析方法是一样的，K线分析是依靠人类的主观印象建立的，并且是对历史的形态组合进行表达的分析方法之一。

无论是一根K线，还是两根、三根甚至多根K线，它们都是对多方和空方的争斗做出一个描述，由它们组合得到的结论都是相对的，而不是绝对的。对具体进行股票买卖的股票投资而言，结论只是起一种建议作用，它并不是命令，也不是说今后要涨就一定涨，而是指今后要涨的概率比较大。

我国目前有关K线的书籍中，相当一部分没有对K线的使用进行正确的定位，而是夸大了K线的能力。实际应用中，K线理论是进行技术分析最初步的技术。

课后复习题

一、名词解释

K线　黑三鸦　红三兵　启明星

二、单项选择题

1. （　　）也叫流星线，实体较短，上影线较长，无下影线或只有很短的下影线。

A. 上吊阳线　　　　　B. 上影阳线　　　　　C. 上影阴线　　　　　D. 下影阴线

2. 只有下影线而没有上影线的阳线被称为（　　）。

A. 上影阴线　　　　　B. 下影阴线　　　　　C. 光头阳线　　　　　D. 光头阴线

3. （　　）的开盘价、最高价、最低价、收盘价为同值图线。

A. 十字星　　　　　　B. 一字星　　　　　　C. T形线　　　　　　D. 倒T形线

4. 出现在高位的切入线显示的是（　　）信号。

A. 买入　　　　　　　B. 卖出

5. （　　）是由一小一大两条图线组成的图形。前一条是小图线，后一条是大图线，且大图线的最高价和最低价均超出前一条图线的最高价和最低价。

A. 斩回线　　　　　B. 穿头破脚线　　C. 孕线　　　　　D. 插入线

6. 就单支 K 线而言，反映多方占据绝对优势的 K 线形状是（　　　）。

A. 大十字星　　　　　　　　　　B. 带有较长上影线的阳线

C. 光头光脚大阴线　　　　　　　D. 光头光脚大阳线

三、多项选择题

1. K 线的重要价格是（　　　）。

A. 开盘价　　　　　B. 最高价　　　　C. 最低价　　　　D. 收盘价

2. 出现下列 K 线组合中的（　　　）通常意味着后市上涨。

A. 上升三部曲　　　B. 下降三部曲　　C. 启明星　　　　D. 黄昏星

3. 红三兵形态有如下特征（　　　）。

A. 三条图线一般由中阴线组成，实体的长短应大体相当

B. 三条阳线应为中小阳线，三条阳线的实体要大体相当

C. 第二条阳线和第三条阳线要分别在前一条阳线实体的中心值之上开盘

D. 第三条阳线必须在第二条阳线的最高价之上收盘

4. 以下说法正确的是（　　　）。

A. 多根 K 线组合可靠性小

B. K 线组合分析适合长线操作，不适合短线操作

C. K 线分析方法只能作为战术手段，不能作为战略手段

D. 多根 K 线组合可靠性大

5. 以下属于双日 K 线的有（　　　）。

A. 切入线　　　　　B. 插入线　　　　C. 孕线　　　　　D. 黑三鸦

四、问答题

1. 在做单根 K 线分析时，我们要注意哪些事项？

2. "黄昏星"的形态有哪些特征？

3. "孕线"的形态有哪几种？

技能训练题

1. 下表为上海电力（600021）某年 11 月份 7 个交易日的价格变动行情，根据开盘价、收盘价、最高价和最低价，分别用手工和计算机在一个坐标轴里绘制日 K 线图。

上海电力价格行情　　　　　　　　　　　　　　　　　　元

日期	11 月 11 日	11 月 12 日	11 月 13 日	11 月 14 日	11 月 17 日	11 月 18 日	11 月 19 日
开盘价	6.20	6.10	6.60	6.57	6.50	6.50	6.39
收盘价	6.09	6.70	6.50	6.58	6.50	6.42	6.98
最高价	6.26	6.70	7.15	6.73	6.66	6.50	7.06
最低价	5.96	6.07	6.48	6.27	6.31	6.30	6.36

2. 下图为宜华木业（600978）某阶段的 K 线图。

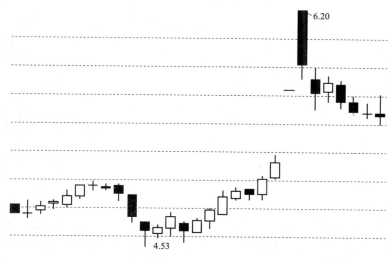

宜华木业 K 线图

（1）你从图中能找出哪些形态的单根 K 线？请一一标出。

（2）宜华木业股价波动大致可以分为哪几个阶段？根据单根 K 线的含义，对股价波动规律进行解释；

（3）根据其最近的 K 线形态，对未来股价作出预测。

3. 下图为英力特（000635）某阶段的 K 线图。

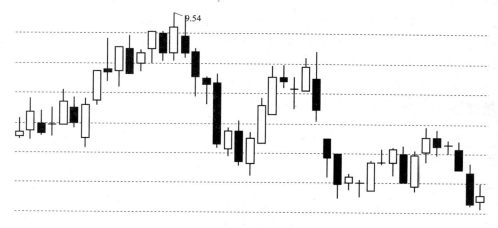

英力特 K 线图

（1）你从图中能找出哪些形态的双日 K 线组合？请一一标出。

（2）根据双日 K 线组合的含义，对股价波动作出相应解释。

（3）根据其最近的 K 线形态，对未来股价作出预测。

道氏理论运用

学习目标

投资者在进行技术分析时，道氏理论往往不能或缺，尤其是它对趋势的精准判断，能给茫茫股海中的人们点亮导航的灯塔。通过本项目的教学，力求达到以下目标：

知识目标：

(1) 掌握道氏理论的基本要点；

(2) 熟悉道氏理论的其他分析方法；

(3) 了解道氏理论的评价；

(4) 掌握量价关系理论。

能力目标：

(1) 能利用长期趋势线、中期趋势线和短期趋势线进行实战分析；

(2) 能正确划分某只股票逆时钟曲线的八个阶段；

(3) 能由成交量研判股票行情；

(4) 能运用葛兰碧9条法则进行某只股票的实战分析。

知识网络图

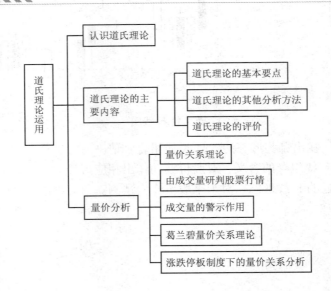

导入案例

令人振奋的预测

让我们重新回到 1908—1909 年牛市上来。《华尔街日报》早在 1907 年 12 月 25 日就已开始明确地预测到这次牛市，它写道："我们已经看到了这一年所能达到的最低价格。" l908 年 1 月 10 日，当整个国家仍然对 1907 年的情况感到不安时，当票据清算中心的活动还很活跃时，《华尔街日报》以"晴雨表"为依据得出了将出现明显反弹的结论。在谈到这次预备性运动时，它说自己"认为这是一次剧烈的波动，它产生于一个非常低的起点，然后朝着相反方向长期发展下去。"这个清楚的预测令人振奋，保守型的商人们正在逐渐学会通过全面分析股市"晴雨表"来进行预测。

而给出这一预测结果的人，正是《华尔街日报》编辑查尔斯·亨利·道。他指出："我们必须牢记，分析平均指数时必须专心致志，一旦想法过多，得出的结果将富有欺骗性。我们都知道，当新祭司触摸到巫师的短杖时，他很可能促使邪恶的事情发生。"

一百多年后的今天，股市淘沙，能在漫漫历史中留下印记的人物屈指可数。但由查尔斯·亨利·道创立并经后人不断完善的道氏理论，却在股市的跌宕起伏中仍显勃勃生机，指引着人们不断去探索未知的秘密。

思考：道氏理论有何神奇之处？它对今天的投资者又有哪些启示呢？

模块一 认识道氏理论

道氏理论由查尔斯·亨利·道（Charles Dow）创立，并由其追随者罗伯特·雷亚（Robert Rhea）、门生威廉姆·彼得·汉密尔顿（William Peter Hamilton）等人继承、完善并发扬光大。

道（1851年—1902年）　　汉密尔顿（1867年—1929年）

道是纽约道·琼斯金融新闻服务的创始人、《华尔街日报》的创始人及其首位编辑。他曾在股票交易所大厅里工作过一段时间。通过对股票价格日常波动的长期精心研究，他发现了股价波动与海潮波动有种类似的规律，并在《华尔街日报》上发表了大量有关纽约股票市场的文章，初步形成了一套研究股票市场变动规律的理论。查尔斯·道在 1895 年创立了股票市场平均指数——"道琼斯工业指数"，该指数诞生时只包含 11 种股票，其中有九家是铁路公司，到 1897 年，股票指数衍生为工业股票价格指数（由 12 种股票组成）和铁路股票价格指数。

1903 年，道去世 1 年后，《华尔街日报》记者罗伯特·雷亚将道的见解和文章进行收集、整理，并编辑成书，书名为《股市投机常识》。书中专门阐述了道的理论，第一次提出了"道氏理论"的概念。

1903—1929 年，道氏的助手和接班人汉密尔顿根据道氏概念继续研究并解释股价变动趋势，撰写了大量有关道氏理论的文章，出版了《股市晴雨表》一书，将道氏理论系统化，最终使道氏理论得以确立。

道氏理论在 20 世纪 30 年代达到巅峰，那时，《华尔街日报》以道氏理论为依据每日撰写股市评论。1929 年 10 月 23 日《华尔街日报》刊登《浪潮转向》一文，正确地指出"多头市场"已经结束，"空头市场"的时代来临，成功预测了华尔街历史上最可怕的股市崩盘。道氏提出了关于股票市场的全新理念，在股票市场中，个股的价格波动的背后，实际上总是隐藏着市场整体趋势的变化。道氏理论的形成经历了几十年，道氏本人并没有使用过"道氏理论"这个词，它是在其去世后汉密尔顿和雷亚组织、归纳而形成的系统理论。

道氏提出了一个迄今仍为人们广为认可的命题，即任何一种股票所伴随的总风险，包括系统性风险与非系统性风险。其中，系统性风险是指那些会影响全部股票的一般性经济因素；而非系统性风险是指可能只会影响某一公司，而对于其他公司毫无影响或几乎没有影响的因素。

模块二　道氏理论的主要内容

一、道氏理论的基本要点

道氏理论的基本要点是：在任何时候，股市运动都存在三种互相协调的趋势，即长期趋势、中期趋势和短期趋势，如图 6 - 1 所示。道氏描述股票市场的运动就像海水涨潮一样，长期趋势犹如浪潮，中期趋势犹如波浪，短期趋势犹如波纹。

1. 长期趋势

长期趋势亦称主要趋势、基本趋势，是指连续 1 年或 1 年以上的股价变动趋势，包括上升股市与下跌股市两部分。长期趋势大约持续 1~4 年，其中上升的股市称为牛市或多头市场，平均经历 25 个月，最长约有 40 个月，最短也达 15 个月；下跌的股市称为熊市或空头市场，平均经历 17 个月，最长约 24 个月，最短也有 11 个月。

（1）牛市

第一阶段是恢复阶段。在这一阶段，由于整个宏观经济形势和上市公司财务状况逐渐好转，投资者开始看好股市，股价也从最低水平开始回升。不过，投资者还是对股市心存戒心。因此，成交量只是缓慢增加，股价也只是随之慢慢上升。整个股票市场的交易还不是很活跃。

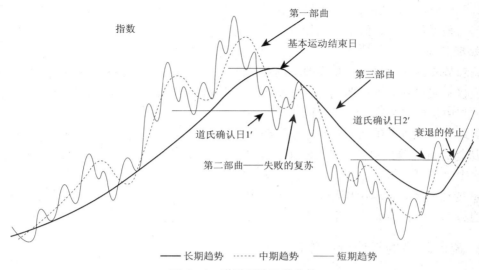

图6-1　道氏理论三种趋势

　　第二阶段是上升阶段。随着宏观经济形势和上市公司的财务状况进一步好转，投资者的信心开始增强，股票交易日趋活跃，成交量随之扩大，股价持续上升并维持较长一段时间。

　　第三阶段是高涨阶段。随着大量资金的涌入，股市成交量剧增，股价涨升不一并达到一个高峰，投资者争抢强股，市场一片繁荣。但是在繁荣的背后，股市开始渐渐隐藏危机，此时的股价水平已与其内在价值严重背离，绩差股鸡犬升天，而绩优股股价却高位滞胀，市场初露空头市场的端倪。

　　（2）熊市

　　第一阶段是危机阶段。到了这一阶段，股价上升已趋力竭，买气逐渐减弱，成交量逐步减少，敏感的投资者和部分主力开始抛售股票并获利了结。虽然还有一般的投资者在买进股票，市场交易投资还很炽热，但已有逐渐降温的迹象。

　　第二阶段是恐慌阶段。当部分主力抛售大量股票而使股价逐步下跌时，大多数投资者对股票的信心开始动摇，便竞相抛售股票，卖方力量剧增，而另一部分投资者在持币观望，买气渐弱，因而股价急速下跌。

　　第三阶段是悲观阶段。随着股市的急速下跌，同时市场传闻各种坏消息，投资者的信心丧失，进一步抛售股票，股价下跌以至不可收拾。在这一阶段的后期，股价下跌趋缓，一些投资者开始进场补进绩优股票，市场又显出多头市场的先兆。

　　我们应牢记基本趋势的典型特征。假如你知道基本趋势的最后一个阶段会有哪些征兆，就不至于为市场出现的假象所迷惑。

　　2. 中期趋势

　　中期趋势也称次级趋势，是指在上升的主要趋势中出现的中期回挡下跌或在下跌的主要趋势中出现的中级反弹回升。中期趋势经常与长期趋势的运行方向相反，并对其产生一定的牵制作用，因而也将其称作股价的修正趋势。

　　中期趋势是对长期趋势正常而且必要的整理形态。它是对股价暴跌暴涨在技术上的修正，修正幅度一般为长期趋势变动幅度的1/3~2/3左右。通常，一个长期趋势中总会出现两三次中期趋势，一次中期趋势持续的时间可达两周至数月不等。中期趋势一般并不改变长期趋势的发展方向。当股市出现回挡下跌或反弹上升时，及时区分是中期变动还是长期趋势的根本转向是很重要的，但也是比较困难的。

3. 短期趋势

短期趋势亦称日常趋势，是指股价的每日波动。短期趋势短则持续数小时，长则持续数日，但最多不超过 6 天。短期趋势一般受各种信息和人为因素的影响，往往难以预测其变动幅度。这与中长期趋势存在本质上的不同。

道氏理论关于股市运动的三种趋势是密切关联的。具体表现在两个方面。

① 从趋势组合看，中期趋势通常由三个或三个以上的短期趋势组成，长期趋势中则出现两三次中级趋势。

② 从变动趋势看，当中期趋势下跌时，其谷底一个比一个高，表示长期趋势仍将上升；当中期趋势上升时，其波峰一个比一个低，表示长期趋势仍为下跌。

二、道氏理论的其他分析方法

1. 平均指数包容消化一切

道氏创建的平均指数是通过选择一些具有代表性的股票的平均价格来反映总体证券市场的状况，这就为现有的各种指数奠定了基础。虽然各种指数的计算方法不尽相同，但基本思想都是来源于道氏的平均指数，美国至今仍在沿用道琼斯指数就是最好的说明。

平均价格指数能够全面反映股票市场的变化，无数投资者的各种行为综合起来，集中体现在平均指数上，价格消化了各种已知的、可预见的事情及各种可能影响股票供给或需求的情况。即使是天灾人祸，当其发生以后也能被市场迅速消化，通过价格的变化将其吸收。

平均指数包容消化一切实际上是技术分析的三个前提之一，即市场行为包容消化一切，因为市场行为最终要通过平均指数体现出来。"股市是国民经济的晴雨表"，平均指数的波动状况反映了经济状况，"晴雨表"的这一功能是超前的，可以提前预测经济的发展变化，这是道氏创建平均指数后强调的最主要的功能。当然，平均指数对市场也具有强大的分析预测功能，它可以预测市场的基本运动，并且可以把基本运动与次级运动加以区别，从而根据平均指数进行交易。

2. 两个指数必须相互验证

就同一个股票市场来说，某一单独的指数产生的变化不足以构成整个市场趋势改变的信号。道创建的道琼斯指数由工业平均指数和铁路平均指数构成，除非两个指数都发出看涨或看跌的信号，否则市场的基本运动方向仍然处于不确定的状态。如果其中一个指数上涨，另一个指数没有呼应而是继续下降，那么整个市场就不能被这一上涨的指数带动起来，这一过程迟早会结束，上涨的指数仍会回到下降之中。如果两个指数朝着同一个方向运动，那么市场运动方向的判定就顺理成章了。在我国，由于沪深两市相互影响，我们既可以运用道氏理论的原则单独判定同一市场内部不同样本指数之间的相互验证状况，也可以比较两市的综合指数或成分指数的变动方向，从而发现基本运动轨迹的转折。

当然，两种指数的验证并不是要求两者在时间上完全吻合，有时一种指数可能会滞后数天、数周，甚至 1~2 个月，但只要两者趋于一致，就说明市场总体运动方向是可靠的。事实上，更多的情况是两种指数同时达到新的高点或低点。在不能相互验证的情况下，稳健的投资者最好保持耐心，等待市场给出明确的反转信号。

3. 在反转趋势出现之前主要趋势仍将发挥影响

市场的基本运动一经确立，通常会持续发展，但不管是牛市还是熊市，都不会永远持续。随着基本运动的进程，其持续运行的可能性会越来越小，但道氏理论告诉我们："在牛市当中持有你的股票，直到出现相反的指令。"对于基本运动来说，最困难的就是把基本运动中的次级调整与大趋势的反转区分清楚，因为次级运动可以发展成为基本运动，从而改变原有趋势的运动方向。虽然如此，在基本运动因调整而中断情况下，仍不能明确判定是否反转，而只能看作是原有趋势仍将继续，除非明确的反转信号出现，即顶和低由依次下降转为依次上升。

根据道氏理论确定的反转信号虽然可信并且可靠，但一般投资者认为信号出现得较晚，据此操作价格趋势可能已走出了一大截，从而使投资者失去一些获利的机会或导致利润损失。对此，可引入其他方法对大趋势的反转进行判定，如支撑和阻挡水平、价格形态、趋势线和移动平均线等。不过要想成为一名成功的交易者，你就必须清楚一点，那就是市场总是站在那些有耐心的人一边，他们总是在明确的反转信号出现之后才采取行动，如同猎豹一般，总是在最有把握的时候出击，而不是过早地采取行动。

4. 交易量是对趋势的验证

"交易量跟随趋势"说明成交量对价格的验证作用。一般来说，当价格沿着基本运动的方向发展时，成交量也应随之递增。例如，基本牛市中价格上升，成交量增加；价格回调，成交量萎缩。这一规律在次级运动中同样适用。例如，熊市中的次级反弹，价格上涨时成交量增加；反弹结束后，价格下降时成交量减少。

成交量并非总是跟随趋势，例外的情况也并非少见，尤其是仅仅从一天或几天的交易量中得到有价值的结论是缺乏依据的。道氏理论强调的是市场的总体趋势，是基本运动，其方向变化的结论性信号只能通过价格的分析得出；而交易量只是起辅助性的作用，是对价格运动变化的参照和验证。

5. 盘局可以代替中级趋势

一个盘局出现于一种或两种指数中，持续两个或三个星期，有时达数月，价位仅在5%的幅度中波动。这种形状显示买进和卖出两者的力量是平衡的。当然，最后的情形之一是，在这个价位水准的卖方力量枯竭，那些想买进的人必须提高价位诱使卖者出售。另一种情况是，本来想要以盘局价位水准卖出的人发觉买方力量削弱了，结果他们必须削价来卖出自己的股票。因此，价位向上突破盘局的上限是多头市场的征兆；相反，价位向下跌破盘局的下限是空头市场的征兆。一般来说，盘局的时间越久，价位越窄，它最后的突破越容易。

盘局常常发展成重要的顶部和低部，分别代表出货和进货的阶段，但是它们更常出现在主要趋势的休息和整理阶段。在这种情况下，它们取代了正式的次级波动，很可能一种指数正在形成盘局，而另一种指数却发展成典型的次级趋势。在向上或向下突破盘局后，有时会在同方向停留较长一段时间，这是不足为奇的。

6. 把收盘价放在首位

道氏理论并不注意一个交易日当中的最高价与最低价，而只注意收盘价。因为收盘价是财经版唯一总计的数目，时间仓促的人只看这一数目；同时也是对当天股价的最后评价，大部分人根据这个价位做买卖的委托。因此，道氏理论认为收盘价是最重要的价格，并利用收盘价计算平均价格指数。这是一个经过时间考验的道氏理论规则。

三、道氏理论的评价

作为最著名、最基本的股价理论，道氏理论揭示了股市本身固有的运动规律，指出了股市循环与经济周期变动的联系，在一定程度上能对股市的未来变动趋势做出预测和判断。同时，作为技术分析方法的鼻祖，后人在其基础上演绎出许多长期和中短期的技术分析方法。但是作为最古老的股价理论和技术分析方法，道氏理论本身也存在一些不足之处。这些不足主要表现在以下几个方面。

①道氏理论过于偏重长期分析，而未能对股市变动的中短期做出分析，更没有指明最佳的买卖时机。因此，道氏理论主要适合于长期趋势的分析，对于短线投资者无太大帮助。

②道氏理论预测股市变动有滞后性。它说明的只是看涨股市或看跌股市已经出现，或者还在继续，往往是在股市已经发生了实质性变化后才发出趋势转变的信号、指出股市的转向。

③受道氏理论产生的历史背景的限制，它是依据工业指数和运输业指数观察和判断股市的变动，而时至今日，仅用工业指数和运输业指数判断股市的变动趋势及股市与整个经济景气程度的关系是有一定局限性的。

④道氏理论虽然判断和预测了股市的长期变动方向，但它没有指出具体的股票投资对象。

模块三　量价分析

一、量价关系理论

量价关系理论在技术分析中具有极其重要的地位。成交量是股价上涨的原动力，市场价格的有效变动必须有成交量的配合。它是测量证券市场行情变化的"温度计"，通过其增加或减少的速度可以推断规模大小和指数股价涨跌的幅度。然而到目前为止，人们并没有完全掌握量价之间的准确关系。这里仅就目前常用的量价关系理论作介绍。

1. 古典量价关系理论

古典量价关系理论，也称为逆时钟曲线法，它是最浅显、最容易入门的量价关系理论，它是通过观测市场供需力量的强弱，来研判未来走势方向的方法，如图6-2所示。

（1）阳转信号

当大盘成交量开始逐步递增时，虽然大盘指数并未明显攀升，仍属横向盘整，但投资性买盘已分批介入，人气开始活跃。而在股价下跌形成底部区域过程中，敢于率先承接分批进货的，大多为有心人士，因此这时表示价位开始敢于承接，为价稳量增、多头上攻的阳转信号。

（2）买入信号

成交量持续扩增，股价回升，逆时钟曲线由平向上时，为最佳买入时机，价量配合良好的多头上升形态。由于能量潮不断地推升，市场人气极为活跃，追涨意愿强烈，换手积极，持股成本越来越高，尤其在突破盘整区域之后，上升力道更强，此时为最佳买入机会，因此，称之为买入信号。

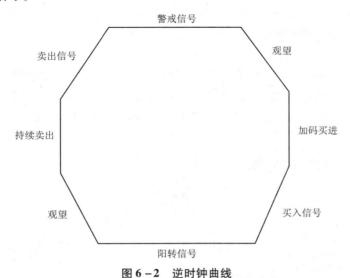

图 6 - 2　逆时钟曲线

（3）加码买入

成交量到达高位活跃区，抢进抢出，换手积极，成交量并未明显减退，重要人气指标均线系统未反转直下，无须害怕头部的形成，而大盘指数以跳空陡峭上升走势，呈现喷发行情，此时各项均线都以仰角挺升推进，对大盘有助涨的功能。但拉回时反而没有抵抗力量，不具任何支撑作用。由于单日反转尖头下滑的情形非常普遍，因此，本阶段危险性非常高，但就量价准则来看，仍有"量缩盘头是逃命机会"的警戒信号。但西方证券市场有"擦鞋童泡沫理论"，国内也有"和尚理论"，在全民疯狂抢买、股价狂飙之时，通常盘头进入末升段的概率也随之增大。

（4）观望

股价继续上涨，但涨势趋缓，成交量未能跟上，走势开始有减退的迹象，此时价位已高，不宜再追高强涨。

（5）警戒信号

股价在高位盘整，已难创新高，成交量已明显不足，股价盘头裹足不前，在人气逐步衰竭且获利状况大不如前的前提下，浮筹越来越多，在无大量买盘承接之下，股价无力支撑而将滑落概率越来越大，为准备大量出货时机。此时量价投资心理表达得最为贴切。

（6）卖出信号

股价从高位滑落，成交量持续减少，逆时钟曲线的走势由平转下时，进入空头市场，此时大盘出现天价天量之后，股价始终无法再度上扬，量价出现下滑走势，表示人气与追涨买盘同时退潮，交投不再活跃，盘势上升乏力，且有急速下滑的可能，此时应卖出手中的股票，甚至融券放空。

（7）持续卖出

就量价关系而言，当出现股价下跌而量维持低迷走势时，表示跌势尚未停止，仍有持续下跌的可能，因此仍属持续卖出阶段。本阶段有价跌量缩及价稳量缩两种形态。价跌量缩表示无人愿意承接，投资性买盘尚未介入，有继续探底之势，因此尚不能贸然投入；至于到了价稳量缩之时，则为逢低买盘开始承接，虽然股价仍属低迷盘整走势，但抗跌性越来越强，有欲跌不易的感觉，尤其大盘绩优股盘稳后不再续跌，更能酝酿反弹契机，虽然尚未是大量建仓买点，却是分批买入的良机。

（8）观望，准备伺机承接

本阶段虽然指数继续下跌，但在跌幅已深的情况下，机构及投资性买盘陆续介入，遂使成交量稳和放大，人气开始活跃，因此为伺机承接阶段，只要连续试探支撑而不破的话，就是勇于承接阳转信号的开始；若大盘再呈现股价升量增加时，则是追涨买入的契机。

做一做

下图为万科 A（000002）某阶段的行情：

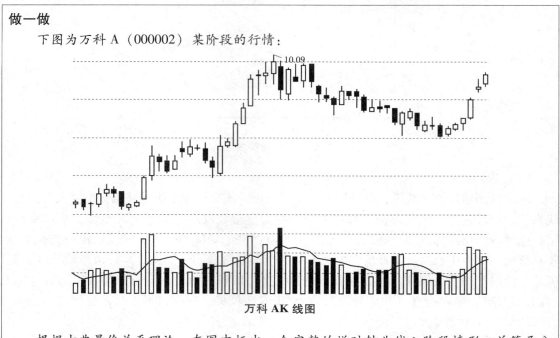

万科 AK 线图

根据古典量价关系理论，在图中标出一个完整的逆时钟曲线八阶段情形，并简要分析它对实战的指导意义。

逆时钟曲线简单易懂，是了解量价关系的启蒙知识，但对于复杂的 K 线量价关系无法做出有效解释；另外，对于股价剧烈波动的市场，经常发生单日反转，若刻板应用，会有慢一拍的感觉，不易掌握良好的买卖点。在高位时价跌量增，量价背离形态未能呈现出来，无法掌握最佳卖点；低位时的价稳量缩也无法呈现出来，不易把握最佳买点。

尽管逆时钟曲线有许多缺点，但是仍有许多易于应用的正面的价值，应用时切勿陷入教条，需结合实际情况使用。

2. 对量价关系的总结

成交量增减的变化在证券市场技术分析者中的地位十分重要，因为成交量的变化往往成为证券市场技术分析者用来分析判断行情的重要指标之一。成交量的变化直接影响投资及投机者的买卖意愿，久而久之，便依据经验总结出一些规律和原则。当然，这些规律和原则并非放之四海而皆准，但其确有较高的参考价值。

（1）价涨量增顺势推动

这一规律是指指数涨升时，当天的成交量须有"配合性增加"，指数小涨时的成交量需比前日的小成交量略增，或维持原状稍有增减；指数有较大涨幅或大幅攀升时，则成交量必须有明显的增加。这是市场人气聚集的表现，也是技术性理论上所谓"行进换手"的调节，即成交量增加、投资者持股成本提高、获利回吐的压力就减轻。上述成交量增加的情形需要具有理性的幅度，但是在中等涨幅或大涨之时成交量不可骤然大增，如平时成交量为一二十亿元，当日大涨 50 个指数点，但成交量却骤增 50 亿元以上，这反而会引起持股者的心慌，使他们认为是机构拔高出货或抛压较重，后市需消化和解套盘。

（2）价涨量减呈现背离

该现象与上述原则相反，即一般所谓的"曲高和寡，乏人跟进"。这种现象大多产生于反弹行情之中，多为套牢或中短线的有心人介入维持，不宜冲高跟进。若第二天价格仍继续上涨，而成交量已经增加，则量减的当天可视为浮动筹码已有减少。

（3）价跌量增有待观察

该现象是指指数下跌时，当天的成交量未见减少反而增加。这种背离的情形有下述几点情况。

①指数原先涨升已多，刚从高位滑落之时的成交量突然大增，此时不论下跌当天 K 线是否有很长的上影线或下影线，均可视为市场主力及大户大量出货所致，不管次日行情是否再度穿越高点涨升，均宜乘机先行卖出。次日开盘后，如果股价一路滑低，此时也不可等待反弹、抱股不放，因为在此种情况下，股价通常会越抱越低，最终造成巨大投资损失。

②指数虽已上升许多，但在涨后回跌的过程中，成交量小幅增加，这是人气减弱、追涨买进意愿不足的现象，但却不能认为行情即将转势下跌。因为此时虽然指数有可能持续回挡，但日后走势是否仍将上升也很难预料，故不可贸然认定未来走势。

③指数原已下跌许多，此时的跌幅已经日渐减少，而成交量却突然大幅增加，此时，不论当日 K 线有无下影线，均可视为已经有主力机构或实力大户介入买进，近日内指数将止跌回稳。至于该回稳现象是否仅呈反弹或已为筑底回升仍难预料，这需要配合其他资料与各种因素多做观察与考虑。另外，此种成交量的增加若只是为少数股票的成交量异动所致，则不能以上述观点来看待，此点需多加注意。

④指数原已下跌甚多，此时的跌幅尚未见减少，而成交量却突然大增，且当天 K 线留下较长的上影线收盘，这说明此时多方虽然要振作精神将行情拉上，但空方却反而乘机将行情压低成功。这种情况下，往往会多套牢一批浮动筹码，除非近日内指数能够迅速拉过该点压力，否则行情会进一步探底。

（4）价跌量减情况互异

该现象是指指数下跌之时，当天的成交量也比前日有所减少。这种情况通常有下述几种。

①指数原先已经下跌很多，目前虽仍在下跌，但成交量也减少，这是大势仍然很弱、买气不足的表现，后市仍难看好。

②在指数下跌之后，其近期的跌幅已经减少，而成交量也已至低水平，虽然此时仍显示买气不足，但同时说明持股者已有惜售情绪，行情有望于近期获得支撑反弹上行或构筑底部回升向上。

③指数原先已上升较多，目前刚从高位滑落，但成交量也减少，此时通常可暂以回挡视之。

④指数原先下跌甚多，近期已止跌回稳，并略有反弹，但来日却于反弹之后再做下跌，成交量随指数的下跌而减少，此时可参考前面的三项分析做出判断。

⑤指数不论原先涨升已多或下跌已久，如果指数再行下跌之日，其成交量减少，日 K 线留下上下影线，此时可能有两种情况：一是上影线和下影线都很长时，如果上影线不是因不实利空影响跳空低开所致，则近日行情仍难以看好；二是如果下跌之日的下影线超出上影线很多，次日股价也能超过本日上影线，则行情可望于近期中转为升。

做一做

下图为世纪星源（000005）某阶段的行情：

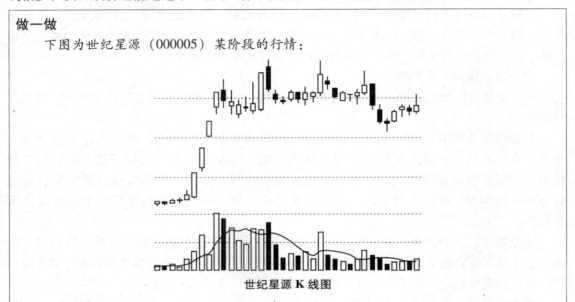

世纪星源 K 线图

根据量价关系，标出图中出现价涨量增、价涨量减、价跌量增、价跌量减的情形，并作简要分析。

二、由成交量研判股票行情

成交量的多少与股票行情的好坏有密切关系。证券市场交易火爆，成交量不断增长，股票价格必然呈坚挺的局面；反之，股票行情必然逐渐萎缩。资金汇聚，人气旺盛，交投活跃，成交量逐渐放大，这都不是短期内能够做到的；市场萎缩、人心涣散也不是一两天造成的。所以，由成交量来判断股票行情是极其基础的方法之一。当成交量放大时，投资者可依下列几种情形对股票行情加以判断。

①成交量增加，表示买方需求增加，换手积极，股价看好。

②成交量增加，表示游资涌进证券市场，交易自然活跃，行情随之高升。成交量增加，表示股票的流通性顺畅，证券市场繁荣，股价必然高涨。成交量增加，也可能是短线操作增加，投机气氛浓厚，行情基础较不稳固，股价随时有滑落的可能。

③成交量过分膨胀，股价自然跟随急涨，市场主力及大户出货相当容易，这对中小投资者相当不利。当成交量减少时，浮动筹码必然增加，卖压随即表面化，股价也随之滑落，投资人兴趣大减，资金很快从证券市场抽走，来不及撤退的只有注定被套牢，要等证券市场翻身醒来才有重生的机会。从正面看，成交量增加是表示证券市场繁荣、股价上升的好现象，但高利润必有高风险相伴随，投资者在获取收益时，千万别忘了风险的存在。

做一做

下图为南玻 A（000012）某阶段的行情，对其交易量做出部分标记，依次为 A~K：

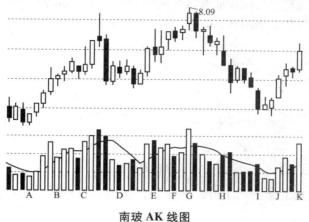

南玻 AK 线图

（1）对标记了字母的交易量，进行股价变化分析。

（2）结合量价走势，谈谈价格和成交量哪个更重要。

三、成交量的警示作用

在证券市场涨潮中，最明显的情形是股价高涨，成交量激增，成交总额与股票指数不断创出新高。但假若只是成交量增加，而股价与股票指数没有明显的涨升，这表示股价已达到高峰，回挡的可能性极大，也是投资者应该有所警惕的时候了。连日上涨的股票突然高开低走且以低价收盘时，投资者就应该特别注意了，这种情况表示股价已有回挡的征兆，正是乌云密布的时候，最好还是暂时避开。交易量日渐萎缩，股价也逐渐失去往日的雄风，这时表明该股已逐渐趋于高价，投资者可以考虑获利了结。总之，特殊的证券市场信号，其背后一定隐藏着另一个新的开始，与其冒着风雨前进，不如暂时休息一下。

小贴士

成交量选股的原则

（1）任何进出，均以大盘为观察点，大盘不好时不要做，更不要被逆市上涨股迷惑。

（2）在多数情况下，当量缩后价不再跌，一旦量逐步放大，这是好事。

（3）在下跌过程中，若成交量不断萎缩，在某天量缩到"不可思议"的程度，而股价跌势又趋缓时，就是买入的时机。

（4）成交量萎缩后，新底点连续 2 天不再出现时，量的打底已可确认，可考虑介入。

（5）成交量萎缩后，呈现"价稳量缩"的时间越长，则日后上涨的力度越强，反弹的幅度也越大。

（6）量见底后，若又突然出现巨量，此时要特别小心当日行情，一般情况下，量的暴增不是好事，除非第二天量缩价涨，否则只是反弹而已。

四、葛兰碧量价关系理论

葛兰碧量价关系理论是目前对成交量与股价趋势关系描述较为全面的一种理论，该理论可以由以下九条法则概括，如图6-3、图6-4和图6-5所示。

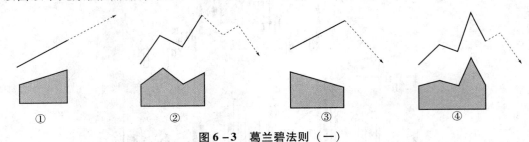

① ② ③ ④

图6-3 葛兰碧法则（一）

①价格随着成交量的递增而上涨，为市场行情的正常特性，此种量增价升的关系，表示股价将继续上升。

②股价创新高，成交量却未创新高，则涨势让人怀疑，有可能反转，常为拉高诱多、假突破实则出货的行情。

③股价随着成交量的递减而回升，股价上涨，成交量却逐渐萎缩。成交量是股价上升的原动力，原动力不足显示出股价趋势潜在的反转信号。

④成交量增加，股价暴涨，但随后是成交量的大幅萎缩，股价急速下跌，这表明涨势已到末期，为反转信号。如已追高套了，应借助反弹出局。

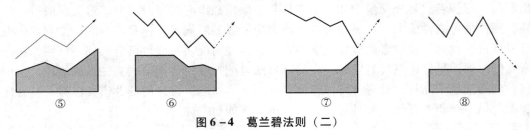

⑤ ⑥ ⑦ ⑧

图6-4 葛兰碧法则（二）

⑤股价走势因成交量的递增而上升，是十分正常的现象，并无特别暗示趋势反转的信号。

⑥在一个阶段的长期下跌形成谷底后，股价回升，成交量并没有随股价上升而递增，股价上涨欲振乏力，然后再度跌落至原先谷底附近，或高于谷底，当第二谷底的成交量低于第一谷底时，是股价将上升的信号。

⑦股价往下跌落一段相当长的时间，市场出现恐慌性抛售，此时，随着日益增加的成交量，股价大幅度下跌；继恐慌卖出之后，预期股价可能上涨，同时恐慌卖出所创的低价将不可能在极短的时间内突破。因此，随着恐慌大量卖出之后，往往空头市场结束。

⑧股价下跌，向下突破股价形态，趋势线或移动平均线同时出现了大成交量，是股价下跌的信号，明确表示下跌的趋势。

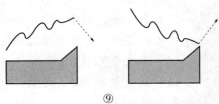

⑨

图6-5 葛兰碧法则（三）

⑨当市场行情持续上涨（下跌）数月之后，出现急剧增加的成交量而股价却上涨（下

跌）无力，为股价下跌（上涨）先兆。

投资日记

买股票的八个重要时机

（1）买入量小、卖出量大但股价不下跌的股票。

（2）买入量、卖出量均小，股价轻微上涨的股票。

（3）放量突破均线的股票。

（4）头天巨量上涨、次日仍强势的股票。

（5）大盘横盘时微涨、大盘下跌或回调时加强涨势的股票。

（6）遇利空放量不下跌的股票。

（7）有规律、长时间小涨的股票。

（8）送红股除权后又涨的股票。

五、涨跌停板制度下的量价关系分析

由于涨跌停板制度限制了股票一天的涨跌幅度，使多空头的能量得不到彻底的宣泄，容易形成单边市。很多投资者存在追涨杀跌的意愿，而涨跌停板制度下的涨跌幅度比较明确，在股票接近涨幅或跌幅限制时，很多投资者可能经不起诱惑，挺身追高或杀跌，形成涨时助涨、跌时助跌的趋势。而且涨跌停板的幅度越小，这种现象就越明显。目前，在沪深证券市场中，ST 板块的涨跌幅度由于被限制在 5%，因而它的投机性也是非常强的，涨时助涨、跌时助跌的现象最为明显，很多股票会形成单边市，出现连续涨停板或跌停板，股价波动较为剧烈。如图 6 - 6 所示，兰石重装（603169）2014 年 10 月 9 日首日上市至 11 月 12 日，共产生了 24 个涨停板，被称之为"涨停王""新股神话"。

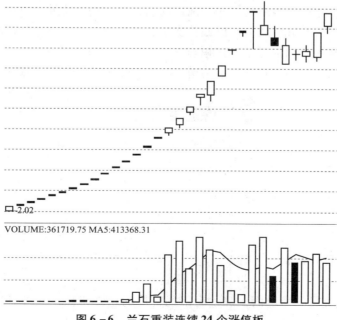

图 6 - 6　兰石重装连续 24 个涨停板

在实行涨跌停板制度下，大涨和大跌的趋势继续，是以成交量大幅萎缩为条件的。拿涨跌停板时的成交量来说，在以前，看到价升量增会以为价量配合好，涨势形成或会继续，可以追涨或继续持股；如果上涨时成交量不能有效配合放大，说明追高意愿不强，涨势难以持续，应不买或抛出手中的股票。但在涨跌停板制度下，如果某只股票在涨停板时没有成交量，那是卖方目标更高，想今后卖出好价，因而不愿意以此价抛出，买方买不到，所以才没有成交量。第二天，买方会继续追买，因而会出现续涨。然而，当出现涨停后中途打开，而成交量放大时，说明想卖的投资者增加，买卖力量发生变化，下跌有望。

类似地，在以前，价跌量缩说明空方惜售，抛压较劲，后市可看好；若价跌量增，则表示跌势形成或继续，应观望或卖出手中的筹码。但在涨跌停板制度下，若跌停，买方寄希望于明天以更低价买入，因而缩手，结果在缺少买盘的情况下成交量小，跌势反而不止；反之，如果收盘仍为跌停，但中途曾被打开，成交量放大，说明有主动性买盘介入，跌势有望止住，盘升有望。

在涨跌停板制度下，量价分析基本判断有以下几种。

①涨停量小，将继续上涨；跌停量小，将继续下跌。

②涨停中途被打开次数越多、时间越久、成交量越大，则反转上升的可能性就越大。

③涨停关门时间越早，次日涨势可能性越大；跌停关门时间越早，次日跌势可能性越大。

④封住涨停板的买盘数量大小和封住跌停板时卖盘数量大小说明买卖盘力量大小。这个数量越大，继续当前走势的概率越大，后续涨跌幅度也就越大。

不过，要注意庄家借涨停板制反向操作。比如，他想卖，先以巨量买单挂在涨停位，因买盘量大集中，抛盘措手不及而惜售，股价少量成交量报收涨停，自然，原先想抛就不抛了，而此时有些投资者以涨停价追买，此时庄家撤走买单，填卖单，自然成交。当买盘消耗差不多时，庄家又填买单接涨停价处，以进一步诱多，单一散户又追入时，又撤买单再填卖单，如此反复操作，已达到高挂买单虚张声势诱多，在不知不觉中悄悄高位出货。反之，庄家想买，他先以巨量在跌停价位处挂卖单，吓出大量抛盘时，先悄悄撤出原先卖单，然后填写买单，吸纳抛盘。当抛盘吸纳将尽时，又抛巨量在跌停板价位处，再恐吓持筹者，以便吸纳，如此反复。所以，在此种场合，巨额买卖单都是虚的，不足以作为判断后市继续先前态势的依据。判断虚实的根据为是否存在频繁挂单撤单行为、涨跌停是否经常被打开及当日成交量是否很大。若回答是，则这些量必为虚；反之，则为实，从而可依先前标准做出判断。

课后复习题

一、名词解释

长期趋势　逆时钟曲线法　次级趋势

二、单项选择题

1. 短期趋势亦称日常趋势，最多不超过（　　）天。

A. 2　　　　　　　　B. 3　　　　　　　　C. 5　　　　　　　　D. 6

2. 价格随着成交量的递增而上涨，为市场行情的正常特性，此种量增价升的关系，表示股价将（　　）。

A. 继续上升　　　　　B. 继续下跌　　　　　C. 反转上升　　　　　D. 反转下跌

3. 当市场行情持续上涨数月之后，出现急剧增加的成交量而股价却上涨无力，为股价（　　）先兆。

A. 上涨　　　　　　　　B. 下跌

4. 出现在高位的切入线显示的是（　　）信号。

A. 买入　　　　　　　　B. 卖出

5. 在实行涨跌停板制度下，大涨和大跌的趋势持续下去，是以成交量大幅（　　）为条件的。

A. 增加　　　　　　　　B. 萎缩

6. 道氏理论是技术分析的理论基础，其创始人之一是（　　）。

A. 查尔斯·道　　　B. 赫尔·琼斯　　　C. 道·琼斯　　　D. 威廉姆斯

7. 道氏理论认为每一天的交易价格中（　　）最重要。

A. 开盘价　　　　　B. 收盘价　　　　　C. 最高价　　　　　D. 最低价

三、多项选择题

1. 道氏理论将趋势分为（　　）。

A. 长期趋势　　　　B. 中期趋势　　　　C. 短期趋势　　　　D. 一般趋势

2. 当成交量放大时，投资者可依（　　）情形对股票行情加以判断。

A. 成交量增加，表示买方需求增加，换手积极，股价看好

B. 成交量增加，表示游资涌进证券市场，交易自然活跃，行情随之高升

C. 成交量过分膨胀，股价自然跟随急涨，这对中小投资者相当不利

D. 成交量过分膨胀，股价自然跟随急涨，这对中小投资者相当有利

3. 以下（　　）是属于买股票的重要时机。

A. 买入量小、卖出量大但股价不下跌的股票

B. 买入量、卖出量均小、股价轻微上涨的股票

C. 放量突破均线的股票

D. 头天巨量上涨、次日仍强势的股票

4. 在涨跌停板制度下，量价分析基本判断有（　　）。

A. 涨停量小，将继续上涨；跌停量小，将继续下跌

B. 涨停中途被打开次数越多、时间越久、成交量越大，则反转上升的可能性就越大

C. 涨停关门时间越早，次日涨势可能性越大；跌停关门时间越早，次日跌势可能性越大

D. 封住涨停板的买盘数量大小和封住跌停板时卖盘数量大小说明买卖盘力量大小。这个数量越大，继续当前走势的概率越大，后续涨跌幅度也就越大

四、问答题

1. 请对道氏理论进行评价。

2. 简述葛兰碧量价关系理论。

3. 简述量价关系理论。

技能训练题

1. 很多投资者喜欢追涨杀跌，在涨跌停板制度下，大涨和大跌的趋势持续下去，是以成交量大幅萎缩为条件的。如果某只股票在涨停板时没有成交量，那意味着市场的方向有几种？分别是什么？

2. 古典量价关系理论，是通过观测市场供需力量的强弱来研判未来走势的。下图空白的位置应该代表什么？其各自的成交量又是如何变化的？

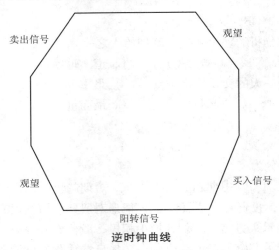

逆时钟曲线

3. 下图为平潭发展（000592）某阶段的行情。

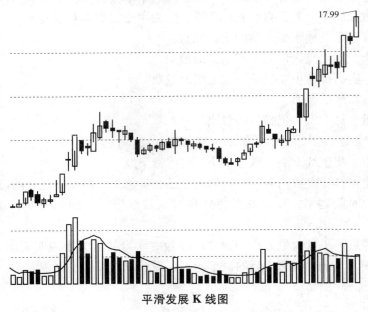

平滑发展 K 线图

（1）根据古典量价关系理论，标出逆时钟曲线的八阶段情形。

（2）举例说明价涨量增、价涨量减、价跌量增、价跌量减四种情形。

（3）根据成交量和葛兰碧量价关系理论，对该股的未来走势进行预测。

切线理论运用

应用切线理论的一些方法，可帮助投资者提高判断大势的能力和把握个股的买卖时机。通过本项目的教学，力求达到以下目标：

知识目标：

（1）掌握切线理论内涵及趋势的方向；

（2）掌握趋势线的种类；

（3）熟悉趋势线有效突破内涵；

（4）熟悉黄金分割线和百分比线含义。

能力目标：

（1）能用画线工具绘制趋势线；

（2）能实际判断趋势线的有效性；

（3）能运用修正的趋势线判断某只股票行情；

（4）能运用黄金分割线和百分比线判断某只股票行情。

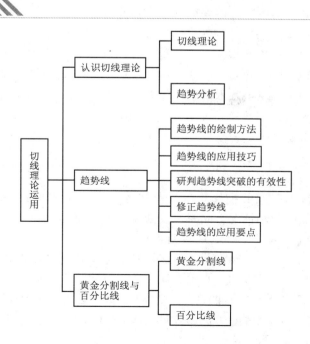

老和尚和小和尚

从前一座山上有一个寺庙。寺庙里有一个老和尚和一个小和尚，这两个师徒在山上住了很多年。有一天，老和尚老了，为了要小和尚早日成熟，于是老和尚就给小和尚一个碗要他到山下端一碗水来。小和尚下山去端水，因为担心水洒出来，因此小心翼翼地紧盯着水上山，生怕洒出一点，可水还没有端到半山腰就已经洒完了，连着几回都是这样，于是只好上山如实禀报老和尚。老和尚听小和尚将经过细说之后，告诉小和尚："你上山的时候不要只盯着碗里的水，不要指望一点不要洒出来，而最终忽视了你最应关注的路。你只要用心看路，将很小一部分精力放在水上就可以了。"小和尚依其法去做。果然成功地将大半碗水端了回来。老和尚对小和尚说："将眼睛放在碗中，就会忽视路的变化，水洒了自然是难免的，结果是什么也做不成。要做成大事就一定要眼盯大的方向，而不理会小的波动。"

思考：故事中，小和尚手中的"碗里面的水的波动"和老和尚口中的"路"，在证券市场里面应该怎么理解呢？

模块一　认识切线理论

一、切线理论

切线，一般是指股价较为明显的高点与高点之间、低点与低点之间的连线。这根连线一般构成阻碍股价上涨的压力线，或支持股价不再继续下跌的支撑线。一组上升或下降的平行线将股价包括在其中，则构成股价的上升或下降轨道线。切线种类繁多，对于研判大盘和个股的运行趋势比较有效，可以让投资者更好地去把握市场趋势。

证券市场中有一个顺应潮流的问题，也就是"顺势而为，不逆势而动"这一道理已成为了投资者的共识，切线理论就是在这一背景下提出和发展起来的。切线理论诞生于20世纪70年代左右，该理论是由约翰墨菲、威尔斯王德和乔治恩等人提出的。切线理论和形态理论共同继承了道氏理论的三个基本信条，即市场行为包含一切信息、市场价格以趋势的方式演变、历史必然会重演。切线理论主要包括趋势分析、支撑线和压力线、趋势线和轨道线、黄金分割线和百分比线等内容。

二、趋势分析

股票的市场价格随着时间的推移，在图表上会留下其运行轨迹，轨迹呈现一定的方向性，方向性反映了价格的波动情况，同时也反映了证券市场运动的方向。华尔街有句名言："唯趋势才是你的朋友。"为了更好地判断趋势和顺势而为，学习和掌握趋势分析法是非常必要的。趋势分析就是一种切线技术分析方法，其理论基础是"顺势而为"。

趋势的方向有三种：上升方向、水平方向、下降方向。

若确定了是一段上升（或下降）的趋势，则价格的波动必然朝着这个方向运动。在上升的行情里，虽然也时有下降，但不影响上升的大方向，股价不断出现的新高会让偶尔出现的小幅度下降黯然失色。下降行情里情况相反，不断出现的新低会使投资者心情悲观失望、人心涣散。

一般说来，市场变动不是朝一个方向直来直去的，中间肯定要出现曲折，从图形上看就是一条曲折蜿蜒的折线，每个折点处就形成一个峰或谷，由这些峰和谷的相对高度，我们可以看出趋势的方向。

模块二　趋势线

一、趋势线的绘制方法

1. 画线工具

在走势图或指标图上画线可帮助投资者更好地进行图形分析。画线功能是通过图形分析中的画线工具栏来实现的。画线工具栏包括光标、画射线、画直线、画平行线、画垂直线、画黄金分割线、画甘氏线，及删除选画线和全部画线等工具，如图 7-1 所示。

图 7-1　画线工具

在使用一般的股票行情软件时，选中任一股票或指数的 K 线图，点击鼠标右键，选择画线工具，如图 7-1 所示。或者按 Alt + Fl2 键也可以选出画线工具。

2. 趋势线的画法

点击鼠标选择一种工具进行画线，画线一般采用鼠标拖动的方式。先在画线工具栏中选择画线类型（按下线型按钮）此后鼠标变成一支小笔的形状。移动鼠标到绘图区，在画线起点按下鼠标左键不放并拖动鼠标到终点位置，此时系统就会跟踪移动鼠标的过程，自动提供一个反馈图形，有些画线还提供角度的提示（如画直线、速阻线、江恩线等）。当觉得满意时，放开鼠标左键就可以在屏幕上画出该种线型。由于在绘制过程中有一个反馈过程，所以可以轻易直观地画出满意的线条。画好的线如果不删除，则关闭该股票的 K 线图后会自动保存，下次再打开该股票的 K 线图时，原来画的线就会显示在同样位置。

下面以画射线为例：

射线和直线都可以用来标记支撑位和压力位，只不过直线是向图的两端延伸，而射线是向线图的一个方向延伸。画射线需要有两个点。画射线首先在画线工具栏上点击画射线的按钮，系统进入画射线模式，如图 7-2 所示。

先选择一个高点或低点，按下鼠标左键，然后拖动鼠标到另一个高点或低点，释放鼠标按钮，这样就画出了射线，如图7-3所示。

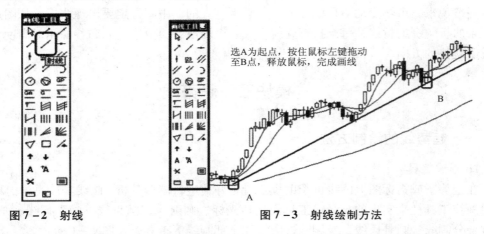

图7-2 射线

图7-3 射线绘制方法

选A为起点，按住鼠标左键拖动至B点，释放鼠标，完成画线

在上升趋势中，将价格上升过程中的低点连成一条直线，就得到上升趋势线。

在下跌趋势中，将价格下跌过程中的高点连成一条直线，就得到下降趋势线。

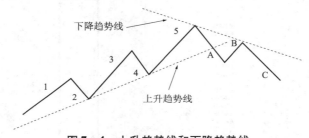

图7-4 上升趋势线和下降趋势线

在画线过程中需要注意以下要点：

①趋势线根据股价波动时间的长短分为长期趋势线、中期趋势线和短期趋势线。长期趋势线应选择长期波动点作为画线依据，中期趋势线则是中期波动点的连线，而短期趋势线建议利用30分钟或60分钟K线图的波动点连线，如图7-5所示。

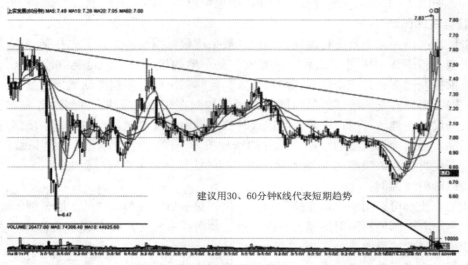

图7-5 短期趋势线

②画趋势线时应尽量先画几条不同的实验性线，待股价变动一段时间后，保留经过验证能够反映波动趋势、具有分析意义的趋势线。

③趋势线是建立在普通坐标系上的，而不是对数坐标系（对数坐标系有另外的用法）。也就是说，随着股价的推高，当行情逐渐接近顶部时，趋势线所代表的上涨速度就越来越慢，反之亦然。

④画趋势线不能过于陡峭，否则容易被横向整理突破，失去分析意义，如图7-6所示。

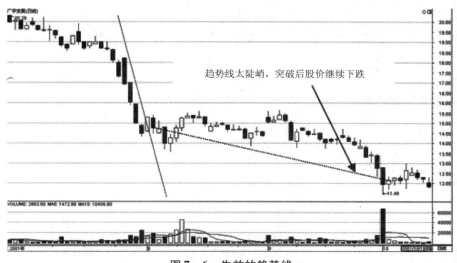

图7-6　失效的趋势线

⑤股价的长期走势是由资金决定的，比较陡的趋势线，不管连了多少个点，最终都要被击穿，而击穿了并不意味着行情结束。击穿之后，还可以有另外一条比较平缓的趋势线来撑住它。

例如：当1线被击穿之后，2线起到支撑作用；当2线被击穿之后，3线发挥出支撑作用，如图7-7所示。

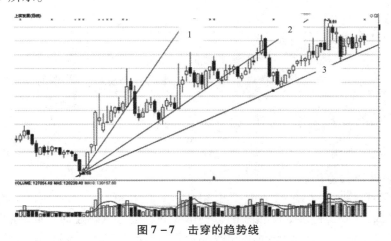

图7-7　击穿的趋势线

3. 识别有用的趋势线

我们很容易在K线图上画出趋势线，但这并不意味着趋势线已经被我们掌握了。我们画出一条直线后，还有很多问题需要去解决。最迫切需要解决的问题是：我们画出的这条直线是否具有使用的价值？以这条线作为我们今后预测市场的参考是否具有很高的准确性？这些问题实际上是对用各种方法画出的趋势线进行筛选评判，最终保留一条确实有效的趋势线的问题。

要得到一条真正起作用的趋势线，要经多方面的验证才能确认。

首先，必须确实有趋势线存在。也就是说，在上升趋势中，必须确认出两个依次上升的低点；在下降趋势中，必须确认两个依次下降的高点，才能确认趋势线的存在。只有连接两个点的直线才有可能成为趋势线。

其次，画出直线后，还应得到第三个点的验证才能确认这条趋势线是有效的。一般说来，所画出的直线被触及的次数越多，其作为趋势线的有效性越被确认，用它进行预测越准确有效。

做一做

根据下图中中国北车（601229）行情，绘制其趋势线。

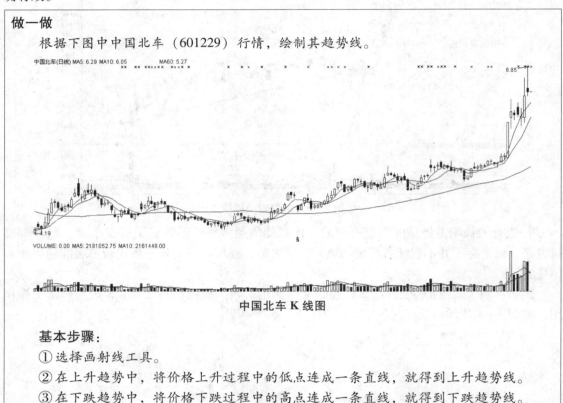

中国北车 K 线图

基本步骤：

①选择画射线工具。

②在上升趋势中，将价格上升过程中的低点连成一条直线，就得到上升趋势线。

③在下跌趋势中，将价格下跌过程中的高点连成一条直线，就得到下跌趋势线。

二、趋势线的应用技巧

（一）趋势线的种类

按照趋势线的运行方向，可以分为三类。

1. 上升趋势线

上升趋势线是在股价持续上涨过程中，将每次的调整低点相连而形成的趋势线。

如果股票运行过程中每个后面的峰和谷都高于前面的峰和谷，则趋势就是上升方向。这就是常说的一底比一底高，或底部抬高，此时应该画出上升趋势线，如图 7 - 8 所示。

2. 下降趋势线

下降趋势线是在股价持续下降过程中，将每次的反弹高点相连而形成的趋势线。

图7-8 上升趋势线

　　如果股票运行过程中每个后面的峰和谷都低于前面的峰和谷，则趋势就是下降方向。这就是常说的一顶比一顶低或顶部降低，此时应该画出下降趋势线，如图7-9所示。

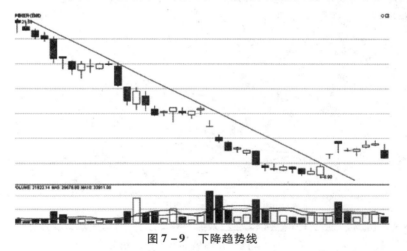

图7-9 下降趋势线

3. 水平趋势线

　　水平趋势线是在股价持续横盘整理过程中，将每次的低点或高点相连而形成的横向延伸线，没有明显的上升和下降趋势。如果价格图形中后面的峰和谷与前面的峰和谷相比，没有明显的高低之分，几乎呈水平延伸，这时的趋势就是水平方向，此时应该画出水平趋势线。

　　水平趋势是容易被大多数人忽视的一种方向，这种方向在市场上出现的机会是相当多的。就水平方向本身而言也是极为重要的。大多数的技术分析方法在对处于水平方向的市场进行分析时都容易出错，或者说作用不大。这是因为这时的市场正处在供需平衡的状态，下一步朝哪个方向运动是没有规律可循的，可以向上也可以向下，而对这样的对象去预测它朝何方运动是较为困难的，如图7-10所示。

　　按照趋势持续时间的长短，还可以划分为长期趋势、中期趋势和短期趋势。

　　长期趋势的时间跨度较长，通常在数月或1年以上；中期趋势的时间跨度要短于长期趋势，而大于短期趋势，通常为4~13周；短期趋势时间较短，一般在4周以内。一个长期趋势要由若干个中期趋势组成，而一个中期趋势要由若干个短期趋势组成。

图 7 – 10　水平趋势线

相对而言，长期趋势稳定、可靠，但有一定的滞后性；中期趋势容易把握，实战性强；而短期趋势灵活，但变化较快。在实际分析中，需要将三者结合起来分析，不能厚此薄彼。投资者在分析趋势的过程中，应遵照从长到短的原则，先分析长期趋势，再分析中期趋势，最后分析短期趋势，如图 7 – 11 所示。

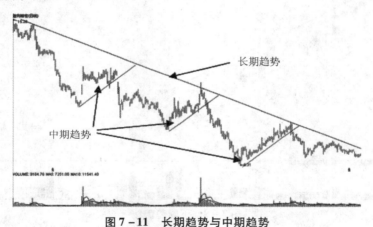

图 7 – 11　长期趋势与中期趋势

做一做

根据上证指数 2 826 点下降至 1 849 点的行情，绘制其长期趋势线、中期趋势线。

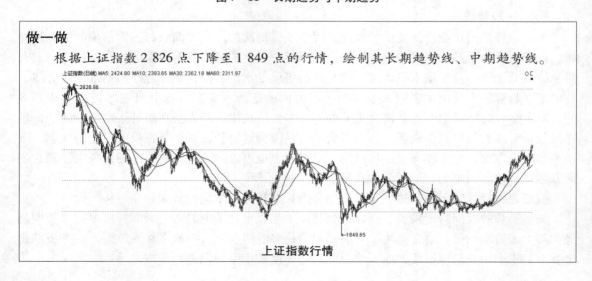

上证指数行情

（二）趋势线支撑和阻力作用的应用技巧

一般来说，趋势线对价格今后的变动起着约束作用，使价格总保持在这条趋势线的上方（上升趋势线）或下方（下降趋势线）。实际上，它就是起支撑和压力作用。

股价运行于上升趋势线之上时，每一次股价与趋势线的接触位都是支撑位。当股价触及趋势线而不破位的时候，可以买入。

股价运行于下降趋势线之下时，每一次股价与趋势线的接触位都是阻力位。当股价触及趋势线而不突破的时候，可以卖出，如图7-12所示。

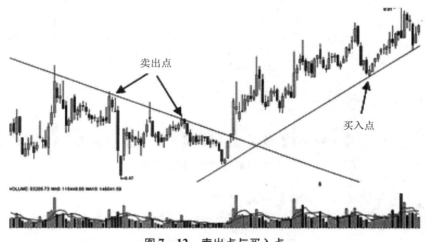

图7-12 卖出点与买入点

（三）趋势线突破反转的应用技巧

趋势线被突破后，就说明价格下一步的走势将要向相反的方向运行。越重要越有效的趋势线被突破，其转势的信号越强烈。被突破的趋势线原来所起的支撑和压力作用，现在将相互交换，即原来是支撑线的，现在将起压力作用，原来是压力线的现在将起支撑作用。

①当股价快速突破下降趋势线的时候，表明行情将由弱转强，股价将形成底部反转，如图7-13所示。

图7-13 趋势线底部反转

②当股价快速下穿上升趋势线的时候，表明行情将由强转弱，股价将形成顶部反转，如图7-14所示。

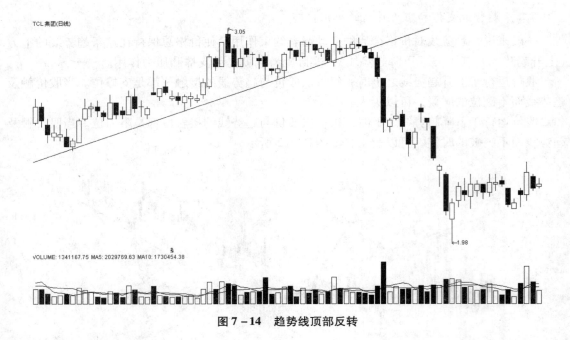

图 7 – 14   趋势线顶部反转

（四）对趋势线突破后重新回复确认

股价对趋势线突破以后往往会出现重新回复确认走势，如果是向上突破，那么原来的下降趋势线就会从阻力作用演变成支撑作用。当股价确认支撑以后，往往会展开新一轮上升行情。因此，这种对下降趋势线突破后的回复确认行情往往是最佳买入时机，如图 7 – 15 所示。

图 7 – 15   趋势线突破后的买入时机

如果是向下破位，那么原来的上升趋势线就会从支撑作用演变成阻力作用。当股价确认阻力以后，往往会展升下跃行情。因此，这种对上升趋势线破位后的回复确认行情往往是最佳卖出时机，如图 7 – 16 所示。

图 7 – 16　趋势线突破后的卖出时机

做一做

　　根据金融街（000402）不同时期的走势，标出支撑位以及阻力位。

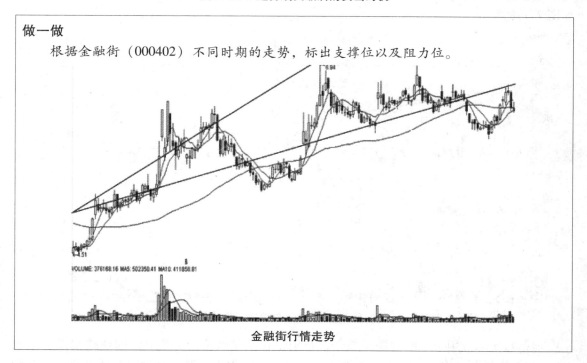

金融街行情走势

三、研判趋势线突破的有效性

　　研判股价对趋势线的突破是否有效，重点需要关注三个因素：角度、幅度和量能配合情况，如图 7 – 17 所示。

　　股价对趋势线突破时需要关注股价运行轨迹增趋势线的角度，一般角度越接近垂直的，突破有效性越强，如图 7 – 17 所示；而角度越平缓的，突破有效性越弱。

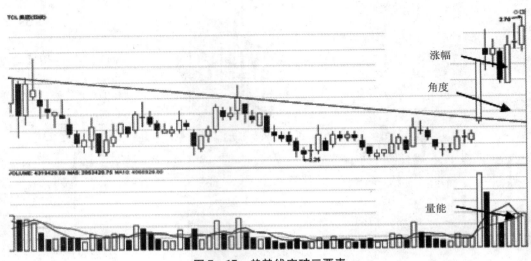

图 7 – 17　趋势线突破三要素

　　股价的运行轨迹可以用均线系统或直接目测进行判断。股价的上涨或下跌的幅度也影响到对趋势线突破的有效性。一般情况下，收盘价穿越趋势线超过3%的幅度，为有效突破，如图 7 – 18 所示。

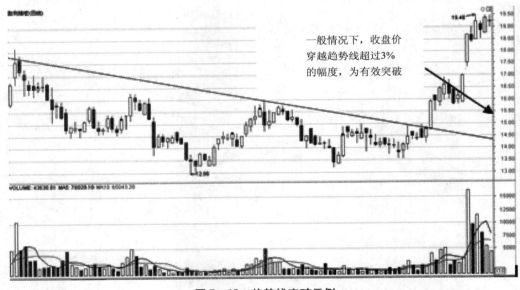

图 7 – 18　趋势线突破示例

　　但是在实际应用中不必拘泥于教条，特别是在下跌破位趋势线时，即使跌幅没有达到3%，也需要果断卖出，如图 7 – 19 所示。而且大盘股和小盘股、高价股和低价股、活跃股和不活跃股的标准是不一样的。理论上说，股价穿越趋势线后，离趋势线越远，突破越有效。但投资者要根据各种股票的具体情况制定适合的标准。向上突破趋势线时，量能是检验突破有效性的重要指标。但是对于向下跌穿趋势线的突破，有时即使没有成交量的放大配合，也可以确认破位的有效性，如图 7 – 19 所示。

　　另外需要注意的是：股价穿越趋势线后，在趋势线的另一方停留的时间越长，突破越有效。很显然，只在趋势线的另一方短暂停留一小时的盘中突破肯定不能算是有效突破。因

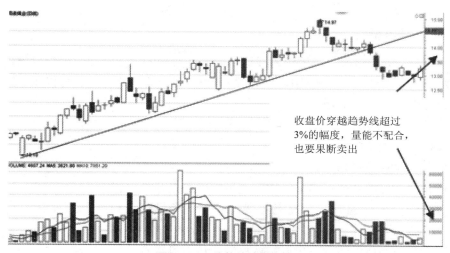

图 7 - 19　趋势线突破示例

收盘价穿越趋势线超过3%的幅度，量能不配合，也要果断卖出

此，收盘价突破趋势线比当天盘中最高、最低价突破趋势线重要，如图 7 - 20 所示。

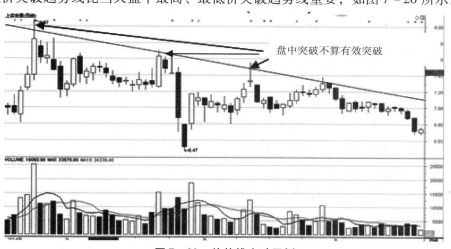

盘中突破不算有效突破

图 7 - 20　趋势线突破示例

做一做

　　根据上实发展（600748）的走势，判断哪些是有效突破，哪些是无效的突破。

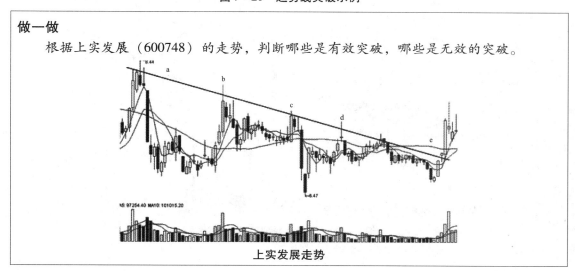

上实发展走势

四、修正趋势线

趋势线并非是完全沿着一条固定的线运行的，在股价的发展过程中趋势会出现一定的变化。趋势发生改变以后，需要重新画出新的趋势线，对原有的趋势线进行修正，并且有时需要和原来的趋势线进行对比分析。

修正趋势线主要用于一轮较长时间的上涨行情或下跌行情的研判，往往可以通过对多条趋势线的突破来提高研判反转的有效性。

1. 越涨越快型股票的研判技巧

①越涨越快型股票的修正趋势线按照先后顺序可以分为 a、b、c。

②当股价跌穿 c 线的时候，投资者就需要提高警惕；赢利丰厚的投资者则需要果断止赢。

③当股价跌穿 b 线的时候，可以确认反转，这时投资者要果断止损。

④当股价跌穿 a 线的时候，股价已经跌幅较深，投资者如果实施止损操作，相对来说，为时已晚，如图 7-21 所示。

2. 越涨越慢型股票的研判技巧

①越涨越慢型股票的最初上涨十分强劲，但是随着上涨幅度的增大，后续做多力量逐渐减弱，其修正趋势线按照先后顺序可以分为 a、b、c，但在研判顺序上和越涨越快型股票不同。

②当股价跌穿 a 线的时候，投资者就需要提高警惕；赢利丰厚的投资者可以适当减仓。

③当股价跌穿 b 线的时候，可以确认反转，这时投资者要果断止损。

④由于越涨越慢型股票的 c 线是在高价缓慢上涨中形成的，所以当股价跌穿 c 线的时候，要看当时跌幅，如果跌幅不深，投资者可以坚决实施止损操作，如图 7-22 所示。

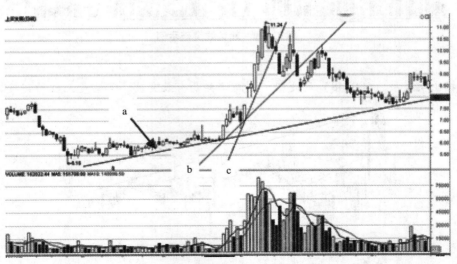

图 7-21　越涨越快型股票趋势线

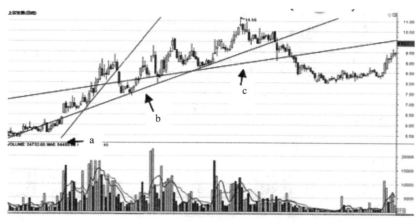

图 7 – 22　越涨越慢型股票趋势线

3. 越跌越快型股票的研判技巧

①越跌越快型股票在跌势形成初期，下跌趋势比较缓和，但随着股价的逐渐滑落，股价逐渐演变成跳水走势。在此过程中，下降趋势线形成 a、b、c 三条修正趋势线。

②当股价下跌到一定程度时，出现止跌企稳并上穿 c 线，投资者可以适当跟进买入。

③当股价上穿 b 线时，可以确认反转，投资者宜果断买入。

④当股价上穿 a 线时，股价往往已经涨高，此时是否有必要实施追涨需要根据具体情况研判，如图 7 – 23 所示。

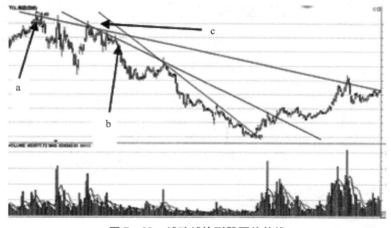

图 7 – 23　越跌越快型股票趋势线

4. 越跌越慢型股票的研判技巧

①越跌越慢型股票是起初表现出跳水式下跌，随着做空能量的逐渐释放，跌势逐渐趋于缓和，并最终停止下跌的走势。

②当股价上穿 a 线的时候，表示股价下跌趋势由急变缓，投资者应适当关注。

③当股价上穿 b 线的时候，可以确认反转，这时投资者要买进。

④由于越跌越慢型股票的 c 线是在低位缓慢下跌中形成的，所以当股价上穿 c 线的时候，往往涨幅不大，投资者可以果断买进，如图 7 – 24 所示。

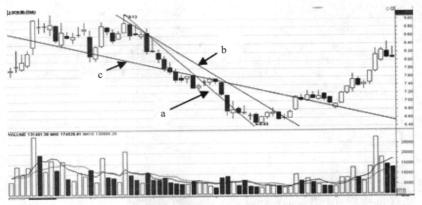

图 7-24 越跌越慢型股票趋势线

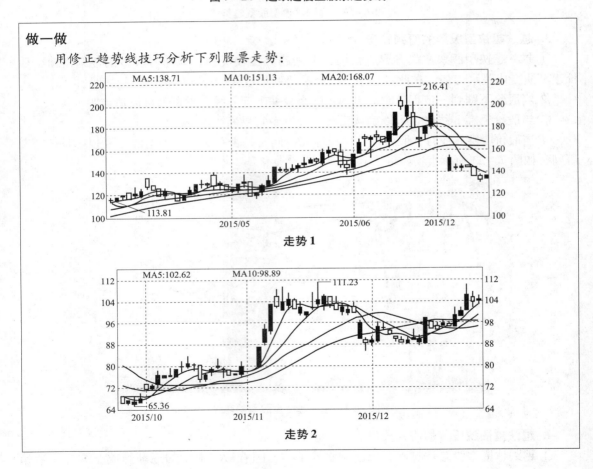

五、趋势线的应用要点

①趋势线连接的点数越多，也就是股价与趋势线接触的次数越多，其可靠性就越强。

②趋势线的长短与其重要性成正比。

③长期趋势线和中期趋势线的第一点和第二点过近，所形成的趋势线的重要性将降低。

④趋势线的角度至关重要，过于平缓的角度显示出力度不够，不容易马上产生大行情；过于陡峭的趋势线表明股价有较强的上升或下降动力，但往往不能持久，容易很快转变趋势。

⑤上升趋势中需要成交量温和放大支持，而在下跌趋势中却不必有成交量的支持。

⑥实战中作为一个强势股，必然是加速上涨，所以它的支撑线必然是一个比一个陡，这样才可能出现大涨。如果一只股票在上升途中，并没有较深幅的调整，但是一个平台比一个长，趋势线一个比一个平缓，那就离下跌不远了。

模块三　黄金分割线与百分比线

一、黄金分割线

"黄金分割率"是一个十分神奇的数字，用它来对股市行情进行预测分析，不仅能够较准确地预测出股指或股价上涨或下跌的幅度，而且还能测定股指或股价上涨过程中的各个阻力位和下跌过程中的各个支撑位，为我们在持股持涨时最高能期望到什么程度，或在空仓观望时最低应看跌到什么程度，提供有力的参考依据。

1. 什么是"黄金分割率"？

15世纪末期，法兰图教会的传教士路卡·巴乔里发现金字塔之所以屹立数千年不倒，且形状优美，在于其高度与基座每边的结构比例为"5∶8"。因为有感于这个神秘比值的奥妙与价值，而使用了黄金一词，将描述此比例法的书籍命名为"黄金分割"。

数百年来，一些学者专家陆续发现，包括建筑结构、力学工程、音乐艺术，甚至很多大自然的事物，都与"5∶8"比例近似的0.382和0.618这两个神秘数字有关。而由于0.382和0.618这两个神秘数字相加正好等于1，所以，将"0.382"及"0.618"的比率称为"黄金分割率"或"黄金切割率"。

最近数十年来，一些美国学者将"黄金分割率"应用在股市行情分析方面，发现当股指或股价的上涨速度达到前波段跌幅的0.328倍或是0.618倍附近时，都会产生较大的反压，随时可能出现下跌；当股指或股价出现下跌时，其下跌的幅度达到前波段涨幅的0.328倍或是0.618倍附近时，都会产生较大的支撑，随时可能出现上涨。为什么会这么巧合呢？究其根源，既然自然界都受到"黄金分割"这种神奇力量的规范，那么，人类无可避免地也会受到自然界的制约。股市行情是集合众人力量的行为，它也属于一种自然的社会现象，因此其必然有规律可循，在一般情况下也不可能不受到自然界无形力量的制约。在对股市行情的观察分析中，如果能够恰到好处地运用"黄金分割率"，在一定程度上能够较为准确地预测股指或股价的走势，提高股票投资的赢利率。

2. 黄金分割在股市中的运用

目前，绝大多数投票分析软件上都有画线辅助功能，黄金分割线的作图比较简单，画法如下：

①首先找到分析软件的画线功能，如图7-25所示。

②在画线工具栏中单击黄金分割选项，如图7-26所示。

图 7 – 25　画线工具

图 7 – 26　黄金分割线

③如果股价正处于见底回升的阶段，以此低点为基点，单击鼠标左键，并按住鼠标左键不放，拖动鼠标使边线对齐相应的高点，即回溯这一下跌波段的峰顶，松开鼠标左键后，系统即生成向上反弹上档压力位的黄金分割线。

例如：以上证指数 2004 年 9 月 13 日 1 259 低点为基点，从 2004 年 4 月 1 783 高点为峰顶所做的黄金分割线，1 259 点展开的反攻恰好在黄金分割线遇阻回落，反映出黄金分割线的神奇之处，如图 7 – 27 所示。

④如果股价正处于见顶回落的阶段，以此高点为基点，单击鼠标左键，并按住鼠标左键不放，拖动鼠标位边线对齐相应的低点，即回溯这一上涨波段的谷底，松开鼠标左键，系统即生成黄金分割线。

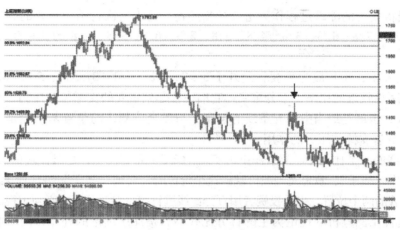

图 7 – 27 上证指数黄金分割线示例

例如：以 2009 年 8 月 4 日 3 478 高点为基点，从 2008 年 10 月 28 日 1 664 低点为谷底所做的黄金分割线，而大盘正好在 2 333 点企稳上升并展开新一轮上攻，如图 7 – 28 所示。

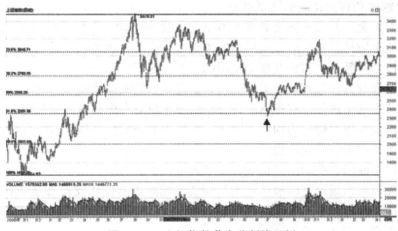

图 7 – 28 上证指数黄金分割线示例

实际操作中还需注意：黄金分割线中最重要的两条线为 0.382、0.618，在反弹中 0.382 为弱势反弹位、0.618 为强势反弹位，在回调中 0.382 为强势回调位、0.618 为弱势回调位。

黄金分割线是股市中最常见、最受欢迎的切线分析工具之一，主要运用黄金分割来揭示上涨行情的调整支撑位或下跌行情中的反弹压力位。不过，黄金分割线没有考虑到时间变化对股价的影响，所揭示出来的支撑位与压力位较为固定，投资者不知道什么时候会到达支撑位与压力位。因此，如果指数或报价在顶部或底部横盘运行的时间过长，则其参考作用要打一定的折扣。

二、百分比线

1. 百分比线的理论基础

百分比线是一种比较常见、简便易行的切线分析工具，是利用百分比率的原理进行的切线分析，主要运用百分比率揭示支撑位或压力位。百分比线考虑问题的出发点是人们的心理因素和一些整数位的分界点，当股价持续向某个方向发展到一定程度，就会遇到压力或支撑，而这种压力或支撑位置与前一段时间的行情具有一定的联系。

百分比线将股价的涨跌过程作为重要的参照物，将上一次行情中重要的高点和低点之间的涨跌幅按 1/8、2/8、1/3、3/8、4/8、5/8、2/3、6/8、7/8、8/8 的比率生成百分比线来划分各等份。

上述各比率中，50% 最为重要，此外 1/3 = 33.3%、3/8 = 37.5%、5/8 = 62.5%、2/3 = 66.6% 这四条距离较近的比率也十分重要，它们往往起到重要的支撑位与压力位作用。它们加上 50% 这条线，也就是最当中的五条线的位置，与黄金分割线的位置基本上是相互重合或接近的，因而最具有支撑与压力的作用。

在百分比线的各个比例中，33.3% 和 37.5%、62.5% 和 66.6%，是最接近的两组百分比线，它们一般被称作"筷子"，意思是当股价触碰这个价位时，会被"筷子"夹住而无法动弹。它们是效果比较显著的两个位置，也是投资者用百分比线进行股价趋势分析中必须重视的两组比例。

以股价垂直比例分析的理论为主的百分比线不只是江恩理论的补充，同时能够和波浪理论进行对应。波浪理论 3 波上升浪、2 波调整浪互相交错、循环往复地运行。而一般行情中的 1、3 浪的高点应该落在"筷子"附近，据此可以预测股价可能上升的顶部和验证整波上升循环是否已经结束（此部分请联系项目九：波浪理论运用）。

2. 黄金分割线和百分比线的区别联系

百分比线与黄金分割线不同之处在于所引用的比率不同，但两者的分析原理基本相似。在对同一行情或个股进行分析时，所揭示的关键性点位的位置比较接近，因此在实际的应用中，两者是可以相互替代或者相互辅助使用的。

黄金分割线和百分比线都是水平直线，它们注重分析支撑线和压力线所在的价位，而对在什么时间能达到这个价位没有指示。百分比线由于没有考虑到时间变化对股价的影响，所揭示出来的支撑位与压力位较为固定，因此，如果指数或股价在顶部或底部横盘运行的时间过长，则其参考作用要打一定的折扣。

为了弥补以上缺陷，在画水平切线时要多画上几条。也就是说，同时提供多条支撑线和压力线，最终保留被市场轨迹所确认的水平切线，删除没有发挥支撑和压力作用的水平线。这些保留下来的切线就具有一般的支撑线或压力线所具有的全部特性和作用，对投资者今后的价格预测工作有一定的帮助。

3. 百分比线的绘图方法

百分比线的绘图比较简单，画法如下：

①在画线工具中找到百分比线，如图 7 - 29 所示。

图 7 - 29 百分比线

②如果股价的前一次行情正处于下跌阶段中，则以此前高点为基点，单击鼠标左键，并按住鼠标左键不放，拖动鼠标使边线对齐相应的低点，即回溯这一下跌行情的最低点，松开鼠标'左键'即生成百分比线。

例如：以上证指数2009年8月4日3478高点为基点，2010年7月2319低点所做的百分比线，如图7-30所示。

图7-30 上证指数百分比线示例

课后复习题

一、名词解释

切线 黄金分割率 百分比线

二、单项选择题

1. （ ） 建议利用30分钟或60分钟K线图的波动点进行连线。

A. 长期趋势线　　　　B. 短期趋势线　　　　C. 中期趋势线

2. 股价的（ ）是由资金决定的、比较陡的趋势线。

A. 长期走势　　　　　B. 中期走势　　　　　C. 短期走势

3. （ ）是在股价持续上涨过程中，将每次的调整低点相连而形成的趋势线。

A. 上升趋势线　　　　B. 下降趋势线　　　　C. 水平趋势线

4. 一般在4周以内的趋势为（ ）。

A. 长期趋势线　　　　B. 短期趋势线　　　　C. 中期趋势线

5. 一般情况下，收盘价穿越趋势线超过（ ）的幅度，为有效突破。

A. 2%　　　　　　　　B. 3%　　　　　　　　C. 5%

三、多项选择题

1. 趋势的方向有（　　）。

A. 上升方向　　　　　　B. 水平方向　　　　　　C. 下降方向　　　　　　D. 一般方向

2. 按照趋势持续时间的长短，可以将趋势划分为（　　）。

A. 长期趋势线　　　　　B. 短期趋势线　　　　　C. 中期趋势线　　　　　D. 一般趋势线

3. 以下说法正确的有（　　）。

A. 趋势线被突破后，就说明价格下一步的走势将要向相反的方向运行

B. 越重要、越有效的趋势线被突破，其转势的信号越强烈

C. 当股价快速突破下降趋势线的时候，表明行情将由弱转强，股价将形成底部反转

D. 当股价快速下穿上升趋势线的时候，表明行情将由弱转强，股价将形成底部反转

4. 研判股价对趋势线的突破是否有效，重点需要关注（　　）。

A. 角度　　　　　　　　B. 幅度　　　　　　　　C. 价格　　　　　　　　D. 量能配合情况

5. 黄金分割线中最重要的两条线为（　　）。

A. 0.382　　　　　　　B. 0.328　　　　　　　C. 0.618　　　　　　　D. 0.681

四、问答题

1. 趋势线的应用要点有哪些？
2. 简述黄金分割线和百分比线的区别与联系。

技能训练题

根据上证指数 2009 年 9 月 9 日到 2014 年 11 月 7 日的走势，作趋势线、修正趋势线、黄金分割线和百分比线。

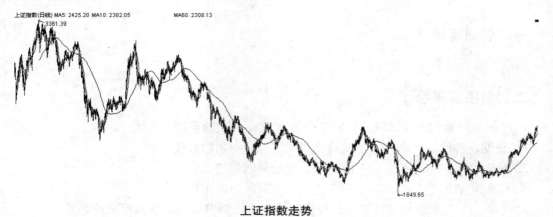

上证指数走势

形态理论运用

形态理论既是技术分析中最常运用的一种方法，又是对前几个项目"道氏理论""切线理论"的有益补充和延伸。通过本项目的教学，力求达到以下目标：

知识目标：

（1）掌握股票投资技术分析中常见的整理形态特征；

（2）掌握股票技术分析中常见的反转形态特征；

（3）理解常见的形态的含义和运用。

能力目标：

（1）能对任一只股票的整理形态判断分析；

（2）能对任一只股票的反转形态进行判断分析；

（3）能运用形态理论，分析任意给定的股票短期价格变动趋势。

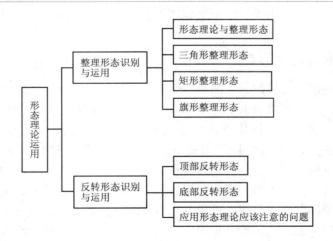

陈先生买万业企业被套

下图是万业企业（600641）的 K 线走势图，某年 4 月 25 日，陈先生以为该股即将形成

W 底形态，便于该日以每股 5.98 元的价格买入 10 000 股。但随后几个月，该股价格未能如陈先生所愿而上涨，而是在 5.40 元至 5.80 元之间调整 1 个月，随后便开始成下跌走势。至某年 12 月 4 日，股价最低跌至 3.5 元，陈先生被套牢。

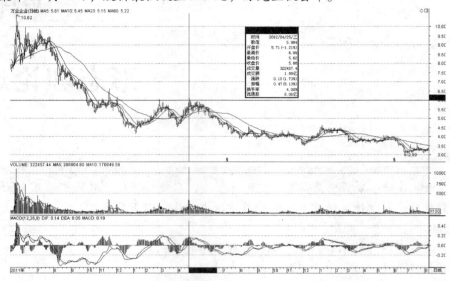

万业企业 K 线图

思考：

（1）陈先生在此次形态分析中犯了什么错误？

（2）陈先生此次投资被套牢的原因何在？

模块一 整理形态识别与运用

一、形态理论与整理形态

K 线理论更注重短线的操作，它的预测结果只适用于往后很短的时期，有时仅仅是一两天。为了弥补这种不足，可以将 K 线组合中所包含的 K 线根数增加，众多的 K 线组成了一条上下波动的曲线，这条曲线就是股价在这段时间移动的轨迹，它比前面 K 线理论中的 K 线组合情况所包括的内容要全面得多。形态理论正是通过研究股价所走过的轨迹，分析和挖掘曲线多空双方力量的对比结果，进而指导投资者的行动。形态包括整理形态和反转形态。

整理形态描述的是：股价向一个方向经过一段时间的快速运行后，不再继续原趋势，而在一定区域内上下窄幅波动，等待时机成熟后再继续形成新的向上或向下趋势。这种运行所留下的轨迹称为整理形态。三角形、矩形、旗形和楔形是著名的整理形态。在我国股票市场实践中，有些整理形态的形成有很大的难度，如三角形、旗形和楔形整理形态。股票市场中难以找到较规范的形态。

二、三角形整理形态

三角形整理形态主要分为三种：对称三角形、上升三角形和下降三角形。第一种有时也称正三角形，后两种合称直角三角形。

1. 对称三角形

对称三角形情况大多是发生在一个大趋势进行的途中，它表示原有的趋势暂时处于休整阶段，之后还要随着原趋势的方向继续行动。由此可见，见到对称三角形后，股价今后走向最大的可能是沿着原有的趋势方向运动。

图 8 – 1 是对称三角形的一个简化图形，这里的原有趋势是上升，所以，三角形完成以后是突破向上。从图中可以看出，对称三角形有两条聚拢的直线，上面的向下倾斜，起压力作用；下面的向上倾斜，起支撑作用。两直线的交点称为"顶点"。正如趋势线的确认要求第三点验证一样，对称三角形一般应有 6 个转折点（如图中的 A、B、C、D、E、F）。这样，上下两条直线的支撑、压力作用才能得到验证。

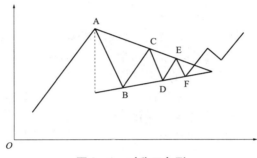

图 8 – 1　对称三角形

对称三角形只是原有趋势运动途中的休整状态，所以持续的时间不会太长。持续时间太长，保持原有趋势的能力就会下降。一般来说，突破上下两条直线的包围，继续原有既定方向的时间要尽量早，越靠近三角形的顶点，三角形的各种功能就越不明显，对投资的指导意义越弱。根据经验，突破的位置一般应在三角形横向宽度的 1/2 至 3/4 的某个位置。三角形的横向宽度指三角形的顶点到底的高度，如图 8 – 1 所示。不过这有个大前提，必须认定股价突破这个三角形。如果股价不在预定的位置突破三角形，那么这个对称三角形形态可能会转化成别的形态。

对称三角形的突破也有真假的问题，方法与前述的类似，可采用百分比原则、日数原则或收盘原则等确认。这里要注意的是，对称三角形的成交量因愈来愈小的股价波动而递减，而向上突破需要大成交量配合，向下突破则不必。没有成交量的配合，很难判断突破的真假。

对称三角形被突破后，也有测算功能。这里以原有的趋势上升为例介绍两种测算价位的方法。

方法一：如图 8 – 2 所示，从 C 点向上带箭头直线的高度，是未来股价至少要达到的高度。箭头随线长度与 AB 连线长度相等。AB 连线的长度称为对称三角形的高度。从突破点算起，股价至少要运动到与形态高度相等的距离。

方法二：如图 8 – 2 所示，过 A 点画平行于下边 A 线的平行线，即图中的斜虚线，它是股价今后至少要达到的位置。

从几何学上可以证明，用这两种方法得到的两个价位绝大多数情况下是不相等的。前者给出的是个恒定的数字，后者给出的是个不断变动的数字，达到虚线的时间越晚，价位就越高。这条虚线实际上是一条轨道线。方法一简单，易于操作和使用；方法二更多的是从轨道线方面考虑的。

另外，虽然对称三角形一般是整理形态，但有时也可能在顶部或底部出现而导致大势反转，这是三角形形态在实际应用时要注意的问题。

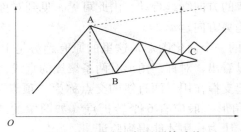

图 8-2　对称三角形测算功能

2. 上升三角形

上升三角形是对称三角形的变形。两类三角形的下方支撑线同是向上发展，不同的是上升三角形的上方阻力线并非是向下倾斜的，而是一条水平直线，如图 8-3 所示。

上边的直线起压力作用，下面的直线起支撑作用。在对称三角形中，压力和支撑都是逐步加强的。一方是越压越低，另一方是越撑越高，看不出谁强谁弱。在上升三角形中就不同了，压力是水平的，始终都是一样，没有变化，而支撑都是越撑越高。由此可见，上升三角形比起对称三角形，有更强烈的上升意识，多方比空方更为积极。通常以三角形的向上突破作为这个持续过程终止的标志。

如果股价原有的趋势是向上，遇到上升三角形后，几乎可以肯定今后是向上突破。一方面要保持原有的趋势，另一方面形态本身就有向上的愿望，这两方面的因素使股价逆大方向而动的可能性很小。如果原有的趋势是下降，则出现上升三角形后，前后股价的趋势判断起来有些难度。一方要继续下降，保持原有的趋势，而另一方要上涨，两方必然发生争执。如果在下降趋势处于末期时（下降趋势持续了相当一段时间），出现上升三角形还是以看涨为主。这样，上升三角形就成了反转形态的底部。

同样，上升三角形在突破顶部的阻力线时，必须有大成交量的配合，否则为假突破。突破后的升幅量度方法与对称三角形相同。

3. 下降三角形

下降三角形同上升三角形正好反向，是看跌的形态。它的基本内容同上升三角形可以说完全相似，只是方向相反。这里要注意的是：下降三角形的成交量一直十分低沉，突破时不必有大成交量配合。另外，如果股价原有的趋势是向上的，则遇到下降三角形后，趋势的判断有一定的难度；但如果在上升趋势的末期出现下降三角形后，可以看成是反转形态的顶部。图 8-4 是下降三角形的简单图形。

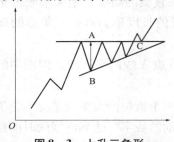 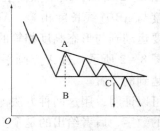

图 8-3　上升三角形　　　　图 8-4　下降三角形

案例分析

下图是正泰电器（601877）的 K 线走势图：

正泰电器 K 线图

该股从 2014 年 8 月 29 日至 10 月 15 日，K 线图走势成对称三角形整理形态，10 月 16 日，股价跌破下边支撑线，开始快速下跌。

三、矩形整理形态

矩形又叫箱形，也是一种典型的整理形态，股票价格在两条横着的水平直线之间上下波动，呈现横向延伸的运动。

矩形在形成之初，多空双方全力投入，各不相让。空方在价格涨到某个位置就抛压，多方在股价下跌到某个价位就买入，时间一长就形成了两条明显的上下界线。随着时间的推移，双方的战斗热情会逐步减弱，成交量减少，市场趋于平淡。

如果原来的趋势是上升，那么经过一段矩形整理后，会继续原来的趋势，多方会占优势并采取主动，使股价向上突破矩形的上界；如果原来是下降趋势，则空方会采取行动，突破矩形的下界。图 8 - 5 是矩形的简单图示。

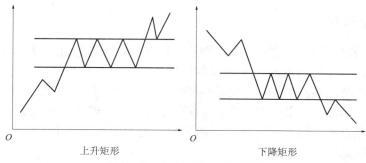

上升矩形　　　　　　下降矩形

图 8 - 5　上升矩形与下降矩形

从图 8 - 5 中可以看出，矩形在形成的过程中极可能演变成三重顶（底）形态。正是由于矩形的判断有这么一个容易出错的可能性，在面对矩形和三重顶（底）进行操作时，几乎都要等到突破之后才能采取行动，因为这两个形态今后的走势方向完全相反。一个是持续整理形态，要维持原来的趋势；一个是反转突破形态，要改变原来的趋势。

矩形的突破也有一个确认的问题。当股价向上突破时，必须有大成交量的配合方可确认，而向下突破则不必有成交量增加；当矩形突破后，其涨跌幅度通常等于矩形本身的宽度，这是矩形形态的测算功能。面对突破后股价的反扑，矩形的上下界线同样具有阻止反扑的作用。与别的大部分形态不同，矩形为投资者提供了一些短线操作的机会。如果在矩形形成的早期能够预测股价将进行矩形调整，那么就可以在矩形的下界线附近买入，在上界线附近抛出，来回进行几次短线的进出。如果矩形的上下界线相距较远，那么这样短线的收益也是相当可观的。

案例分析

下图是东吴证券（601555）的 K 线图：

东吴证券 K 线图

该股从 2014 年 7 月 30 开始，K 线成矩形整理形态，股价在 8.30 元～8.90 元之间小幅波动。至 2014 年 9 月 4 日，该股股价突破矩形区域，开始上涨，同时，该日成交量明显放大，此后，在较长一段时期内，该股价格呈上升趋势，至 2014 年 10 月底，该股价格涨至 12 元左右，上涨幅度超过 30%。

四、旗形整理形态

旗形和楔形是著名的持续整理形态。在股票价格的曲线图上出现的频率很高，一段上升或下跌行情的中途，可能出现好几次这样的图形。它是一个趋势的中途休整过程，休整之后，还要保持原来的趋势方向。它有明确的形态方向，如向上或向下，并且形态方向与原有的趋势方向相反。例如，如果原有的趋势方向是上升，则其形态的方向就是下降。

从几何学的观点看，旗形应该叫平行四边形，它的形状是一个上倾或下倾的平行四边形，如图 8-6 所示。

旗形大多发生在市场极度活跃、股价运动近乎直线上升或下降的情况下。在市场急速而又大幅的波动中，股价经过一连串紧密的短期波动后，形成一个稍微与原来趋势呈相反方向倾斜的长方形，这就是旗形走势。旗形走势的形状就如同一面挂在旗杆顶上的旗帜，故此得名。它又可分为上升旗形和下降旗形两种。

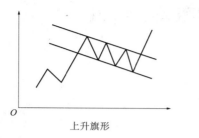

图 8－6　旗形

旗形的上下两条平行线起着压力和支撑作用，这一点有些像轨道线。这两条平行线的某一条被突破是旗形完成的标志。

旗形也有测算功能。旗形的形态高度是平行四边形左右两条边的长度。

旗形被突破后，股价将至少要走到形态高度的距离，大多数情况是走到旗杆高度的距离。

应用旗形时，有几点要注意：

①旗形出现之前，一般应有一个旗杆，这是由价格的直线运动形成的。

②旗形持续的时间不能太长，时间一长，保持原来趋势的能力将下降。经验表明，持续时间一般应短于 3 周。

③旗形形成之前和被突破之后，成交量都很大。在旗形的形成过程中，成交量从左向右逐渐减少。

案例分析

下图是湘电股份（600416）的 K 线走势图：

湘电股份 K 线图

2014 年 3 月初至 5 月下旬，该股 K 线成旗形整理态势。2014 年 5 月 27 日，该股旗形整理结束，开始突破旗形区域，股价反转向上。此后股价逐步上升，并于 2014 年 7 月末，突破旗形整理开始时的高点，该股上升趋势延续。

模块二 反转形态识别与运用

一、顶部反转形态

顶部反转形态是股价形态中重要的卖出形态，它在一定程度上可以发出股价走势已经到顶并即将反转向下的信号。一般而言，反转形态主要有头肩顶、双重顶、三重顶、圆弧顶和V形顶等多种形态。

1. 头肩顶

头肩顶形态是一个可靠的卖出时机，一般通过连续的三次起落构成该形态的三个部分，也就是要出现三个局部的高点。中间的高点比另外两个都高，如同人头，两侧的次高点如同两个肩膀，这就是头肩顶形态名称的由来。头肩顶反转形态是股价最重要的顶部反转形态，也是在实际走势中出现最多的形态，如图8-7所示。

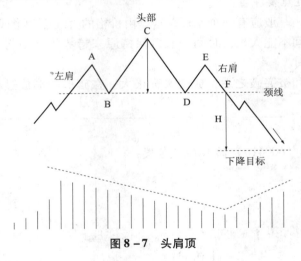

图8-7 头肩顶

（1）头肩顶的形成

从图8-7中可以看出，这种形态一共要出现三个顶，也就是要出现三个高点。一般情况下，中间的高点比两边的高点高，故称为头；左侧的升浪称为左肩，右侧的升浪称为右肩；由头部两侧低点连接而成的直线（即图中B点和D点的连线）称为颈线。

股价从底部启动，经过一段涨势后，股价升至A点，成交量开始放大，此时股价涨幅已经很大，获利回吐的压力也慢慢加大，由于部分获利盘的涌出，股价开始回调；随着部分获利盘的出局和跟风盘的减少，股价开始回落，跌至B点，成交量逐渐减少，出现阶段性底部，即左肩形成。

股价构筑完阶段性底部后，随着主力资金的重新拉抬和新的跟风盘的涌入，成交量再度放大，股价继续上涨，并创新高C点。然而过高的股价使主力获利丰厚，主力开始大肆出货，并且过高的股价使投资者产生恐慌心理，投资者也竞相抛售，股价在C点位又见顶回落，下挫至与B点水平接近的D点企稳，这样在形态上就形成了头部。

随着股价第二次回落，抛盘逐渐减少，股价在一定区域内盘整，前期获利盘和套牢盘逐渐消化，新的买盘开始再次介入，而且由于主力的获利筹码没有完全出来，主力资金再次逐步介入并第三次推高股价，股价又一次上升至与 A 点价位差不多的 E 点（有时低于 A 点），此时右肩形成。但由于主力一边慢慢推升股价，一边悄悄出货，市场跟风盘也逐步减少，股价无力再创新高，成交量也不能有效放出，市场观望气氛加强，股价在 E 点见顶后开始加快回落。

随着前期部分获利盘和套牢盘逐步离场，股价回落到前期低点附近暂时企稳。但由于前期主力的大部分筹码已经获利离场，股价失去主力的关照，在前期低点处只做几天停留后便向下跌穿颈线，并开始破位向下。虽然中间有短暂的向上回抽颈线位的动作，但终因大势逆转，股价再次加速下跌。同时，各种投资者已经对股价失去信心，市场出现恐慌，人们纷纷卖出该股，整个下跌趋势基本形成。

（2）头肩顶的研判

①头肩顶形态是一个长期趋势的反转形态。一般情况下，头肩顶的左肩高点与右肩高点大致相等，或者高于右肩；在头肩顶的左肩形成之前，股价从底部启动后已经有了相当大的涨幅，大部分头肩顶的形成周期大约在 3～6 个月，超过或少于这个周期都可能形成失败的头肩顶。

②就成交量而言，左肩的量往往最大，头部次之，右肩的成交量最小。股价从左肩到达顶部时，成交量会放大；而股价在形成右肩时，成交量无法大幅度提高，表明市场缺乏强劲的买盘支持；股价向下突破颈线位时成交量不一定放大，但反抽失败后，在接下来的下跌过程中成交量会放大。

③头肩顶形态中的颈线在实战中具有较强的参考意义。股价在颈线之上时，颈线就是一条重要的支撑线，颈线一旦被向下有效突破就成了极强的阻力线。当股票的收盘价向下突破颈线幅度超过 3% 以上，并有大的成交量放出时，股价将步入漫漫熊途。通常，股价在完成颈线突破后还有一次反弹向上并到达（或接近）颈线（即图 8-7 中的 F 点）的机会，此时投资者应抓住这最后的出货机会，在此处卖出全部股票。

④头肩顶反转形态一旦形成，其准确性很高且杀伤力很大。当股价有效向下跌破颈线后，其下跌幅度最少相当于头部至颈线的距离，这就是基本量度跌幅（又叫基本下跌空间）。也就是说，图 8-7 中 C 点至 BD 连线（颈线）的垂直距离 H 有多大，颈线之下股价也会有同样的下跌空间，而且在实际走势中，头肩顶的下跌幅度会超过基本量度跌幅。

⑤头肩顶的形态要结合均线一起研判，这样就可以避免被形态的假突破所迷惑。当股价形成头肩顶的右肩后，一旦股价向下突破颈线位，同时该股的短期均线系统也开始成空头排列时，投资者就要密切注意股价形态是不是要形成头肩顶的形态。若股价接下来又开始跌破中期均线和长期均线，说明头肩顶形态真正形成，其后股价向下突破的杀伤力将会比较大，投资者应坚决卖出全部股票，这一点对于投资者实际操作尤为重要，如图 8-8 所示。

⑥头肩顶的形态还可以结合 MACD、KDJ 等指标的卖出信号一起研判，从而提高实战操作的准确性和安全性。

图 8 - 8　头肩顶形态的研判

案例分析

下图是美克家具（600337）的 K 线走势图：

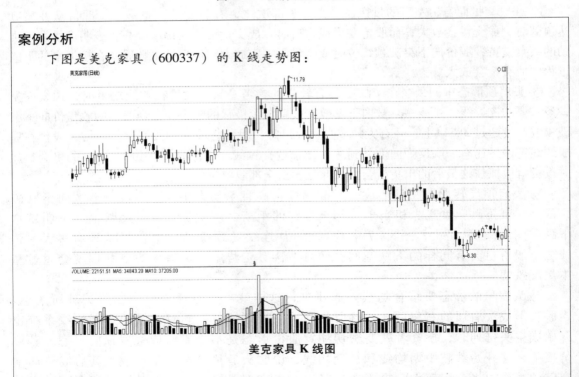

美克家具 K 线图

从 K 线图来看，该股于 2010 年 4 月 14 日至 5 月 10 日形成头肩顶形态，但是右肩比左肩还要低，这种形态往往意味着短期头部更加明确，投资者应在股价跌破右肩时及时卖出所持股票，避免损失的进一步扩大。

2. 双重顶

双重顶也称 M 头（或双顶），一般由两个高点和一个低点构成，是股市中一种较为常见的出货形态，如图 8-9 所示。

从图中可以看出，这种形态一共要出现两个顶和一个底，即要出现两个高点和一个低点。一般而言，形成两个高点的空间叫作波峰，形成一个低点的空间叫作波谷；以低点所做的水平线（即图中在 B 点所做的平行线）称为颈线。

（1）双重顶的形成

如图 8-9 所示，股价从底部启动，经过一段持续上升攀升至 A 点，此时股价涨幅很大，已经给很多投资者带来了较好的回报，主力更是获利丰厚，从而部分获利盘（包括主力的部分筹码）大量涌出，股价开始急剧下跌。

股价下跌到一定位置后，随着部分获利盘的减少，其股价跌至 B 点站稳，开始构筑阶段性底部。股价的重新企稳吸引了一些短线客的兴趣，套牢的投资者可能也在低位补仓，并且部分主力资金重新进场，股价再次上涨。随着主力资金的重新拉抬和新的跟风盘的涌入，成交量再次慢慢放大，股价回升至与前期高点相当（或者高于前期高点）的 C 点。

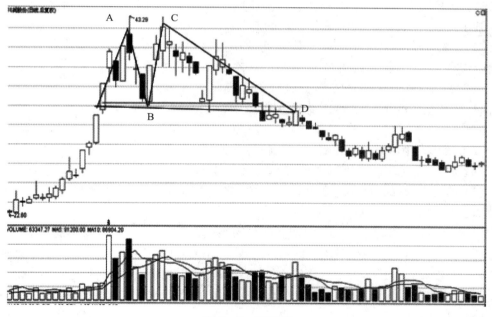

图 8-9　双重顶

由于前期高点的压力或成交量不能有效放大，市场信心不足，部分短线客开始卖出股票，主力也抛出前期剩余的获利筹码和后期拉抬的筹码，市场在短线客和主力的双重出货压力下，投资者信心受损，股价再次急剧下跌。

股价跌至前期低点附近稍做停留，进入短期调整阶段，想在前期低点寻求支撑，但如果主力已经出掉绝大部分筹码或全部筹码，股价势必因无主力资金的关照而跌破重要的支撑线——颈线，双重顶形态初步形成。

股价跌破颈线一定幅度后（一般为 5%～10%），由于还有其他一些没有来得及出货的部分中小主力的拼命护盘，股价重新返回到颈线位附近，但市场大主力已经完成出货，因此股价未能向上突破颈线（或突破后没有有效地在颈线上站稳），股价重新掉头向下，股价的再次下跌和颈线的失守加剧了市场上的悲观气氛，获利的和套牢的投资者纷纷抛出股票，股价开始放量大跌，双重顶形态即告形成。

（2）双重顶的研判

①双重顶的两个高点（即顶部）不一定在同一水平，一般而言，只要两者相差不大于10%左右的幅度，就不会影响形态的分析意义；在第一个顶部形成之前，股价从底部启动后已经有了相当大的涨幅；双重顶的形成周期至少需要1个月以上，如果双顶形成的时间少于1个月，就很可能是失败的双重顶；就成交量而言，前面一个顶的成交量大多数会大于后面一个顶的成交量。

②双重顶形态中的颈线位在实战中具有较强的参考意义。股价在颈线以上运行时，颈线就是一条重要的支撑线，颈线一旦被向下有效突破，它就成了极强的阻力线。当股票的收盘价向下突破颈线幅度超过30%以上，并有比较大的成交量放出，而且不能在3个交易日内重新回到颈线之上时，这种突破就是有效突破。颈线一旦被突破，股价将开始步入漫漫熊途。

通常，股价在完成颈线突破后还有一次反抽至颈线（即图中的D点）的机会，此时投资者应抓住这最后的出货机会，卖出自己的部分或全部股票。

③双重顶反转形态一旦形成，其准确性很高且杀伤力很大。当股价有效向下跌破颈线后，其下跌幅度最少相当于从最高的一个顶点到颈线的垂直距离，这就是基本量度跌幅，即图8-9中A点或C点到颈线的垂直距离有多大，颈线以下的股价也会有幅度相等（或相近）的下跌空间，而且在实际中，双重顶的下跌幅度往往超过基本量度跌幅。

④双重顶形态中有时也会出现"多头陷阱"的情况，即股价在从波谷向上攀升过程中，冲过第一个波峰（即顶部），但就在市场以为又一波大升势即将展开的时候，股价却掉头向下，构筑了第二个顶部，这就是多头陷阱。投资者遇到这种情况时应以双重顶形态的研判标准来操作。

⑤对于股价上升过程中的正常回调（哪怕跌幅在20%以上），投资者不能把它当作双重顶形态来对待，只有股价有效跌破颈线时才考虑是不是双重顶形态。双重顶形态中形成两个顶点的时间跨度越长，反转形态越能成立；如果两个顶点之间间隔时间很近，就可能是整理形态，而非大势反转。当股价从高位向下经过一段时间的回调整理后再次扬升时，一旦股价未能放量突破前期的高点或稍稍突破一点后又掉头朝下运行，此时投资者就要注意股价会不会形成双重顶的形态。

⑥双重顶的形态也要结合均线一起研判，这样才能更加准确地使用。一旦股价接着向下突破图形的颈线位，该股的短期均线也开始成空头排列，此时投资者就要密切注意是不是双重顶形态即将形成并要开始卖出股票，股价一旦接下来又开始跌破中期均线和长期均线，投资者就应坚决卖出全部股票，这一点对于投资者实际操作尤为重要。

⑦双重顶的形态还可以结合其他技术等指标一起研判，这样就可以提高实战中投资的准确性和安全性。

案例分析

下图是宝硕股份（600155）的 K 线走势：

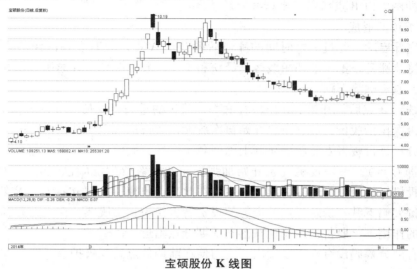

宝硕股份 K 线图

该股于 2014 年 3 月 24 日至 4 月 22 日，K 线图成双顶形态特征。投资者应该在 2014 年 4 月 23 日股价跌破下方支撑线时出售所持有的该股股票，避免损失进一步扩大。

3. 三重顶

三重顶形态也是比较常见的顶部反转形态之一。它是双重顶和头肩顶的扩展形式，一般是由三个高点和两个低点构成，如图 8 - 10 所示。

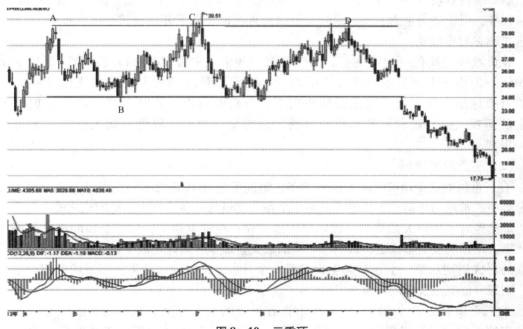

图 8 - 10　三重顶

从图中可以看出，这种形态一共要出现三个顶和两个底，即出现三个高点和两个低点。形成三个高点的空间叫作波峰，形成两个低点的空间叫作波谷；以两个低点中的最低点所做的水平线（即图中以 B 点所做的平行线）称为颈线。

（1）三重顶的形成

股价从底部启动，经过一段时间的涨势后攀升至 A 点，此时涨幅已经很大。由于经过前面一段的持续涨升，不少前期短线客已经获利丰厚，股价继续涨升的压力较大，主力在此位借机洗盘，股价顺势下跌。

股价下跌到 B 点后，开始构筑阶段性底部。股价的重新企稳使一些新的资金开始进场，主力也趁机再次拉抬股价，成交量也开始再次放大，股价进入第二波拉升阶段。

市场部分短线投资者发觉股价重新上涨便急于进场，股价在成交量的配合下又冲至前期高点附近（即 C 点），市场投机气氛开始加强。而此时股价的涨幅已经使主力资金获利丰厚，市场的投机气氛使主力更容易出货。主力在此高点出掉了大部分筹码，成交量也开始急剧放出，股价大幅下跌，价跌量增的走势使投资者也纷纷卖出股票。在主力和其他投资者双重出货压力的作用下，股价再次快速跌落到前期低点附近。

由于还有部分筹码没有来得及卖出，主力便在前期低点处积极护盘，股价在此获得支撑并进入盘整阶段。

经过一段时间的盘整，股价开始慢慢企稳向上，主力也开始再次慢慢推升股价，市场的气氛开始转暖，一些大胆的短线投资者也重新进场，股价在双重作用的推动下开始加快反转朝上，并到达前两个高点附近（即 D 点）。由于前期高点压力巨大，很多投资者不敢贸然进场，成交量不能有效放大，股价停滞不前。主力开始在第三个高点处出掉剩余筹码，股价迅速掉头朝下，前期的获利盘和套牢盘也蜂拥而出。

随着股价急跌至颈线位附近，股价稍做盘整，市场观望气氛浓烈。但由于主力已经完成出货任务，股价失去主力关照，因此股价立刻再次掉头向下并跌破重要的支撑线——颈线，三重顶形态初步形成。

股价跌破颈线位一定幅度后，由于还有一些中小主力没有来得及出货，股价重新反抽颈线，但由于大部分主力已经完成出货，因此股价未能向上突破颈线位（或突破后未能有效地站在颈线上）就重新掉头向下，股价的再次下跌和颈线位的失守加剧了市场上的悲观气氛，获利的和套牢的投资者纷纷卖出股票，股价开始大跌，三重顶形态即告形成。

（2）三重顶的研判

①三重顶的三个顶部的高度相差不多，幅度不超过 10% 就不会影响形态的分析。在实际走势中，常见的是第三个顶最高，第一个顶高度最低；在第一个顶部形成之前，股价从底部启动已经有了相当大的涨幅，涨幅越大越可靠；在三重顶中，第一个顶的成交量可能最大，第二个顶的成交量次之，最后一个顶的成交量最少，最好是成交量呈明显萎缩状态；三重顶的形成周期从第一个顶算起至少需要 2 个月以上的时间，如果三顶形成时间少于 2 个月，则很可能就是失败的三重顶。

②三重顶形态中的颈线位在实战中具有重要的参考意义。股价在颈线以上时就有强劲的支撑，此时投资者可以持股或买入股票；股价一旦有效向下突破颈线位，此时应卖出股票或持币观望，而这条颈线位会对股价的反弹构成较大的压力。当股票的收盘价向

下跌破颈线幅度超过 3% 以上，并有比较大的成交量放出，而且不能在 3 个交易日内重新站上颈线时，这种突破为有效突破。颈线位一旦被有效跌破，股价将开始进入一个较长时期的下跌过程。

部分股票在完成颈线突破后可能会有一个反抽颈线的机会，此时投资者应抓住机会卖出部分或全部股票。

③三重顶形态一旦形成，其准确性很高且杀伤力很强。与头肩顶和双重顶一样，基本量度跌幅也是三重顶形态中很关键的一点。三重顶的基本量度跌幅是指三重顶中的最高顶到颈线的垂直距离有多高，颈线以下的股价最少有与其相等的跌幅，即图 8 - 10 中的 A 点到颈线的垂直距离有多大，颈线以下的股价也会有幅度相等（或相近）的下跌空间。由于在股价实际走势中三重顶的下跌幅度往往超过基本量度跌幅，因此投资者更应予以重视。

④在三重顶形态中，如果在股价从第一个顶下跌至第一个底的过程中，成交量出现极度萎缩，说明主力只是洗盘，投资者可以放心买入，等待股价拉升；从第二个顶下跌至第二个底的过程中成交量没有很大萎缩，说明主力开始出货，投资者只可少量买入并做短线操作；从第三个顶下跌过程中成交量并没有很大萎缩，说明主力在大肆出货，投资者应及时卖出股票，且不可轻易买入。

⑤三重顶形态中，如果一个顶比一个顶低，可能就是失败的三重顶，投资者对其的研判可参照三角形等整理形态来进行。三重顶形态中形成三个顶点的时间跨度越长，反转形态就越成立。如果三个顶点的间隔时间很近，就可能是整理形态，而非大势反转。

⑥三重顶的研判还可以结合均线理论，这样更加准确实用。当股价连续形成高度相对一致的三个高点后，股价无法扬升而是再次向下考验颈线位，此时投资者就要密切留意是不是股价将形成三重顶的形态。

一旦股价向下跌破颈线位时，短期均线已经向下空头排列，投资者就应开始卖出股票；一旦股价接着向下跌破股价的中长期均线，这就意味着三重顶的形态更加被确认，投资者应坚决卖出全部股票。这一点对投资者实际操作尤为重要。

三重顶形态也可以结合其他等技术指标一起研判，这样可以提高实战中投资的准确性和安全性。

4. 圆弧顶

圆弧顶也叫圆形顶、蝶形顶。和其他反转形态构成形式不同的是，圆弧顶的顶部由若干个高度相近的高点构成，如图 8 - 11 所示。

从图中我们可以看出，将股价在一段时间内顶部的若干个局部高点用折线连接起来，可以得到一条类似于圆弧的不规则弧线，这条弧线盖在股价上面，这样就形成了圆弧顶。

（1）圆弧顶的形成

圆弧顶的形成过程与头肩顶及多重顶的复合形态有许多相似的地方，只是圆弧顶形态的各个顶高度相差不大且数目较多。

股价从底部启动，经过一段比较快速的涨升后到达一定高度，其涨幅已经相当可观，主力获利比较丰厚，开始酝酿出货。

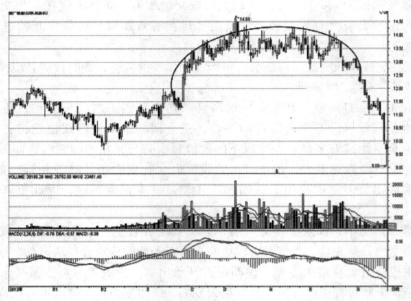

图 8 – 11　圆弧顶

由于主力手头持有的股票比较多，如果一下子将股票全部抛出，势必会造成股价在短时间内暴跌，因此主力采用分批出货的方法，边出货边护盘。

由于主力是一点点地出货，股价走势形成众多的来回拉锯局面，出现数目较多但上涨和下跌幅度相差不大的高点和低点。

当主力手中的股票大部分都顺利卖出后，由于缺少主力资金的关照，股价就会出现快速下跌，但场内没有来得及出货的中小主力可能也会护盘，因此股价形成头部后，在离头部稍低的一个价格区域内再次横盘，但此时市场跌势已经形成，股价缺少大资金的关照，获利盘和套牢盘大量涌出，股价再次掉头向下，市场进入一个放量下跌的过程，圆弧顶形态即告形成。

（2）圆弧顶的研判

①圆弧顶的各个高点不在同一水平，一般而言，只要相连的两个高点彼此之间的幅度相差不大于10%，就不会影响形态的分析意义。在第一个顶部形成之前，股价从底部启动后已经有了相当大的涨幅；圆弧顶形态的走势多属于爆发性行情产生后的反转行情，在形成圆弧顶之前，股价涨势凶猛且快速，往往在短短十几个交易日内就可以形成第一个顶，而且股价在涨升过程中很少出现回档；圆弧顶形成之后，其出货的周期远远大于拉升的周期，同期最少要在1个月以上，最长可超过半年时间，而且圆弧顶形态形成的周期越长，其以后的反转力度越大；就成交量而言，圆弧顶的形态在形成过程中往往会两头多、中间少，即在股价拉升后期和圆弧顶形成之初，成交量会急剧放出，随后成交量慢慢递减，到达顶部时成交量达到最少，而当圆弧顶形态向下反转时成交量又会放出，但比圆弧顶形成之初的量要少。

②圆弧顶形态没有严格意义上的颈线，最多以在股价高位区域内的最低点作为重要的支撑点，一旦股价有效跌破这个重要的支撑点位，投资者就应密切注意。

由于没有颈线这条重要的参考线，圆弧顶的研判更多的是从成交量和股价的涨幅程度等方面进行分析判断。

③圆弧顶形态一旦形成，其杀伤力非常强。与其他顶部反转形态一样，基本量度跌幅也是圆弧顶形态中关键的一点。圆弧顶的基本量度跌幅是指圆弧顶中的最高点到股价启动前平台区的垂直距离，圆弧顶最高点以下股价最少有与其相等的跌幅。在股价实际走势中，圆弧顶的下跌幅度往往超过基本量度跌幅，因此投资者更应予以重视。

④当股价在高位的狭窄区域盘整了较长一段时间（最少10个交易日以上）后，股价再也无法创出新高，而且成交量没有出现明显萎缩，如果股价开始缓缓下滑，从而使股价前期的高位盘整区间变成了酷似圆弧线的顶部时，投资者就要密切留意股价是否将形成圆弧顶的形态。

⑤圆弧顶的研判也要结合均线理论进行。一旦股价向下突破高位盘整区域，短期均线已经向下空头排列，此时投资者就应开始卖出股票；一旦股价接着向下跌破股价的中长期均线，这意味着圆弧顶的形态更加被确认，投资者应坚决卖出全部股票。这一点对投资者的实际操作尤为重要。

⑥圆弧顶形态还可以结合 MACD、KDJ 等技术指标一起研判，这样就可以提高实战中投资的准确性和安全性。

案例分析

下图是模塑科技（000700）的 K 线走势：

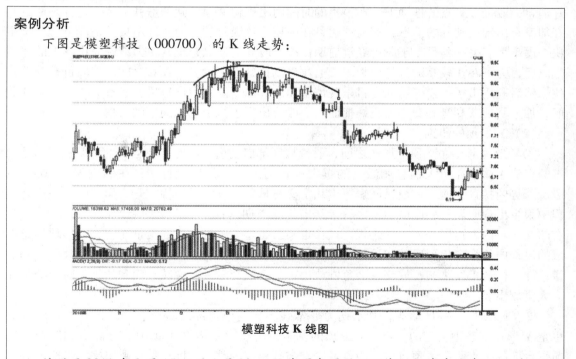

模塑科技 K 线图

该股于 2011 年 2 月 15 日至 4 月 22 日 K 线图成圆弧顶形态，投资者应在 2011 年 4 月 22 日前后尽快卖出所持有的该股票，规避价格进一步下跌的风险。

5. V 形顶

V 形顶也是股市中比较常见的一种反转形态，它出现在激剧动荡的市场中。V 形顶一般只有一个高点，即它的顶只出现一次，如图 8 – 12 所示。

从图中可以看出，这种形态是股价在很短时间内攀升到一定高度后形成顶部，然后又在较短时间内急速下跌，形成类似于倒写的英文字母 V 的一种股市反转走势。

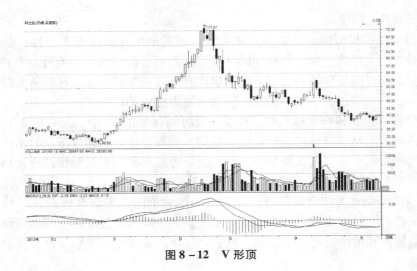

图 8 – 12　V 形顶

（1）V 形顶的形成

一般情况下，V 形顶的形成有两种原因：一种是由于市场上预期可能出现某种极大的利好消息，股价在买盘的推动下，在很短的时间内出现快速而凶猛的涨升，然而这种预期的利好却没有出现或利好的消息已提前消化，在前期蛰伏吸货的主力大肆出货的情况下，股价很快一泻千里。另一种是由于股价经过前期一段长时间的横盘整理，主力清洗完市场上的浮动筹码后，为了在比较高的价位出货，便通过对倒拉升等手段，在较短时间内将股价推升至高位，然后利用市场上投资者的盲目乐观情绪而大肆出货。主力出货后，股价失去大资金的关照，加上其他获利盘和套牢盘也蜂拥而出，股价出现了一个急速的下跌行情。

（2）V 形顶的研判

①V 形顶形态在其顶部形成之前，股价从底部启动后已经有了相当大的涨幅；V 形顶形态的走势多属于在重大消息刺激下的爆发性行情产生后的反转行情；在形成 V 形顶之前，股价涨势凶猛且快速，往往只需短短十几个交易日就可以完成巨幅拉升，而且股价在涨升过程中很少出现回调；V 形顶形成之后，其出货的周期远远小于进货的周期，一般在 10 个左右的交易日内就可以完成出货过程，最长也不会超过 1 个月；就成交量而言，V 形顶形态形成的过程中往往会出现底部和顶部的成交量都比较多的情况，但一般顶部的量要大于底部的量，即在行情爆发之初，成交量会急剧放出，随后成交量慢慢递减，而到达顶部时成交量又会大量放出。

②V 形顶形态一旦形成，其杀伤力非常强。与其他顶部反转形态一样，基本量度跌幅也是 V 形顶形态中关键的一点。V 形顶的基本量度跌幅是指 V 形顶中的最高点到股价启动前平台区的垂直距离，顶点以下股价最少有与其相等的跌幅，即行情从哪里来，又会回到哪里去。在股价实际走势中，V 形顶的下跌幅度往往超过基本量度跌幅，因此投资者更应予以重视。

③股价在近期很短的交易日（最多 10 个交易日）内经过连续的快速拉升，其短期涨幅已经相当惊人，此时投资者就要开始注意股价形态会不会形成 V 形顶反转。

④当股价经过短期快速拉升后，其 K 线形态出现大阴线或上影线很长的 K 线时如果成交量也明显放大，投资者就应开始卖出股票；一旦股价接下来向下突破中短期均线的支撑，股价的顶部反转形态基本确定，投资者就应及时卖出全部股票。

案例分析

下图是北巴传媒（600386）的 K 线走势：

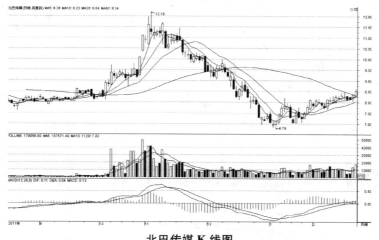

北巴传媒 K 线图

该股自 2011 年 10 月 28 日至 11 月 30 日，K 线图成 V 形顶，而该股在 2011 年 11 月 18 日出现一根大阴线，跌破了 20 日均线，投资者此时应考虑尽快卖出所持有的该股票，以防损失进一步扩大。

二、底部反转形态

底部反转形态也是股价形态中最重要的形态之一，它在一定程度上可以发出股价走势已经筑底成功的信号，这对于我们研判股价走势、确定买入时机有很大的帮助。底部反转形态主要有头肩底、双重底、三重底、圆弧底和 V 形底等多种形态。

1. 头肩底

头肩底是一种典型的进货形态。这一形态的构成与头肩顶类似，一般也是由连续三次的起落构成该形态的三个部分，如图 8 – 13 所示。

从图中可以看出，和头肩顶形态相反，这种形态一共出现三个底，即三个不同的低点。一般而言，中间的低点比两边低点低，是最低点，也被称为头；左侧的低谷称为左肩，右侧的低谷称为右肩，头部两侧高点连接而成的直线（即图中 B 点和 D 点的连线）称为颈线。

（1）头肩底的形成

股价从高位下来，经过较长一段时期的大跌，成交量越来越少，买卖股票的人也很少，市场出现低量低价的特征；而且经过前期的大幅下跌，股价已经跌无可跌，但此时股票的投资或投机价值凸显，一些先知先觉的主力开始悄悄进场吸货，成交量开始慢慢放大，股价小幅上升。

在股价上升途中，一些短线资金也开始买入，这使主力很难买到更多的便宜筹码，而且随着股价的上升，其所遇到的短线压力越来越大，因此当股价上涨到一定高度（即左肩的高价点 B 点）遇到阻力后，股价在本身压力和主力故意打压的双重压力下再次下跌，跌破前面一个低点（即左肩的低价点 A 点），并随着最后恐慌盘的抛出而创出新的低价（即头肩底的头部最低价 C 点）。但在股价创出新低的过程中，主力一边打压一边吸筹，因而成交量不仅没有减少，反而有所增加。

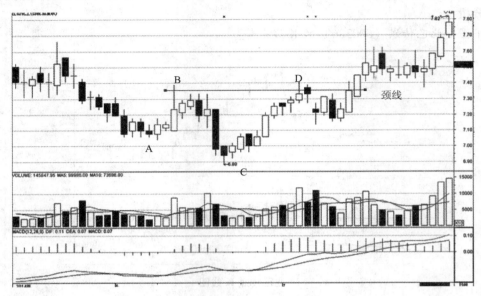

图 8 – 13 头肩底

随着股价的第二次探低企稳，股价在低位盘旋，成交量也慢慢减少，买卖盘比较平衡，股价又进入一个短暂的低量低价的交易平衡时期。但这种短暂的平衡会随着主力资金的再次进场而很快被打破，股价在主力和其他资金买盘的推动下迅速向上攀升，成交量再次放大。

股价上升到前期左肩高价点附近时遇到股价的前期高价区，股价再次遇到阻力并开始顺势回调。但股价下跌回调的过程中，成交量并没有明显萎缩，这是因为有大资金的关照；当股价下跌到前期左肩的低价点上方附近时，股价再次企稳并形成股价的次低价（即右肩的低价点 E 点），头肩底的形态初步形成。

当股价再次向上攀升时，买盘纷纷涌入，成交量明显增加，在各种资金的强劲推升下，股价迅速冲过由左肩和右肩高点连成的颈线强压力位，从而突破所有的中短期阻力，头肩底形态基本形成。此后，股价将进入一个长期的上升通道。

（2）头肩底的研判

① 在头肩底的左肩形成之前，股价从高位回落已经有相当大的跌幅；一般而言，头肩底的右肩低点要比左肩低点高，头部的低点最低，右肩的高点比左肩的高点高，这种情况更容易被判断是头肩底形态；就成交量而言，左肩的成交量最小，头部次之，右肩特别是突破颈线位时的成交量最大；大部分头肩底形态的双肩和头部的形成周期都在 3 个月以上。

② 头肩底形态中的颈线在实战中具有较强的参考意义。股价在颈线之下时，颈线就是一条重要的长期压力线，颈线一旦被有效向上突破，它就成了一条极重要的长期支撑线。

当股价的收盘价向上突破颈线幅度超过 3%以上，并伴有大的成交量放出时，颈线一旦被有效突破，股价将进入一个较长的上涨时期。

一般情况下，股价在完成突破后有一个向下回落以确认颈线是否被有效突破的动作。而股价只要不跌破颈线，它就会很快加速扬升，投资者应抓住这次最好的中短线机会，买入大量股票。

　　股价向上突破颈线时一定要有比较大的成交量配合，而在以后的股价上升过程中，成交量不一定会大量放出，只要成交量不过度减少就没有太大关系。

　　③头肩底形态一旦形成，其准确性很高且向上突破的力度很强。股价有效向上突破颈线后，其上升幅度最少相当于头部至颈线的距离，这就是基本量度升幅（又叫基本上涨空间）。在图8-13中，C点至BD线（颈线）的垂直距离有多大，颈线以上股价也会有同样的上升空间。而在实际中，头肩底的上升幅度往往会超过基本量度升幅，特别是中小盘股。

　　④一般而言，头肩底形态中都存在三个买入点。第一个买入点出现在股价经过一段较长时间的大幅下跌后，此时如果股价开始缩量横向盘整，投资者即可少量逢低买入，进行中长期投资；第二个买入点出现在股价形成右肩时，此时如果股价向下突破了股价短期均线，投资者即可买入，进行中短期投资；第三个买入点出现在股价向上突破头肩底的颈线后，此时如果股价在颈线上方明显缩量回抽颈线，不久即再度放量上冲并突破了股价的中期均线，投资者即可及时买入，进行短期投资。

　　对于投资者来说，第一个买入点的不确定性比较大，因此重点抓住后两个买入点。

　　⑤头肩底还可以结合均线理论及MACD、KDJ等常用指标一起研判。

案例分析

　　下图是圣农发展（002299）的K线走势：

圣农发展K线图

　　该股自2013年2月7日至3月17日，K线成头肩底形态，在2013年3月18日，该股股价突破颈线时，投资者可择机买入，持股待涨。

2. 双重底

　　双重底也叫W底，是指股价连续两次下跌的低点大致相同的形态，如图8-14所示。

　　从图中可以看出，和双重顶相反，这种形态一共出现两个底和一个顶，即两个大致相等的低点A点、C点和一个高点B点。当股价经过一段下跌趋势后，股价下跌到第一个谷底（A点），股价在此价位止跌企稳，然后又回升到某一价位（B点），并在此受阻回落，当股价再次到达第一谷底附近的C点时，股价第二次上升。连接两谷底（A，C）画一条水平线，再通过两底之间的高点 B 画一条 AC 线的平行线，这条平行线就是颈线。当股价有效向上突破颈线时，双重底形态形成。

（1）双重底的形成

股价从高位下来，经过较长一段时期的大跌，成交量越来越少，买卖股票的人也很少，市场出现低量低价的特征，而且经过前期的大幅下跌，股价已经跌无可跌，但此时股票的投资或投机价值凸显，一些主力开始悄悄进场吸货，成交量开始慢慢放大，股价小幅上升。

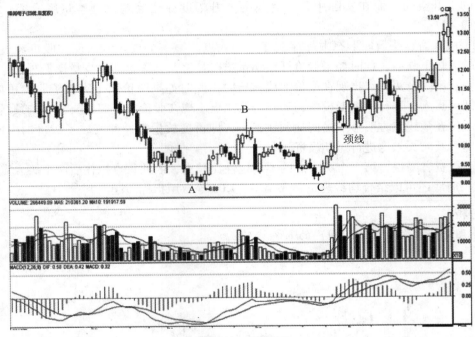

图 8 - 14　双重底

股价在上升途中，一些短线资金也开始买入，这使主力很难买到更多的便宜筹码，而且随着股价的上升，它所遇到的短线压力越来越大，因此当股价涨到一定高度并遇到阻力后，股价在本身压力和主力故意打压的双重压力下再次下跌。

随着股价的第二次探低企稳，股价在低位盘旋，成交量也慢慢萎缩。买卖盘比较平衡，股价又进入一个短暂的低价低量的交易平衡时期。但这种短暂的平衡会随着主力资金的再次进场而很快被打破，股价在主力和其他资金买盘的推动下迅速攀升，成交量再次放大。

在买盘的推动下，股价一举冲过前期高点，经过短暂的调整并确认双重底突破有效后，在大的成交量的配合下，股价重新开始新的一轮涨势。

（2）双重底的研判

①双重底的两个低点（即底部）往往不在同一水平线上，两者之间幅度相差不超过10%就不影响形态的分析。一般情况下，双重底形态中的后一个底应该比前一个底的位置高，而且后一个底的成交量要大于前一个底的成交量，这样的双重底形态更为可靠。

②双重底形态中的颈线在实战中具有较强的参考意义。股价在颈线之下，颈线就是一条重要的长期压力线；颈线一旦被有效向上突破，它就成为一条极重要的长期支撑线。

当股价的收盘价向上突破颈线幅度超过3%以上，并伴有大的成交量放出时，这种突破为有效突破。颈线一旦被有效突破，股价将进入一个较长的上涨时期。

一般情况下，股价完成颈线突破后有一个短暂的向下回落过程（一般为3个交易周期时间），以确认颈线是否被有效突破。而股价只要不跌破颈线，它就会加速扬升，投资者应抓住这次最好的中短线机会，大量买入股票。

股价在向上突破颈线时一定要有比较大的成交量配合，而在以后的股价上升过程中，成交量不一定会大量放出，只要成交量不过度减少就没有太大关系。

③双重底形态一旦形成，其准确性很高且向上突破的力度很强。股价有效向上突破颈线后，其上升幅度最少相当于底部至颈线的垂直距离，即基本量度升幅（又叫基本上涨空间）。也就是说图8－14中A点至颈线的垂直距离有多大，颈线以上股价也会有类似的上升空间。而在实际中，双重底的上升幅度往往会超过基本量度升幅，特别是中小盘股。

④双重底形态中基本都存在三个买入点。第一个买入点出现在股价反弹后下跌至前期低点附近，此时如果股价在此位置缩量盘整而未能向下跌破前期低点，投资者即可少量逢低买入，进行中长期投资；第二个买入点出现在股价上涨突破颈线时，此时如果股价在此位置放量突破颈线并突破股价短期均线，投资者即可及时买入，进行中短期投资；第三个买入点出现在股价向上突破颈线后，此时如果股价在颈线上方明显缩量回抽颈线，不久即再度放量上冲并突破中期均线，投资者即可及时买入，进行短期投资。

⑤双重底形态结合均线理论或其他常用指标进行判定将更加准确可靠。

案例分析

下图是苏州固锝（002079）的K线走势：

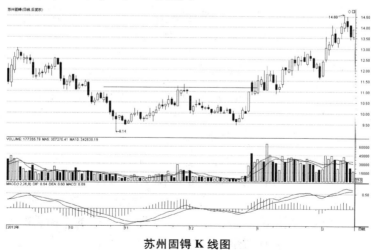

苏州固锝K线图

该股自2013年10月23日至2013年12月30日，K线成双重底形态，在2013年12月31日，该股股价突破颈线时，投资者可择机买入，持股待涨。

3. 三重底

三重底图形一般由底部三个高度相近的低点和顶部两个高度相近的高点构成。如图8－15所示。

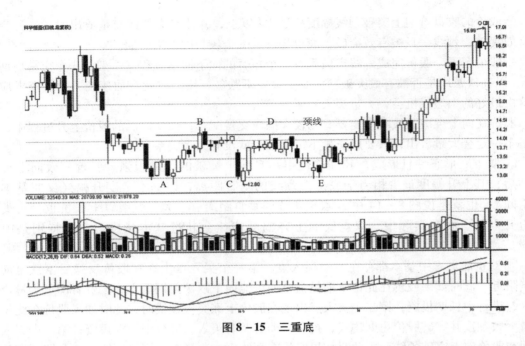

图 8 – 15 三重底

从图中可以看出，和三重顶相反，这种形态一共出现三个底和两个顶，即三个大致相等的低点 A 点、C 点、E 点和两个高点 B 点、D 点。经过一段下跌趋势后，股价下跌到第一个谷底（A 点），并在此价位止跌，然后又回升到某一价位（B 点），且在此受阻回落；股价再次到达第一谷底附近的 C 点时第二次上升，但上升到前期高点附近的 D 点再次向下滑落；股价滑落到前期低点附近的 E 点时再次扬升并一举突破前期高点的阻力位，从此展开新一轮上升行情。连接三个低点（A，C，E）画一条水平线，并通过两个高点 B 点和 D 点画一条 AE 线的平行线，这条平行线即颈线。当股价有效向上突破颈线时，三重底形态形成。

（1）三重底的形成

股价从高位下来，经过较长一段时期的大跌，成交量越来越少，买卖股票的人也很少，市场出现低量低价的特征，而且经过前期的大幅下跌，股价已经跌无可跌，但此时股票的投资或投机价值凸显，一些主力开始悄悄进场吸货，成交量开始慢慢放大，股价小幅上升。

股价在上升途中，一些短线资金也开始买入，这使主力很难买到更多的便宜筹码，而且随着股价的上升，它所遇到的短线压力越来越大，因此当股价上涨到一定高度并遇到阻力后，股价在本身压力和主力故意打压的双重压力下再次下跌。

随着股价的第二次探低企稳，股价在低位盘旋，成交量也慢慢萎缩，买卖盘比较平衡，股价又进入一个短暂的低价低量的交易平衡时期。但这种短暂的平衡会随着主力资金的再次进场而很快被打破，在主力和其他资金买盘的推动下，股价温和攀升，成交量慢慢增大。

当股价再次上升到前期高点附近时，主力为清洗浮筹而对股价进行再次打压，但股价回落到前期底部时又止跌回稳，成交量再次放出。

在买盘的推动下，股价一举冲过前期高点，经过短暂的调整，确认三重底突破有效后，股价在大的成交量的配合下重新开始新一轮的涨势。

（2）三重底的研判

①三重底的三个低点（即底部）往往不在同一水平线，只要其幅度相差不超过 10%，

就不影响形态的分析。一般情况下，三重底形态中后面的底应该比前面的底的位置高，而且后面底的成交量要大于前面底的成交量，这样的三重底形态更为可靠。

②三重底中的颈线在实战中具有比双重底更强的参考意义。股价在颈线之下，颈线就是一条重要的长期压力线；当颈线一旦被有效向上突破后，它就成为一条极重要的长期支撑线。

当股价的收盘价向上突破颈线幅度超过3%，并伴有大的成交量放出时，股价将进入一个较长的上涨时期。

一般情况下，股价在完成颈线突破后有一个短暂的向下回落的过程（一般为3个交易周期），以确认颈线是否被有效突破。而股价只要不跌破颈线，它就会加速扬升，投资者应抓住这次最好的中短线机会，大部分或全部买入股票。

股价在向上突破颈线时一定要有比较大的成交量配合，而在以后的股价上升过程中，成交量不一定会大量放出，只要成交量不过度萎缩就没有太大关系。

③三重底形态一旦形成，其准确性很高且向上突破的力度很强。股价有效向上突破颈线后，其上升幅度最少相当于底部至颈线的垂直距离，即基本量度升幅（又叫基本上涨空间）。基本量度升幅是三重底形态揭示的一条重要规律。也就是说，图8-15中A点至B、D点连线（颈线）的垂直距离有多大，颈线以上股价也会有类似的上升空间。而在实际中，三重底的上升幅度往往会超过基本量度升幅，并且构筑三重底的时间越长，其未来的上升空间就越大，这一点是三重底形态和其他形态不同的地方。

④在三重底形态中存在四个买入点。第一个买入点出现在股价经过较长时间的大幅下跌后，此时如果股价开始缩量盘整而没有继续下跌，投资者即可少量逢低买入，做反弹行情；第二个买入点出现在股价第一次回落到前期低点附近（即图中C点）后，此时如果股价在此位置反身向上，投资者即可逢低买入，进行中短期投资；第三个买入点出现在股价第二次回落到前期低点附近（即图中E点）后，此时如果股价未能跌破前期两个低点而反身向上，投资者即可再次加仓，进行中短期投资；第四个买入点出现在股价第三次向上真正突破颈线后，此时如果股价在颈线上方明显缩量回抽颈线，不久即再度放量上冲并突破中期均线，投资者即可及时买入，进行短期投资。

⑤三重底形态结合均线理论及其常用指标进行分析判定将更加准确可靠。

案例分析

下图是国通管业（600444）的K线走势：

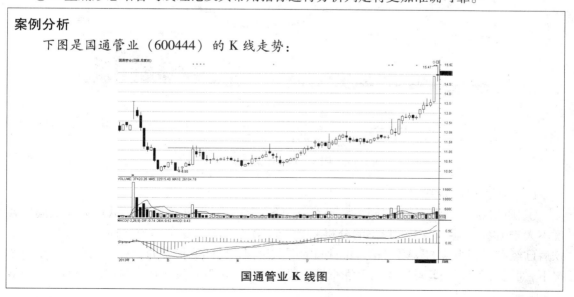

国通管业 K 线图

> 该股自 2014 年 5 月 5 日至 7 月 2 日，K 线成三重底形态，在 2014 年 7 月 3 日，该股股价突破颈线时，投资者可择机买入，持股待涨。

4. 圆弧底

圆弧底也叫圆形底、蝶形底、碗形底。和其他底部反转形态构成形式不同的是，圆弧底的底部由若干个高度相近的低点构成，如图 8-16 所示。

从图中我们可以看出，将股价在一段时间内底部的若干个局部低点用折线连接起来，就可以得到一条类似于圆弧的不规则弧线，这条弧线托在股价下面，这样就形成了圆弧底。

（1）圆弧底的形成

股价从顶部一路下跌，经过一段快速而有力的跌势，跌幅已经非常大，股票的投资或投机价值开始凸显。

股价下跌到底部时，主力手头持有的股票很少，主力在股价底部开始慢慢建仓，因此股价走势在底部形成很长一段时间的来回拉锯局面，并出现数目较多但下跌和回升幅度相差不大的低点和高点。

主力手中吸纳到足够的筹码后，股价在主力资金的关照下就会出现快速上涨，由于股价在长期下跌途中套牢盘众多，股价脱离底部上涨后会在离底部稍高的一个价格区域内再次横盘调整，但由于股价涨势已经形成，在大资金的关照下，各种买盘大量涌入，股价再次掉头向上，市场进入一个放量上升的过程，圆弧底形态即形成。

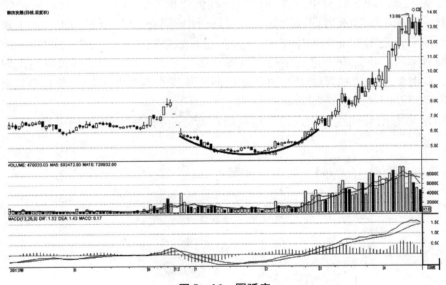

图 8-16　圆弧底

（2）圆弧底的研判

①圆弧底的各个低点不在同一水平线，一般而言，只要相连的两个低点彼此之间的幅度不大于 10%，就不会影响形态的分析意义。在第一个小的底部形成之前，股价从高位下跌后已经有了相当大的跌幅和相当长时间的下跌过程；圆弧底形态的走势形成后，大部分情况下，股价将展开一轮爆发性的上涨行情，股价在未来涨升过程中将很少出现回档；圆弧底

形的进货周期比较长，一般需要 3 个月以上的时间，最长可超过 1 年，而且圆弧底形态形成的周期越长，其以后的反转力度越大，即股市中谚语"横有多长，竖有多高"；就成交量而言，圆弧底的形态在形成过程中往往两头多、中间少，即在圆弧底形成之初，成交量比较大，随后慢慢递减，而到达底部时达到最少。当圆弧底形态在向上反转时，成交量急剧放出，而且比股价从高位下跌时的量要大得多。

②圆弧底形态中没有颈线位这一重要的参考线，因此判断行情反转有一定难度，但投资者可以选取有特殊研判意义的高点和低点作为自己买卖股票的依据之一。如果股价向下突破圆弧底相对较高的一个高点的价位，投资者就可以试探性地买入股票；如果股价跌破圆弧底最低的一个低点，投资者就应以观望为主。

③在圆弧底的形态下，对于投资者来说，股票操作有不同的方法。在股价刚刚探底企稳的初期到圆弧底还没有形成之前的这段走势中，投资者只能持币观望；在圆弧底的底部形态形成以后，投资者就不要轻易买卖股票做短差，而要以分批建仓为主；在圆弧底向上突破形态形成的时候，投资者应积极买入股票或以持筹待涨为主。

④在圆弧底形态中有两个买入点。第一个买入点出现在股价经过很长一段时间的大幅下跌后，此时如果股价的下跌速度明显减缓并开始横向运动，同时成交量也极度稀少，投资者可以少量逢低买入，进行中长期投资；第二个买入点出现在股价经过较长时间的低位横盘后，随着逢低买盘的逐渐增加，成交量也温和放大，股价缓慢爬升，此时一旦股价开始放量向上突破短中期均线，投资者可以开始逐步加仓，进行中短期投资。

⑤圆弧底形态也可以结合均线理论及其他常用指标一起研判，这样更加准确可靠。

案例分析

下图是中国国航（601111）的 K 线走势：

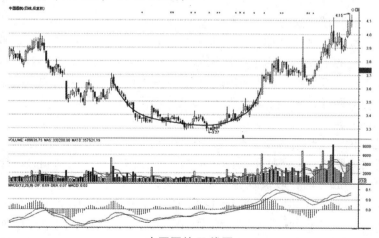

中国国航 K 线图

该股自 2014 年 4 月 11 日至 8 月 1 日，K 线成圆弧底形态，在 2014 年 8 月 4 日，该股股价突破颈线时，投资者可择机买入，持股待涨。

5. V 形底

V 形底是股市中不常见的一种反转形态，它一般出现在激剧动荡的市场中。V 形底一般只有一个低点，即它的底只出现一次，如图 8－17 所示。

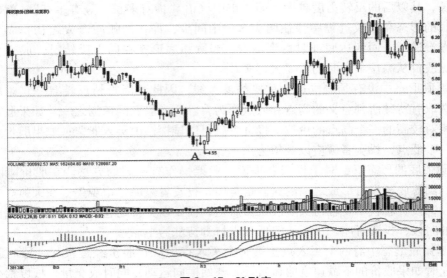

图 8－17　V 形底

从图中可以看出，这种形态是股价在经过较长时间的大幅下跌后，又很快在底部开始企稳并在较短时间内迅速向上攀升，形成类似于英文字母 V 的一种股市反转走势。

（1）V 形底的形成

如图 8－17 所示，V 形底的形成是股价从顶部下跌，经过一段较长时间的大幅下跌之后，下跌至 A 点附近却再无力下跌，然后在低位稍做停留之后，便在消息面和成交量的配合下快速扬升，形成一种变化快、力度强的反转形态。

一般情况下，V 形底形成的原因有两种：一种是由于市场上预期可能出现某种极大的利好消息，从而使股价在买盘的推动下很快进入快速而凶猛的涨升行情。另一种是由于股价经过前期一段很长时间的下跌后，为了在比较低的价位进货，主力便通过对倒打压等手段，在较短时间内将股价打压至低位，然后利用市场上投资者的悲观情绪而大肆吸货。主力完成建仓后，在大资金的关照下，成交量明显增加，股价很快拔地而起。

（2）V 形底的研判

①V 形底是一种短期趋势的反转形态，在 V 形底形态的底部形成之前，股价从顶部下跌已经有了相当大的跌幅；V 形底形态的走势多属于在重大利好消息刺激下产生的爆发性反转行情，在 V 形底形成之前，股价跌势凶猛而快速，而且股价在下跌过程中很少出现反弹；V 形底形成之后，其拉升的周期远远小于出货的周期，一般在 10 个交易日左右就完成了其拉升过程，最长不会超过 1 个月；就成交量而言，V 形底形态的形成过程中往往会出现底部和顶部的成交量都比较多的情况，但一般底部的量要远远大于顶部的量，即在行情爆发之初，成交量会急剧放出，随后成交量慢慢递减，而到达顶部时成交量又会大量增加。

②V 形底的底部只出现一次，而且在低位停留的时间一般很短。V 形底形态一旦形成，其涨升力度非常强。与其他底部反转一样，基本量度涨幅也是 V 形底形态中关键的一点。V 形底的基本量度涨幅是指 V 形底中的最低点到股价下跌前的平台区的垂直距离，V 形底反转后股价最少有与其相等的涨幅，即行情从哪里来，又会回到哪里去。在股价实际走势中，V 形底的涨幅往往超过基本量度涨幅，因此投资者更应予以重视。

③当股价在近期较长的交易日（最少3个交易月）内经过连续的大幅下跌，且其中短期跌幅已经相当惊人时，投资者就要开始注意股价形态会不会形成V形底的反转。

④当股价经过一段时间的大幅下跌后，其K线形态出现大阳线或下影线很长的K线，此时如果成交量也明显增加，投资者就应考虑买入股票；一旦股价接下来向上突破中短期均线的支撑，并且成交量急剧增加，股价的底部反转形态基本确定，此时投资者应及时买入股票。

案例分析

下图是泸天化（000912）的K线走势：

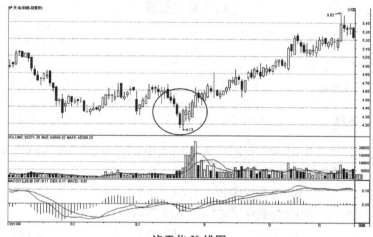

泸天化 K 线图

该股自2013年12月16日至2014年1月3日，K线成V形底形态，在2013年12月26日，该股股价连续放量上涨时，投资者可考虑V形底可能出现，可以择机买入，持股待涨。

三、应用形态理论应该注意的问题

形态分析是较早得到应用的方法，比较成熟。尽管如此，也有正确使用的问题。

在观察K线进行形态判断时，不能强求形状的标准性。股票或其他有价证券价格的变动受多种因素的影响，每天的K线图走势也非常复杂，特别是我国股票市场还很不成熟，跟风买卖的现象非常明显，往往一些消息或传言都可能导致股价暴涨暴跌，这样就使得每种形态的形状并一定非常标准，投资者在进行形态分析时，只要能大体看出某种形态的特征即可以判定为该种形态。

站在不同的角度，对同一形态可能产生不同的解释。例如，头肩形是反转形态，但有时从更大的范围去观察，则有可能成为中途持续形态。且如上所述，由于K线的形态往往不是非常规则，不同的分析者面对同一张K线图，有可能判断为不同的形态。如在某只股票的K线上，由于K线图排列不太规则，有的人认为是双重底，而有的人认为是三重底。再比如，某股票K线组合上出现两个高点，一个高点比另一个高点高一些，但两高点差距小，有的人可能判断为双重顶，而有的人则可能判断为头肩顶。当然，这些判断虽然方向的判断上是一致的，但在操作上可能影响投资者的买卖时机。

进行实际操作时，形态理论要求形态完全明朗才能行动，从某种意义上讲，有错过机会的可能。例如，矩形整理形态是股价上升或下降到一定位置时的整理形态，其形状可能像 W 底或 M 项，也可能形成三重底或三重顶，从而演变成反转形态，如果投资者在趋势未明朗时进行买卖，则可能会方向判断失误，造成投资损失；而若等趋势明朗，则有可能错过在较高点卖出或更低点买进的时机。

同其他技术方法一样，不能把形态理论当成万能的工具，更不应将其作为金科玉律。形态分析得出的结论仅是一种参考。投资者在利用形态分析时，还应结合当时的市场环境和其他分析方法进行判断，以提高操作的成功率。

课后复习题

一、名词解释

整理形态　反转形态

二、单项选择题

1. （　　）大多是发生在一个大趋势进行的途中，它表示原有的趋势暂时处于休整阶段，之后还要随着原趋势的方向继续行动。

A. 对称三角形　　　　　B. 上升三角形　　　　C. 下降三角形

2. 股票价格在两条横着的水平直线之间上下波动的是（　　）。

A. 三角形　　　　　　　B. 矩形　　　　　　　C. 旗形　　　　　　　D. 楔形

3. （　　）大多发生在市场极度活跃、股价运动近乎直线上升或下降的情况下。

A. 三角形　　　　　　　B. 矩形　　　　　　　C. 旗形　　　　　　　D. 楔形

4. 大部分头肩顶的形成周期大约在（　　）个月，超过或少于这个周期都可能形成失败的头肩顶。

A. 1 ~ 2　　　　　　　　B. 3 ~ 6　　　　　　　C. 6 ~ 9　　　　　　　D. 9 ~ 12

5. 由两个高点和一个低点构成的形态为（　　）。

A. 头肩顶　　　　　　　B. 双重顶　　　　　　C. 三重顶　　　　　　D. 圆弧顶

三、多项选择题

1. 著名的整理形态有（　　）。

A. 三角形　　　　　　　B. 矩形　　　　　　　C. 旗形　　　　　　　D. 楔形

2. 反转形态主要有（　　）。

A. 头肩顶　　　　　　　B. 双重顶　　　　　　C. 三重顶

D. 圆弧顶　　　　　　　E. V 形顶

3. 在圆弧底的形态下，对于投资者来说，股票操作的方法正确的有（　　）。

A. 在股价刚刚探低企稳的初期到圆弧底还没有形成之前的这段走势中，投资者只能持币观望

B. 在圆弧底的底部形态形成以后，投资者不要轻易买卖股票做短差，而要以分批建仓为主

C. 在圆弧底向上突破的形态形成的时候，投资者应积极买入股票

D. 在圆弧底向上突破的形态形成的时候，投资者应积极卖出股票

4. 圆弧顶的研判要结合均线理论进行，以下说法正确的有（　　）。

A. 一旦股价向下突破高位盘整区域，短期均线已经向下空头排列，此时投资者就应开始买入股票

B. 一旦股价向下突破高位盘整区域，短期均线已经向下空头排列，此时投资者就应开始卖出股票

C. 一旦股价接着向下跌破股价的中长期均线，这意味着圆弧顶的形态更加被确认，投资者应坚决买入全部股票

D. 一旦股价接着向下跌破股价的中长期均线，这意味着圆弧顶的形态更加被确认，投资者应坚决卖出全部股票

5. M 头的市场含义包括（　　）。

A. 股价即将见顶回落

B. 股价将见底回升

C. 跌破颈线才确认跌势

D. 出现双头特征即可确认跌势

四、问答题

1. 一般情况下，V 形底形成的原因有哪些？

2. 在三重底形态中存在哪些买入点？

3. 应用形态理论应该注意哪些问题？

技能训练题

1. 观察下图，判断图中金杯电工（002533）两个方框中所示区域属于何种形态。

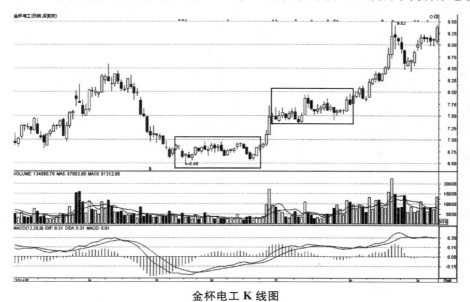

金杯电工 K 线图

2. 观察某只股票（上市时间 4 年以上）的历史 K 线走势图，从中寻找典型的顶部反转

形态和底部反转形态，并结合实际情况加以分析。

3. 下图是中国嘉陵（600887）2013 年 5 月 24 日至 2014 年 5 月 19 日的 K 线走势，仔细观察。

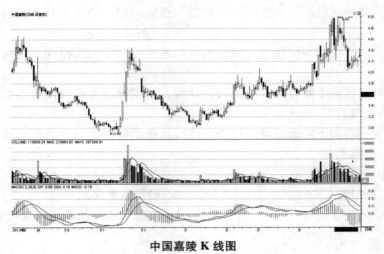

中国嘉陵 K 线图

回答以下问题：

（1）该图出现了哪些形态？

（2）根据形态理论指出合适的买卖时机。

波浪理论运用

学习目标

波浪理论继承了道氏理论，但艾略特波浪理论又向前迈进了一步，以帮助人们判明当前市场在其总体周期结构模式中所处的位置。通过本项目的教学，力求达到以下目标：

知识目标：

（1）掌握波浪理论的 8 浪形态及特征；

（2）掌握波浪的类型；

（3）熟悉牛市和熊市下波浪的形态。

能力目标：

（1）能手工画出一个完整的波浪；

（2）能以某只股票为例，标出其波浪形态；

（3）能运用波浪理论进行实战运用。

知识网络图

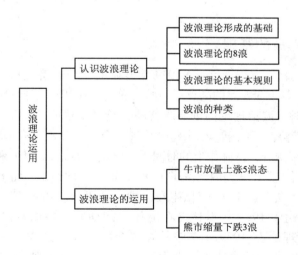

导入案例

艾略特和波浪理论

如果由我选出 21 世纪最有价值的发现，我会选"艾略特波浪理论"，因为它是自然界波动规律的一种近似"数学表达模型"。事实上，可能是运气的关系，瑞福·尼森·艾略特竟然在养病的三年期间，通过对道琼斯工业平均指数的仔细研究，发现我们现在所谓的"波浪理论"就像"高尔夫球落点问题"一样，我们已经无从知道艾略特是如何发现的，只能说是他的运气而已。

艾略特认为，人类的行为在某种意义上呈可认知的形态，不断变化的股价结构性形态反映了自然和谐之美。波动原理具有独特的价值，其主要特征是通用性及准确性。通用性表现在大部分时间里能对市场进行预测，许多人类的活动也都遵守波动原理。但是艾略特之研究立足于股市，因而股市上最常应用这一原理。准确性表现在运用波动原理分析市场变化方向时常常显示出惊人的准确率。

艾略特的研究大多数由一系列奇妙的训练有素的思维过程完成，其完整性和准确性适合于研究股市平均价格运动。在1940年，道琼斯工业指数才100左右，那时许多投资者认为道琼斯工业平均很难超过1929年达到峰顶。然而艾略特则预测在未来的数十年中将有一个很大的牛市，它将超过所有的预测和期望。后来艾略特在股市宏观及微观上的一些预测得到了历史的证实。

关于艾略特波动理论，哈米尔顿说过："当我们经历了许多难以想象与预测的经济景气变化，诸如经济萧条、大跌以及战后重建和经济繁荣等，我发现艾略特的波浪理论和现实经济的发展脉动之间竟是如此契合。对于艾略特波浪理论的分析、预测能力，我深具信心。"

思考："许多人类的活动也都遵守波动原理"，你能举例解释吗？对波浪理论运用于股市的合理性，你是如何看待的？

模块一　认识波浪理论

一、波浪理论形成的基础

波浪理论的初次亮相极富传奇色彩。1929年开始的全球经济危机引发了经济大萧条，美国股市在1929年10月创下386点的高点后开始大崩盘，到1932年仲夏时节，整个市场弥漫着一片绝望的气氛。这时，波浪理论的创始人艾略特给《美国投资周刊》主编格林斯发电报，明确指出长期下跌的走势已经结束，未来将会出现一个大牛市。当格林斯收到电报时，道琼斯30种工业指数已经大幅飙升，从邮戳上的时间看，电报就在道琼斯30种工业指数见底前两个小时发出。此后道琼斯指数在9周内上涨了100%，而且从此开始一路上扬。

波浪理论的创始人艾略特1871年出生在美国密苏里州。1896年，艾略特开始了其会计的职业生涯。由于生病于1927年退休。在退休养病期间，他揣摩出了股市行为理论，于1938年出版了《波浪理论》。1939年艾略特在《金融世界》杂志上一连发表了12篇文章，宣传自己的理论。1946年，他完成了波浪理论的大作《自然法则——宇宙的奥秘》。

艾略特认为，股票市场中的任何涨跌都属于长期波浪的片段。在宇宙中，任何自然现象都存在着一定的节奏，并且不断重复出现。艾略特从不可抗拒的循环变化中，记录股价的变化，做长期的研究。艾略特发现：一个较长周期的波浪，可以细分成小波浪，小波浪再分割成更小的细浪。波浪的模式会重复出现：一个完整的周期包含8种不同的走势，其中有5波推动浪及 3 波调整浪。推动浪包含 3 波上升浪及 2 波下跌浪；调整浪包含 2 波下跌浪及 1 波上升浪。当下跌浪的幅度较小时，上升浪的幅度会较大；当上升浪的幅度较小时，下跌浪的幅度会较大。这是艾略特对波浪理论的基本概述。

二、波浪理论的 8 浪

波浪理论作为描述股票市场运行趋势的一个重要技术分析理论，其描述的股票运行趋势贯穿于任何一个市场的任何股票中。不仅指数符合这一运行趋势，个股的运行趋势同样受到相应的影响。波浪理论也同样广泛地适用于期货、债券、外汇等市场当中。投资者可以根据股票周期性波动变化的特征，选择恰当的时机进出股票，并且获得投资收益。

构成波浪理论循环波动的波浪，从形态上看是典型的 8 浪特征。8 个股价波动的波浪形态，基本上已经包含了从股价波动的熊市行情到牛市行情的多数阶段。其中，前 5 个浪组成了股价最初上涨的牛市行情。而后 3 个浪组成了股价下跌的熊市行情，两者结合来看，就构成了股价波动的完整波浪理论形态。

在波浪理论的前 5 个浪当中，第一个浪表示第一个"推动浪"，而第二个浪是对第一个推动浪的调整，是一个"调整浪"。第三个浪、第五个浪又是一个"推动浪"，而对应的第四个浪是一个"调整浪"。对应的第六个浪、第七个浪、第八个浪是熊市当中的 3 浪，也可以叫作 A、B、C3 浪。这样 5 浪上升和 3 浪下跌构成了完整的波浪理论。

1 浪：作为牛市行情中的首浪，第一浪的出现并未完全改变市场上投资者的看空态度。因此，从股价的走势上来看，第一浪多数会在涨幅过大之后，重新下跌回落，并且成为一个蓄势待涨的恢复人气类型的浪。

2 浪：第一浪只是牛市行情的开端而已，空头不会就此罢休，第一浪过后的第二浪调整的幅度也会较大。在第二浪的调整过程中，成交量随着股价的下跌而出现不断萎缩的过程，会相应地出现很多诸如双底、三重底、V 形反转之类的见底回升信号，投资者就可以逢低买入股票了。

3 浪：作为牛市行情当中的一个大浪，第三浪具有极强的爆发性，是由不断创出新高的很多小浪组成的连续上涨的大浪。量能随着股价的上涨而不断膨胀是这个时候非常重要的特征，体现了多头不断看涨的良好前景。

4 浪：第四浪是对股价短期暴涨的调整，其间调整的幅度很大，并且投资者很难提前预计股价的调整幅度，但调整的最低价位应该不低于前期第一浪的高位。

5 浪：第五浪作为继第一浪、第三浪之后的推动浪，是股价创新高的动力来源，有一定的上涨空间后，股价通常会在一片乐观的氛围中见顶回落。

A 浪：多数投资者还沉浸在 5 浪拉升的行情当中时，股价已经逆转了方向，出现了紧随 5 浪而来的 A 浪。因此，在 A 浪出现的时候，多数投资者并未意识到行情的大逆转，股价调整的幅度不会过大，但是一定会破坏股价的上涨趋势。

B 浪：B 浪只是对股价见顶回落的 A 浪的一个小反弹行情。股价的上升空间也是非常有限的。而微不足道的缩量反弹行情却会吸引一些跟风盘继续买入股票，以至于最后的反弹成了众多投资者再次套牢的陷阱。

C 浪：B 浪之后出现的 C 浪是对熊市行情再一次的确认，股价疯狂的下跌过程还将持续。这个时候，市场中看多的投资者已经寥寥无几，C 浪持续的过程就是股价重新寻找底部的过程。艾略特8浪循环如图9-1所示。

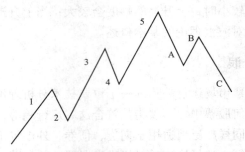

图9-1 艾略特基本8浪循环

图9-1中每一浪都可以由次一级的波浪构成，如图9-2所示。从图9-1中可以看出，规模最大的是处于第一层次的两个大浪，从起点L到顶点M是第一大浪，从顶点M到末点N是第二大浪，是第一大浪的调整浪。第一大浪和第二大浪又可以细分成5浪和3浪，共8浪。

第一大浪可以分成（1）、（2）、（3）、（4）和（5）五个浪，第二大浪可以分成（a）、（b）、（c）三个浪，这8浪是规模处于第二层次的大浪。

第二层次的大浪又可以细分成第三层次的小浪，这就是图中的各个1、2、3、4、5及a、b、c，这样的小浪共有34个。

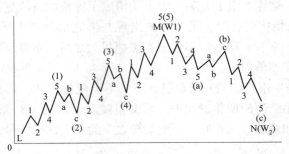

图9-2 波浪的合并与细分

> **做一做**
>
> 以小组为单位，完成以下任务：
> （1）小组每个人画出一个完整的基本波浪图，老师现场计时，并公布用时排名。
> （2）小组之间交叉打分，认为画得不对的可圈出，评分人要写下姓名。
> （3）计算每组总分，进行得分排名。给出两个排名权重，得出最终获胜者。
> （4）老师点评和总结，最后以做游戏的形式，用"人浪"演绎波浪理论的8浪形态。

三、波浪理论的基本规则

波浪理论的基本规则有四条：

规则一：波浪理论中的三个推动浪（第一浪、第二浪、第三浪）中，第三浪是牛市开始后一个真正的推动浪，上涨幅度也是最值得期待的。投资者真正获得投资收益的阶段也有很大的概率会出现在第三浪中。

规则二：波浪理论中的第四浪的底部，绝不可以低于第一浪的顶部。原因很简单，既然波浪理论中的第五浪出现在牛市行情当中，并且第三浪这个推动浪过后，股价即使出现了第四浪的调整，也不应该破坏牛市行情的大趋势，因此，第四浪调整的低点价位不能低于第一浪的最高价位。

规则三：第二浪和第四浪属于调整浪，既然股价在不断调整，那么其运行趋势就有很大的不确定性。投资者在判断当时股价运行状况的时候，也应该更加注重股价的波动形态，而不必过分强调其调整的过程。

规则四：调整浪的下跌幅度是不可预测的，第二浪的下跌幅度可能会小一些，而第四浪的调整空间往往是比较大的。经过第三浪的疯狂拉升之后，股价经常会以几乎不受约束的形式见顶回落。

以上所说的四条规则中，前两条是最基本的规则。只有股价的运行趋势符合了这两条规则，后市真正的波浪形的走势才是比较期待的。后两个规则如果也能够被投资者灵活运用，获得收益就是可期的。

四、波浪的种类

（一）推动浪

不论是上升浪或下跌浪，推动其趋势前进都称为"推动浪"。推动浪都是 5 浪形式，而调整浪都是 3 浪形式，这是区别推动浪与调整浪最简单的方法。上升推动浪的模式为三升二跌，下跌推动浪的模式为三跌二升。而上升推动浪的变化比较多，主要有三种：延长浪、楔形、失败形态。

1. 延长浪

每个波浪可以分割成下一等级的小波浪，也可能不规则地出现延长的情况。这种被下一等级子浪拉长了的推动浪称为延长浪，如图 9 – 3 所示。并不是每一个推动浪都会出现延长浪。延长浪容易在第一、三、五浪出现。

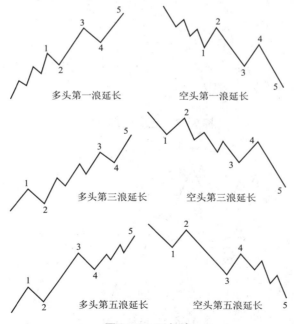

图 9 – 3　延长浪

2. 楔形

在上涨或下跌的行情中，当股价运行至第五浪时，不论是顶部还是底部，只要其成交量逐渐递减，股价波动开始减小，往往会形成"倾斜三角形"即楔形，如图9-4所示。这种股价形态是第五浪的一种延长模式，当楔形发生在顶部时，表示股价即将向下反转；当楔形发生在底部时，表示股价即将向上反转。所以在观察股价走势末期时，应特别注意楔形形态，因为楔形形态暗示股价走势将发生反转。

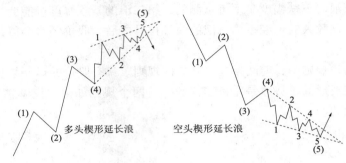

多头楔形延长浪　　　空头楔形延长浪

图9-4　楔形

3. 失败形态

艾略特用"失败"一词来形容第五浪没有超过第三浪终点的情况。失败形态通常在超强势的第三浪之后出现。当股价走出这种形态时，表明市场并不强劲，无法达到技术分析的目标位。在面对这种波浪的失败形态时，也可以用形态学中的"双顶"与"双底"来分析判断，如图9-5和图9-6所示。

图9-5　上升第五浪失败

图9-6　下降第五浪失败

（二）调整浪

在波浪理论中，比较容易区分推动浪的趋势与波浪。而调整浪的划分是比较困难的，调整浪的变化比推动浪多，并且调整浪在运行中常会以复式形态出现。股价在调整浪运行过程中几乎很难数清调整浪，必须等到其运行完成之后才能区分。变化多端的调整浪大致可分为以下三种结构形态。

1. 曲折型

上升（下降）行情中的曲折型调整浪是简单的 3 浪下跌（上攻）模式，标为 A、B、C 浪。其子浪的顺序是 5 – 3 – 5 模式，其 B 浪的高点（低点）应明显比 A 浪的起点低（高），如图 9 – 7 所示。

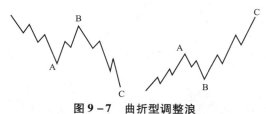

图 9 – 7　曲折型调整浪

2. 平坦型

平坦型调整浪与曲折型调整浪的区别在于子浪的序列是 3 – 3 – 5 形式，由于 A 浪不能像曲折型调整浪那样展开一个完整的 5 浪结构，那么 B 浪的反弹力度相对曲折型调整浪大。随之而来的 C 浪与 A 浪的终点也相差不远，而不像曲折型调整浪中那样明显超过 A 浪终点的位置结束，如图 9 – 8 所示。

平坦型调整浪对前面推动浪的回调幅度比曲折型调整浪小。平坦型调整浪通常在强势中展开，因此，它们的前后总是出现延长浪。股价的走势越强，平坦型调整的时间越短。在第四浪中常出现平坦型调整浪，而第二浪中则很少出现。以上只是平坦型调整浪的总体特征。

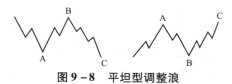

图 9 – 8　平坦型调整浪

3. 三角型

三角型调整浪反映的是一种力量的平衡，这种平衡导致了成交量和价格振幅都逐渐减小的盘整。三角型调整浪包含五个重叠的 3 – 3 – 3 – 3 – 3 子浪，其中又包含上升、下降、收缩、扩散四种变化，如图 9 – 9 所示。实际上这四种变化就是形态学中介绍的三角形与喇叭形整理。由此可见，技术分析各种理论息息相关。

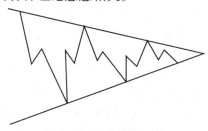

图 9 – 9　三角型调整浪

三角型调整浪一般都出现在第四浪或者调整结构中的 B 浪。如果三角型调整浪在第四浪的位置发生，那么第五浪突破后运行幅度等于三角型调整浪的最宽距离。这与形态学中的突破三角型后的理论目标位完全吻合。

做一做

下图为江淮汽车（600418）某阶段的月 K 线：

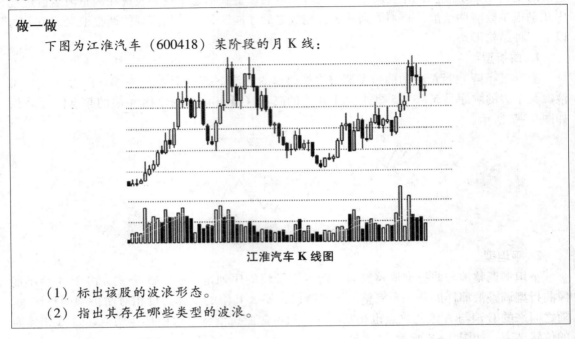

江淮汽车 K 线图

（1）标出该股的波浪形态。

（2）指出其存在哪些类型的波浪。

模块二　波浪理论的运用

一、牛市放量上涨 5 浪

波浪理论中，股价在前 5 浪震荡上涨的过程中，成交量不断放大是很健康的牛市行情。不管第二浪、第四浪的调整幅度有多么大，股价总是要上涨的，短暂的回调是多、空双方再次展开争夺的表现，最后的结局一定是多方继续掌握上涨趋势的主动权。既然多方可以掌握行情的主动权，量能会随着市场中人气的聚集而不断放大，投资者可以沿着量价齐增配合RSI 指数的这条主线来操作股票。

下面就针对上升 5 浪中每个浪的走势，说一下成交量结合 RSI 指数与波浪走势的关系。

1 浪：量能稳步抬高，股价蓄势待涨

1 浪是股价上涨的起始阶段，也是波浪中的垫底浪。放量上涨是这一浪的大趋势。即便股价真的已经告别熊市行情，也只是少数投资者在做，更多的人处于观望之中。反映在波浪的形态上，这一波的上涨行情也只能是一段筑底过程，股价会在众多投资者惯性做空的影响下迎来跌幅较大的 2 浪，投资者要对这种即将到来的调整有所准备。1 浪也是投资者第一个低位建仓的机会，多、空双方争夺最为激烈的时候也出现在 1 浪当中。

如图 9－10 所示，华鲁恒升在 2005 年年底顺利进入牛市，形成了突破牛市的艾略特 8浪循环中的 1 浪。从指数的日 K 线走势来看，指数顺利地突破了 30 日均线以及 60 日均线的压制，是 1 浪行情形成的重要标志。

从成交量上来看，长期以来的缩量趋势被缓慢打破，也正是成交量的放大才导致指数顺利完成了 1 浪的拉升。

最后，从 RSI 指标上来看，该指标顺利地站在了 50 线以上，正是股票走强的重要标志。前期 RSI 指标也曾有过大的上涨，但是终究没有站稳 50 线。这次 50 线被顺利地突破之后，代表多方在今后占据主动地位，市场将由此进入牛市行情。

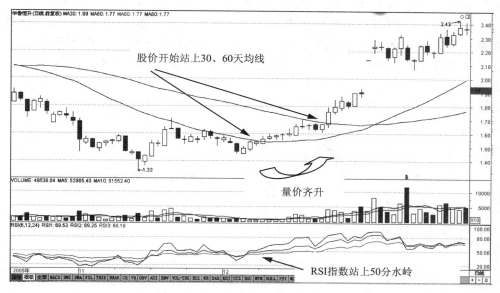

图 9 - 10　华鲁恒升 1 浪形态

大家也可以注意到，该股的第一浪行情是一个标准包含 5 浪的延长浪，如图 9 - 11 所示。

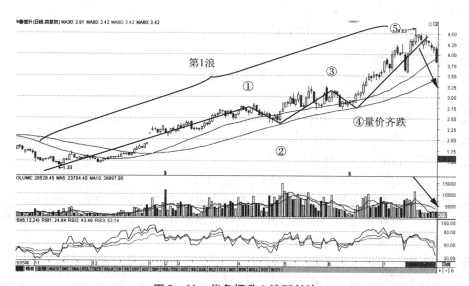

图 9 - 11　华鲁恒升 1 浪延长浪

2 浪：牛市前的第一次较量

波浪理论中的第 2 浪对多方的打击是空前的，其原因是多数投资者并未真正摆脱熊市的思维习惯，即便放量上涨的牛市开端期间，也没能使他们放弃做空的惯性思维。从成交量上看，没有多大的量能支撑股价继续走低，这就是筑底待涨的过程，筑底完成后通常可以见到双底、三重底甚至 V 形反转等形态，它们都是市场再次走强的征兆。

如图 9 - 11 所示，华鲁恒升这只股票在创出 4.63 的新高后，随着大盘下跌也出现了回调，从成交量上看也开始萎缩，但是股价的跌幅却不是很大，这样 8 浪循环中的 1 浪上涨行情就告一个段落，该股即将迎来 2 浪的调整行情。如图 9 - 12 所示，华鲁恒升在创新高后开始牛市的第一轮调整，迎来 2 浪，对应的成交量与股价都呈现出了萎缩的状态，从 RSI 指标上来看，2 浪的调整过程中该指标在 50 线处不断震荡，而没有持续下跌。

根据前面所学知识，我们可以看出华鲁恒升的 2 浪属于平坦型调整浪（3 - 3 - 5）。

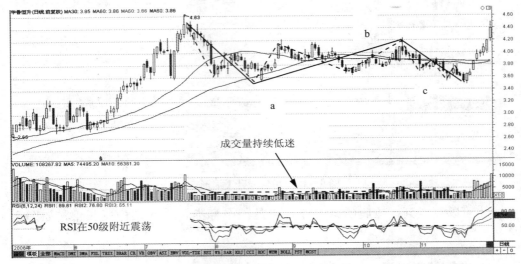

图 9 - 12　华鲁恒升 2 浪形态

3 浪：真正的带量上涨行情

3 浪与 1 浪虽然同属驱动浪，但是却有很大的不同。相对于今后的牛市行情，1 浪充其量是一个放量上涨的小反弹，股价小幅度上涨。而经过 2 浪的缩量调整之后，3 浪的发展就有了多数的投资者参与进来，并且同时推动股价放量上涨。可以这么说，3 浪不论在上升行情持续的时间上，还是累计上升幅度上，都是空前绝后的。错过了这一波放量上涨的大行情，再想要出现同样的牛市行情就非常不容易了。

3 浪的发展过程中，成交量会不断膨胀，股价也随之不断上移。股价这会儿的上涨不仅是已经完成建仓动作的主力所为，更是众多的投资者在股价上涨的过程中完成建仓的结果，极具人气的牛市行情在 3 浪中得到充分的体现，市场的狂热是多头沉默已久的爆发性追涨所致。投资者可以在 3 浪中大胆地做多。

如图 9 - 13 所示，该股的 3 浪牛市行情走势在 2 浪缩量调整完成之后又开始了。成交量持续放大，股价不断创新高，牛市行情将不断延续，投资者不需要猜测具体的顶部在哪里，只需要在上涨动力不足、出货信号出现的时候出货即可。

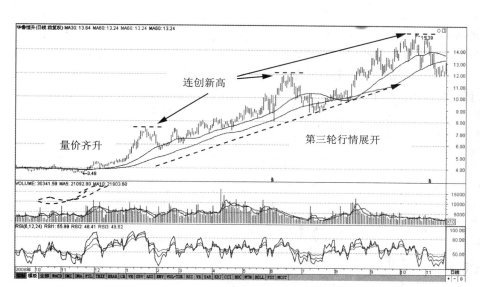

图9-13 华鲁恒升3浪形态

图9-14显示的是该股完整的第三浪，同样此推动浪包含5浪延长浪。

4浪：多方获利出局

4浪与2浪相似，也是以一个调整浪的形式出现，而造成2浪和4浪下跌调整的原因却并不相同：2浪出现在熊市1浪上升过后，其原因更多的是投资者解套和获利恐高后的抛售行为，只是短期的缩量下跌，并不具备将股价打压至底部的强度；4浪的出现，经过3浪近乎疯狂的暴涨拉升，牛市行情已经不仅限于雏形状态了，而是进一步加强。大涨之后，多数的投资者已经获得了市场给予的丰厚投资回报，在高位主动出货兑现利润，是股价在3浪之后下跌的主要原因。

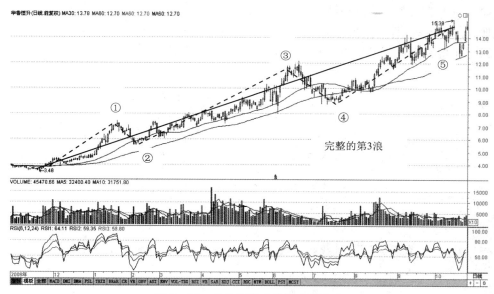

图9-14 华鲁恒升完整的3浪形态

虽然是获利的多方主动性抛盘所致的股价下跌，但是却没有进一步跌破前期高位的可能，因为3浪的大牛市刚刚走完，4浪的调整幅度再大也不至于转眼间即进入熊市。可能性更大的情况是：股价缩量下跌形成三角形的整理形态，并且在前期1浪的顶部再次企稳回升，这就是 4 浪的调整。

如图 9-15 所示，该股经过 3 浪的上涨，摸到最高价 15.39 元之后遭遇四连阴，之后"红三兵"三连阳试图收回失地，但是股价并未突破前期高点，反而形成双顶。从成交量上来看，量能在三连阳中开始萎缩。该股能否再创新高，是很值得怀疑的事情。市场虽然没有转向的信号，但是上涨的动力显然不足，后市下跌可能性较大。

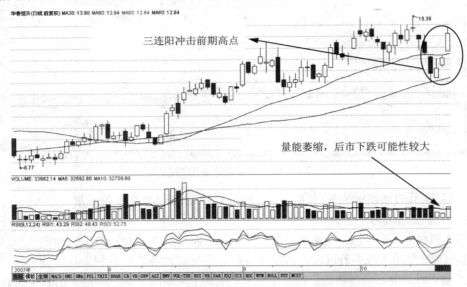

图 9-15　华鲁恒升 4 浪调整形态

如图 9-16 所示，该股在接下来的一段时间里不断缩量走低，RSI 指数在 50 以下徘徊。该股前一阶段的 3 浪飙涨行情已经结束，等待 4 浪调整到位之后再买入股票是投资者的最佳选择。该股在一根下影很长的阴线的支撑下，一根光头光脚大阳线宣告反弹走势的开始。4 浪的持续下跌走势将因此而受到抑制，震荡中再次放量，是该股最后一个拉升浪——5 浪的开始。

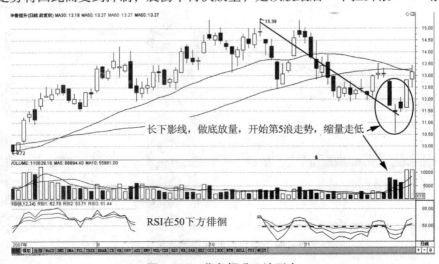

图 9-16　华鲁恒升 4 浪形态

5 浪：多方穷途末路

5 浪虽然算是波浪理论中的三大推动浪之一，但一般从上涨的幅度来看，与 3 浪有较大的差距，反映在成交量上，也是缩量的状态。可以说5浪是牛市中投资者热情的小高涨，但却上涨乏力的最后一波拉升行情。5浪时股价的上涨有时更为疯狂，但是市场整体的涨幅却不是很大。在前期涨幅不大的个股，将在5浪的飙涨行情中被充分地挖掘，市场就是在热点板块充分上涨之后开始见顶回落的。

　　5浪见顶的过程，起初是有一定的成交量配合的。而随着股价的重心不断上移，成交量开始产生背离。无量推动的市场必然是以下跌作为结尾的。多、空双方经过争夺之后，见顶回落成为必然。股价突破支撑线的时候，就是牛市行情结束的时刻。一旦市场不能够延续前期的牛市行情，5浪结束之后的上浪下跌幅度将是空前的。

　　如图9–17所示，华鲁恒升告别4浪的调控之后，在图9–17中出现了新5浪上涨的走势，但是成交量却有小幅萎缩。在这次的上涨过程中，该股又一次达到了新高21.50元，涨幅高达100%。但是股价创新高之后迅速回落，快速跌破支撑位，预示着5浪行情的结束，牛、熊市将在这个位置发生转换。

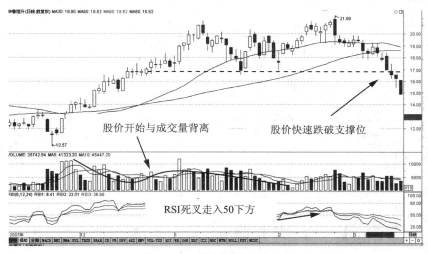

图9–17　华鲁恒升5浪形态

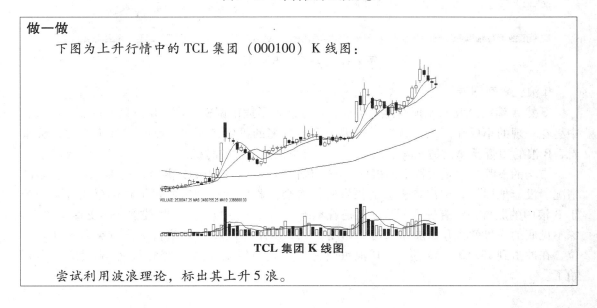

做一做

　　下图为上升行情中的TCL集团（000100）K线图：

TCL集团K线图

　　尝试利用波浪理论，标出其上升5浪。

二、熊市缩量下跌 3 浪

A 浪：市场反转的逆流

5 浪之后出现的 A 浪调整行情，并不被多数的投资者看成是市场转势的形态，他们认为其充其量只是一个调整行情罢了。从形态上看，A 浪的三角形整理或者是横向调整的行情，通常会与随之而来的 B 浪再次下跌的行情融合。股价在 A 浪的下跌行情中，究竟能够走多远要看市场的估值水平，或者说是市场的做空动能和基本面的情况了。

A 浪的下跌幅度虽然不一定很大，但是却给投资者一个见顶的显著信号，市场的方向由此将发生实质性的变化。如图 9 – 18 所示，该股的 A 浪行情从创新高之后便已经显现出来，在前期该股冲击最高价时构造箱体的底边位置已经是投资者不错的出货机会了。A 浪在下跌探底位置的价位时，显然是相比前期 3 浪的最高价位低了，这也证明该股的 A 浪行情不是什么主力洗盘的行为，该股以后的熊途就开始了。

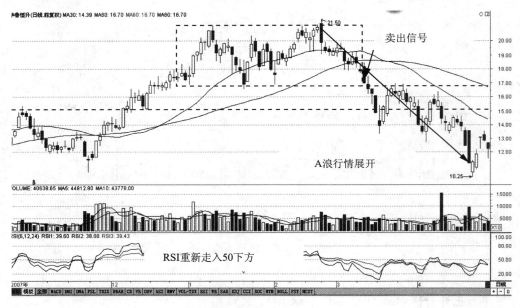

图 9 – 18　华鲁恒升 A 浪形态

B 浪：短暂回调

既然 A 浪已经开始见顶回落，市场就已经进入了熊市调整阶段，B 浪只不过算是调整途中昙花一现的小反弹而已，跌势不会因为少数看多的投资者而出现变化。从市场的走势来看，B 浪的短暂反弹也是充满了陷阱，应该恰当把握出货的时机。

市场的下跌过程是大概率的事件，而上涨的空间是非常小的，并且没有多方一致看多的情况。没能把握住 B 浪出货机会的投资者，将会面临股价在今后放量下跌的巨大风险。处于 B 浪中的股价，没有进入下跌之前是看不出来其破坏性的，一旦跌破重要的支撑位置后，深不见底的跌势就将开始加速进行。如图 9 – 19 所示，该股的 B 浪行情没有突破前期阻力位，在冲击到 17.50 元位置时，B 浪也就完成了它短暂反弹的"使命"，C 浪紧随其后开始了。

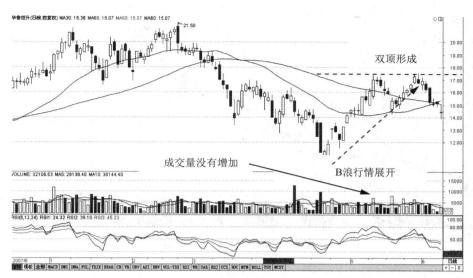

图9-19 华鲁恒升B浪形态

C浪：破坏力超强的跌势

8浪循环的过程中，C浪是最后一浪，也是极具破坏力的一波下跌行情。在这波下跌行情中，更多的投资者意识到了股价已经反弹无望，而转向卖出股票的操作。除了抛售股票的投资者外，剩下的投资者几乎都是采取观望的消极态度对待跌势。这样下去，市场在短期内是很难见底回升的。如图9-20所示，出现C浪的时候，不仅仅是技术面的见顶回落，还有基本面的持续打压，两者同时对投资者的心理施加压力，市场恐慌性的抛售股票在所难免，股价持续回落后跌势将是非常漫长的。

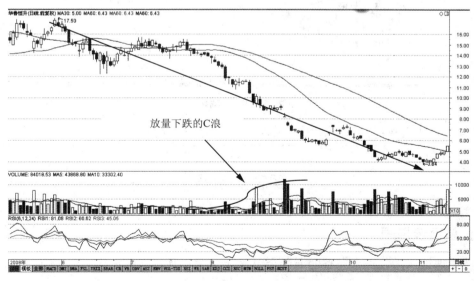

图9-20 华鲁恒升C浪形态

如图9-21所示，在该股的整个8浪循环过程中，股价随着成交量从放大见顶再到最后的缩量下跌，经历了一个"山丘状"的形态。这个形态显然是与股价的"过山车"式的8浪循环对应了。

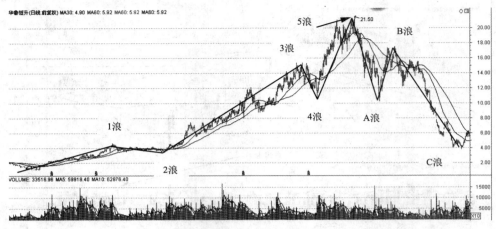

图 9 – 21　华鲁恒升 8 浪形态

做一做

　　下图为天地源（600655）的 K 线图：

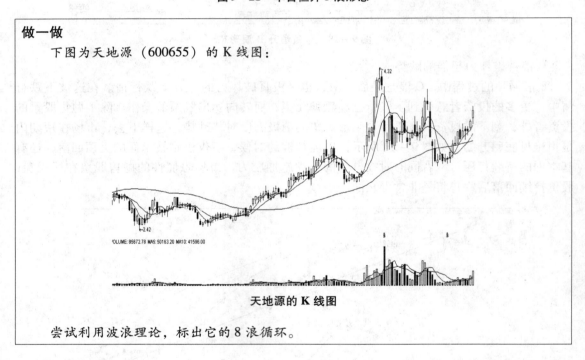

天地源的 K 线图

　　尝试利用波浪理论，标出它的 8 浪循环。

课后复习题

一、单项选择题

1. 波浪理论认为，一个完整的周期会包含（　　）种不同的走势。

A. 5　　　　　　　　　B. 6　　　　　　　　　C. 7　　　　　　　　　D. 8

2. （　　）暗示股价走势将发生反转。

A. 延长浪　　　　　　B. 楔形　　　　　　　C. 失败形态　　　　　D. 成功形态

3. 当楔形发生在顶部时，表示股价即将（　　）反转。

A. 向上　　　　　　　B. 向下

4. 股价的走势越强，平坦形调整的时间越（　　）。

A. 长　　　　　　　　B. 短

5. 波浪理论中，股价在前5浪震荡上涨的过程中，成交量不断放大是（　　）行情。

A. 牛市　　　　　　　B. 熊市

二、多项选择题

1. 波浪理论中，上升推动浪的变化比较多，主要有（　　）。

A. 延长浪　　　　B. 楔形　　　　　C. 失败形态　　　D. 成功形态

2. 变化多端的调整浪大致可分为（　　）结构形态。

A. 曲折型　　　　B. 平坦型　　　　C. 三角型　　　D. 楔型

3. 三角型调整浪包含五个重叠的3－3－3－3－3子浪，其中又包含（　　）变化。

A. 上升　　　　　B. 下降　　　　　C. 收缩　　　　D. 扩散

技能训练题

1. 仔细观察下图中股价的走势，利用波浪理论分析下跌浪的形态和结构，并预测该股股价的后续走势。

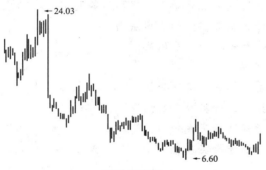

股价走势图

2. 仔细观察下图中的上升浪，用波浪理论的知识分析该上升浪的形态和具体构成。

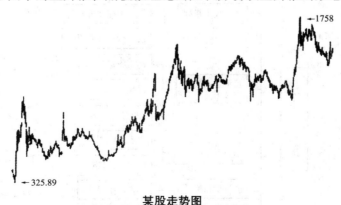

某股走势图

技术指标理论运用

技术指标理论是运用历史交易数据，通过一定的数学模型，构建反映市场及个股某一方面信息的指标，从而研判证券行情的一种重要的技术方法。通过本项目的教学，力求达到以下目标：

知识目标：

（1）掌握技术指标理论分析要点、主要类型；

（2）熟悉 KDJ 指标、威廉指标、相对强弱指标等超买超卖型指标应用法则；

（3）熟悉均线指标、指数平滑异动平均线指标等趋势型指标应用法则；

（4）熟悉心理线指标等能量型指标应用法则；

（5）熟悉腾落指标等大势型指标应用法则。

技能目标：

（1）能运用超买超卖指标进行实战分析；

（2）能运用趋势型指标进行实战分析；

（3）能运用能量型指标进行实战分析；

（4）能运用大势型指标进行实战分析。

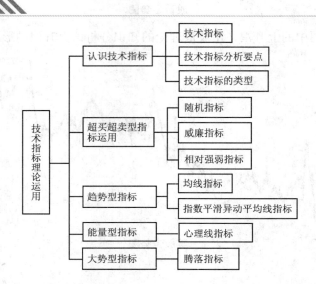

MACD 技术指标的故事

　　小王是个新股民，初入股市的他对于各种技术指标还颇感困惑，看到行情软件中的上百种技术指标，决心学习几种，于是向客户经理请教 MACD 指标的用法。客户经理说："MACD 指标最重要的是关注交叉点与背离，这些是 MACD 发出的买卖股票的重要信号。"小王还是很困惑："未来难度不是未知的吗？为什么这些指标能发出买卖信号呢？"客户经理说："看来你需要深入认识一下技术指标了，学习下指标的计算方法，你就会懂了。"

　　思考：小王的困惑有道理吗？客户经理说得正确吗？

模块一　认识技术指标理论

一、技术指标

　　技术指标是由价格、成交量、涨跌股票数及涨跌时间等运用数学上的计算方式计算而得的。运用技术指标分析比图形分析更加准确。

　　产生技术指标的方法有：数学模型法和叙述法。数学模型法是考虑市场行为的各个方面，建立一个数学模型，给出数学上的计算公式，得到一个体现股票市场某个方面内在实质的数字。一般说来，大多数的技术指标是通过数学模型法、利用计算机计算所得的。叙述法是通过文字说明、得出某种结论的方法。我们主要介绍数学模型法计算得出的技术指标。

二、技术指标分析要点

　　在一般情况下，技术指标分析的要点在于，如何灵活运用技术指标的背离、交叉、高位和低位、徘徊、转折、盲区等特殊情形。

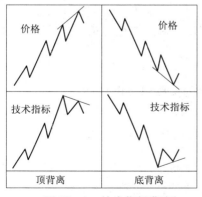

图 10 - 1　技术指标背离

1. 指标的背离

　　指标的背离指技术指标曲线的波动方向与价格曲线的波动方向不一致。如果价格创新低而技术指标不创新低，就称为底背离，股价看涨；如果价格创新高而技术指标不创新高，就称为顶背离，股价看跌，如图 10 - 1 所示。

2. 指标的交叉

　　技术指标的交叉是指技术指标图形中的两条曲线发生交叉的现象，分为黄金交叉和死亡交叉。它表明多、空双方力量发生改变。黄金交叉预示股价上涨；死亡交叉预示股价下跌，如图 10 - 2 所示。

3. 指标的高位和低位

　　技术指标的高位和低位是指技术指标进入超买、超卖区。指标超买应卖出证券；指标超卖应买入证券。

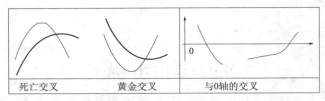

图 10 - 2　技术指标交叉

4. 指标单位徘徊

指标单位徘徊指技术指标没有明确的方向，反映证券价格在某一价位上盘整，等待突破。

5. 指标的转折

指标的转折指技术指标曲线在顶部或底部掉头，它表明一种趋势结束，另一种趋势开始。

6. 指标的盲点

指标的盲点指在多数情况下技术指标无能为力，不能发出买卖信号，所以应注意多种技术指标的组合运用。

三、技术指标的类型

目前，证券市场上的各种技术指标数不胜数，大致可分为以下三类。

1. 超买超卖型指标

它是买卖双方的力量对比。买卖双方力量是价格变动的直接推动力。买方力量强，则价涨；卖方力量强，则价跌。可通过比较一段时间内价格涨跌的规律性分析买卖盘的实力和意向，进而判断股价的变动趋势。超买超卖型指标如随机指数（KDJ）、威廉指标（WR）、相对强弱指数（RSI）、变动速率指标（ROC）、背离率（BIAS）、顺势指标（CCI）等。

2. 趋势型指标

它是采用移动平均的方法计算而得的价格平均数，代表某段时期内证券价格的平均走势。趋势型指标可以结合道氏理论，在实战中发挥趋势预测功能。趋势型指标如均线指标（MA）、平滑异同移动平均线（MACD）等指标。

3. 能量型指标

一切外部力量对证券价格的作用最终集中体现在资金的增减变化之上，而资金的流向又通过成交量表现出来，所以成交量是价格的先行指标和推动力。市场价格变动必须有量的配合，价格升降而成交量不相应升降，则市场价格变化趋势难以维持。能量型指标如心理线指标（PSY）、成交量变异率指标（VR）等。

4. 大势型指标

大势型指标一般用来判断大盘的走势。通过大盘中个股的涨跌可判断多空双方的态势，它对整体趋势研判性更强，但在一般情况下无法在个股中采用。

四、技术指标运用注意事项

技术指标是一批工具，每种工具都有自己的适用环境，效果自然时好时坏。

使用指标常犯的错误：①机械地照搬结论，而不管这些结论成立的条件和可能发生的意外：首先是盲目地绝对相信技术指标，出了错误以后，又走向另一个极端，认为技术指标一点用没有。②频繁地使用技术指标：其实技术指标能够发生作用的时间极少，一年之内，一个技术指标能够发出信号的次数大约为 5 次。

　　了解每个技术指标是很有必要的，但是众多的技术指标，我们不可能都考虑到，而且每个指标预测行情的能力和准确程度是有区别的。通常应该以 4~5 个指标为主，而这 4~5 个指标的选择因人而异。

模块二　超买超卖型指标运用

本模块重点介绍随机指标、威廉指标、相对强弱指标等超买超卖型指标的应用。

一、随机指标

　　随机指标即为 KDJ 指标，其共有三根线：K 线、D 线及 J 线，最早起源于期货市场，由乔治·莱恩（George Lane）首创。随机指标 KDJ 最早是以 KD 指标的形式出现的，其融合了威廉指标及移动平均线概念，形成比较准确的买卖信号依据。在实践中，K 线与 D 线配合 J 线组成 KDJ 指标来使用。KDJ 指标在设计过程中兼顾了最高价、最低价和收盘价之间的关系，同时融合了动量观念、强弱指标和移动平均线的一些优点。因此被广泛用于股市的中短期趋势分析，是期货和股票市场上最常用的技术分析工具。

1. KDJ 指标的计算方法

　　在行情软件中通常默认以 KDJ（9，3，3）的形式出现，即参数默认设置为 9，3，3，即 RSV 参数为 9，K 参数为 3，J 参数为 3。在计算 KDJ 值之前，应先产生未成熟随机值 RSV（Row Stochastic Value），其计算方法为

$$RSV（n）= \frac{C_t - L_n}{H_n - L_n} \times 100$$

　　其中，C_t 表示 t 日的收盘价，H_n，L_n 分别为最近 n 日（包括当天）出现的最高价与最低价，n 则为选定的参数时间，一般默认为 9 日。RSV 指标主要用来分析市场是处于"超买"还是"超卖"状态：RSV 高于 80% 时，市场即为超买状况，行情即将见顶，应当考虑出仓；RSV 低于 20% 时，市场为超卖状况，行情即将见底，此时考虑加仓。

$$K 值 = \frac{2}{3} \times 前一日 K 值 + \frac{1}{3} \times 当日 RSV$$

$$D 值 = \frac{2}{3} \times 前一日 D 值 + \frac{1}{3} \times 当日 K 值$$

$$J 值 = 3 \times K - 2 \times D$$

　　在 KDJ 指标中，K 值和 D 值的取值范围都是 0~100，而 J 值的取值范围可以超过 100 和低于 0，由于 D 值是对 K 值的再平均，J 值为 K 值与 D 值的线性组合，因此就敏感性而言，J 值最强，K 值次之，D 值最慢；而就安全性而言，J 值最差，K 值次之，D 值最稳。

2. KDJ 指标的应用法则

（1）超买超卖的判断

　　K、D、J 值的高低反映了市场中超买超卖的状态。如 K、D 值皆大于 80 时，表明市场处于超买的状态；K、D 值皆小于 20 时，表明市场处于超卖的状态。J 值处于 0~100 时为正常区域，当 J 值小于 0 时为超卖状态，大于 100 时为超买状态。超买状态表示买的力量接近饱和，是对某种股票的过度买入，股价则面临下调的压力；超卖状态表示卖方的力量接近饱和，是对某种股票的过度卖出，股价具有反弹上涨的动力。

（2）KD 曲线的交叉

一般认为 K 线从下上穿 D 线是黄金交叉，为买入信号，K 线从上向下穿破 D 线为死亡交叉。具体而言，股价长期处于低位盘整，一旦 K 线自下上穿 D 线，则是金叉，即为买入的信号；当股价处于高位盘整时，K 线自上而下穿破 D 线，即为死叉，为卖出的信号。KD 线反应过于敏感，因此需与其他指标共同分析，以增强其信号指示的准确性。

（3）KDJ 线的形态分析

当 KD 指标在较高或较低的位置形成了头肩形和多重顶（底）时，则是按照反转形态的方法来判断。这些形态处于的位置越高或者越低，其结论往往越准确。

（4）KDJ 指标的背离

当 KD 值处在高位或低位，如果出现与股价走向的背离，则是采取行动的信号。当 KD 值处在高位，并逐渐下降，而此时股价还在上涨，就构成了顶背离，说明上升趋势已经有发生反转的征兆，是卖出的信号；与之相反，KD 值处在低位，并形成上升趋势，而股价还继续下跌，就构成底背离，说明下降趋势即将反转向上，是买入信号，也是趁低买入的信号。

3. KDJ 指标的缺陷

背离陷阱包括顶背离陷阱与底背离陷阱，是指估计在 KDJ 指标出现背离时并未出现预期的反转或者反弹。判断顶背离陷阱的方法是观察 KD 线是否突破了现有的压力线；判断底背离陷阱的方法是观察在其背离进程中是否有成交量的确认。股价在低位，KDJ 指标也在低位（50 以下）出现底背离时，一般要反复出现几次底背离才能确认。

KDJ 指标反应过于灵敏，会频繁发出买卖信号。如在股票单边趋势性上涨时，KDJ 指标会不断处于超买区域，导致很多投资者提前卖出；也可能股价小幅回调使 KDJ 指标高位快速大幅回落，造成投资者恐慌性卖出。在单边趋势性下跌时，KDJ 指标也会不断发出买卖信号，这给投资者的实际操作造成了很大的困难。

因此，在使用 KDJ 指标的同时，应结合其他技术指标综合判断。

4. 图文实例

KDJ 指标的实例如图 10-3、图 10-4 所示。

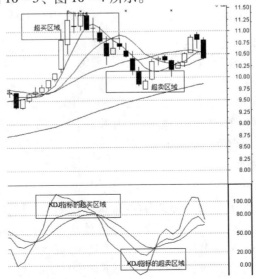

图 10-3　KDJ 指标的超买超卖区域

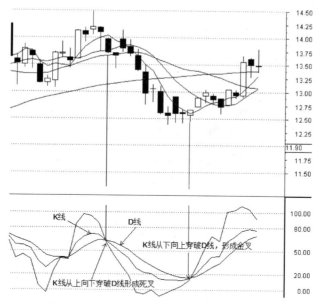

图 10 – 4   KDJ 曲线形成的买入和卖出信号

二、威廉指标

威廉指标即 WR 指标，又称威廉超买超卖指标，是由拉里·威廉（Larry Williams）创造的。威廉指标利用震荡点来反映市场的超买超卖行为，衡量多空双方在一定区间内创出的峰值距每天收盘价的距离与一定时间内的股价震动幅度的比例，分析多空双方力量的对比，以研判市场短期行为的走势。

1. WR 指标的计算方法

WR 指标利用分析区间内的最高价、最低价及最新收盘价之间的位置关系分析当前多空力量对比。

$$WR = \frac{H_n - C_t}{H_n - L_n} \times 100$$

C_t 表示当天的收盘价；H_n，L_n 分别为最近 n 日内（包括当天）出现的最高价和最低价；n 为选定的时间参数，一般为 10 日和 6 日，该参数由使用者根据实际需要设置。

2. WR 指标的原理

威廉指标的值介于 0 ~ 100，收盘价的位置越靠近区间最高价，WR 指标越小，则处于超买的状态；越接近最低价，WR 值越大，则处于超卖的状态。

3. WR 指标的应用法则

WR 的取值介于 0 ~ 100，以 50 为中轴将其分为上下两个区域。在上半区，WR 指标大于 50，表示行情处于弱势；在下半区，WR 指标小于 50，表示行情处于强势。当 WR 指标高于 80，即处于超卖状态，行情即将见底，应当考虑买进；当 WR 指标低于 20，即处于超买状态，行情即将见顶，应当考虑卖出。

当 WR 指标进入低位后，股价一般要回头，如果股价继续上升就产生了顶背离，是卖出信号；在 WR 指标进入高位后，如果股价继续下降就产生了底背离，是买进信号。

当 WR 指标连续四次触及高位区域或者连续四次触及低位区域时，股价短线见底或见顶的信号最为明确。

4. 图文实例

WR 指标的实例如图 10 – 5、图 10 – 6 所示。

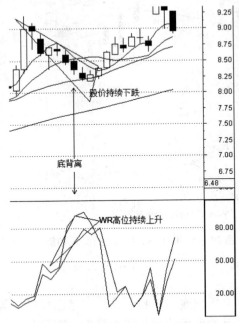

图 10 – 5   WR 指标的买入信号

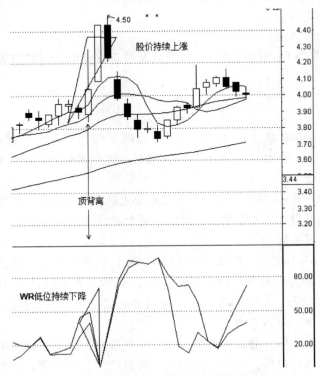

图 10 – 6   WR 指标的卖出信号

三、相对强弱指标

相对强弱指标（Relative Strength Index，RSI），由威尔斯·魏尔德（Welles Wilder）提出。该指标最早用于期货交易，现广泛应用于股价涨跌测度分析。RSI 指标通过测度股价涨跌幅度，判断多空双方的意图，进而把握买卖时机。

1. RSI 指标的计算方法

RSI 有两种计算方法：

① RSI（N）$= A/（A+B）\times 100$

$A = N$ 日内收盘价涨幅之和；$B = N$ 日内收盘价跌幅之和的绝对值。

② RSI（N）$= A/B \times 100$

$A = N$ 日内收盘价涨幅的加权移动平均；$B = N$ 日内收盘价涨幅、跌幅绝对值的加权移动平均。

行情软件中一般采用第二种方法作为输出 RSI 指标的依据。

两种计算方法虽然形式不同，输出结果亦有差别，但本质属性相同，皆反映了价格上涨所产生的波动在整体波动的百分比。

2. RSI 指标的原理

RSI 指标通过计算涨幅与跌幅的比例变化反映买卖双方的力量对比状态，指标值的大小反映了股价强弱的程度，从而得出股价所处的超买超卖区间。RSI 指标亦可以通过不同周期的 RSI 值之间的关系判断股票的买卖点。

3. RSI 指标的应用法则

RSI 指标以 50 为中界线，大于 50 视为多头行情，小于 50 视为空头行情，但是当 RSI > 80 为超买区域，RSI < 20 为超卖区域。

RSI 线交叉：当短期 RSI 线在低位上穿长期 RSI 线时，为金叉；当短期 RSI 线在高位下穿长期 RSI 线时，为死叉。

RSI 线的背离：股价一波比一波高，而 RSI 线却一波比一波低，叫作顶背离，预示股价将会向下反转；股价一波比一波低，而 RSI 曲线却一波比一波高，叫作底背离，预示股价将会向上反转。

当 RSI 指标在高位盘整或低位横盘时，可根据曲线的各种形态研判买卖时机。当 RSI 曲线在 80 以上形成 M 头或头肩顶等形态时，预示股价将会向下反转，应及时卖出股票。若股价 K 线也出现相同形态，则更可确认。当 RSI 曲线在 20 以下形成 W 底或头肩底等形态时，预示股价将会向上反转。若股价 K 线也出现相同形态，则更可确认。

4. 图文实例

RSI 指标实例如图 10 - 7 ~ 图 10 - 10 所示。

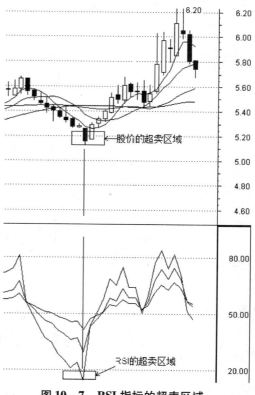

图 10 - 7　RSI 指标的超卖区域

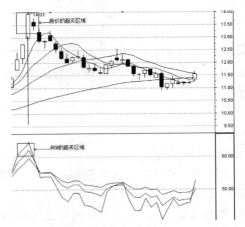

图 10－8　RSI 指标的超买区域

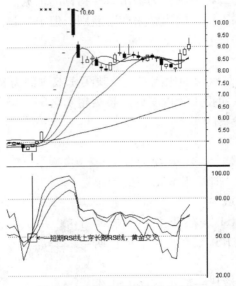

图 10－9　RSI 指标的买入信号

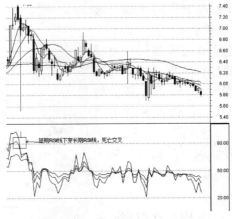

图 10－10　RSI 指标的卖出信号

模块三 趋势型指标

本模块重点介绍均线指标、指数平滑异动平均线指标等趋势型指标的应用。

一、均线指标

均线指标是用统计分析的方法，将一定时期内的证券价格（指数）采用一定的方法加以平均，并把不同时间的平均值连接起来，形成一根均线，用以观察证券价格（指数）变动趋势的一种技术指标。根据对数据处理方法的不同，均线主要包括移动平均线（MA）、指数移动平滑平均线（EMA），在行情软件中，EMA 采用迭代计算的方式自动计算。

1. 均线指标的计算方法

$$\mathrm{MA}\,(N) = \frac{C_t + C_{t-1} + C_{t-2} + \cdots C_{t-n+1}}{N}$$

$$\mathrm{EMA}\,(C,N) = C_t \times \frac{2}{N+1} + \mathrm{EMA}_{t-1} \times \frac{N-1}{N+1}$$

其中，C 表示价格（指数）；N 表示时间参数。MA（N）表示将时间段 N 的股价之和进行简单算术平均，得出 N 天的平均股价，然后将所有的平均股价相连，得出 MA（N）均线。MA 均线可以消除股价随机变动的影响，寻找股价变动的趋势。根据时间的长短，MA 可分为短期、中期、长期算术平均线，具体参数可根据股票设置，一般认为 10 日均线可有效反映短期股价变动的情形，同理中期参数为 26 日，长期参数为 150 日。EMA（C，N），以指数式递减加权的移动平均。各数值的加权是随时间而指数式递减，越近期的数据加权越重，较旧的数据则加权较轻。

2. 均线指标的应用法则

移动平均线从下降逐渐走平且略向上方抬头，而股价从移动平均线下方向上方突破，为买进信号。

股价位于移动平均线之上运行，回档时未跌破移动平均线后又再度上升时，为买进时机。

股价位于移动平均线之上运行，回档时跌破移动平均线，但短期移动平均线继续呈上升趋势，此时为买进时机。

股价位于移动平均线以下运行，突然暴跌，距离移动平均线太远，极有可能向移动平均线靠近，此时为买进时机。

股价位于移动平均线之上运行，连续数日大涨，离移动平均线愈来愈远，说明近期内购买股票者获利丰厚，随时都会产生获利回吐的卖压，应暂时卖出所持股票。

移动平均线从上升逐渐走平，而股价从移动平均线上方向下跌破移动平均线时，说明卖压渐重，应卖出所持股票。

股价位于移动平均线下方运行，反弹时未突破移动平均线，且移动平均线跌势减缓，趋于水平后又出现下跌趋势，此时为卖出时机。

股价反弹后在移动平均线上方徘徊，而移动平均线却继续下跌，此时宜卖出所持股票。

短期移动平均线由下而上穿过长期移动平均线时，这种交叉为黄金交叉，一般来说这是一个值得重视的买入信号；而当短期移动平均线自上而下穿越长期移动平均线时，我们视之为死亡交叉，这是一个卖出信号。

3. MA 均线的缺陷

MA 均线未能反映单日股价在 MA 均线中的具体权重。如在现实中，离当前最近的股价数据信息应更具有含金量，而距当前较远的估计数据含金量应稍低，因此在一些具体指标如 MACD 等，更多地运用 EMA 来表示均线。EMA 指标加重了最新估计信息的权重，有效克服了 MA 均线在权重设置方面的缺陷。

4. 图文实例

MA 指标的实例如图 10 – 11、图 10 – 12 所示。

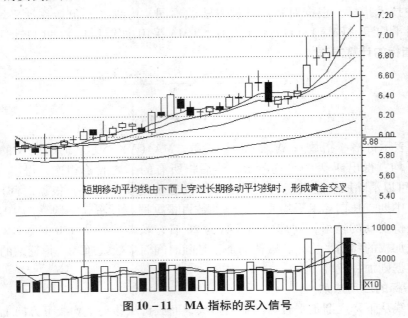

图 10 – 11　MA 指标的买入信号

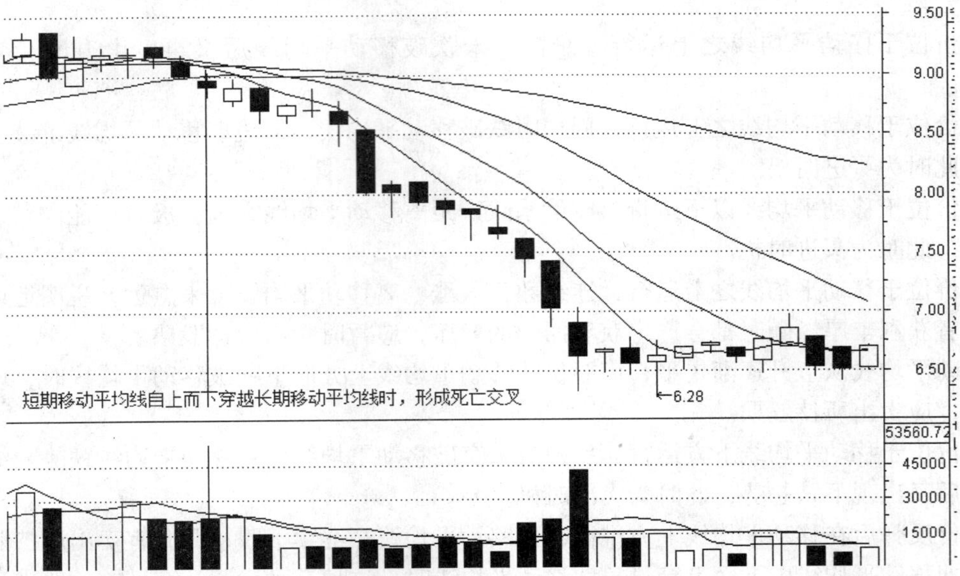

图 10 – 12　MA 指标的卖出信号

二、指数平滑异动平均线指标

指数平滑异动平均线，又称 MACD 指标（Moving Average Convergence Divergence），它由正负差（DIF）、异同平均数（DEA）及 MACD 柱构成，其原理在于使用移动平均线的差离值变化，分析大势的变化情况。DIF 是快速指数移动平均线（短期移动平均线）和慢速指数移动平均线（长期移动平均线）的差。在证券行情软件中，常用参数是快速指数移动平均线，其参数为 12 日；慢速指数移动平均线参数为 26 日。DEA 是对 DIF 的指数移动平均，通常使用的参数为 9 日；MACD 柱则为 DIF 与 DEA 差值的 2 倍，一般行情软件中红柱表示其为正值，绿柱表示其为负值，柱的长短表示该值正或负的程度。

1. MACD 指标的计算方法

$$今日\ EMA（12）=\frac{2}{12+1}×今日收盘价+\frac{11}{12+1}×昨日\ EMA（12）$$

$$今日\ EMA（26）=\frac{2}{26+1}×今日收盘价+\frac{25}{26+1}×昨日\ EMA（26）$$

$$DIF=EMA（12）-EMA（26）$$

$$今日\ DEA=\frac{2}{9+1}×今日\ DIF+\frac{8}{9+1}×昨日\ DEA$$

$$MACD=（DIF-DEA）×2$$

2. MACD 指标的原理

MACD 把快速指数移动平均值与慢速指数移动平均值作为测量两者（快速与慢速线）间正负差 DIF 的依据。在持续的涨势中，12 日 EMA 比 26 日 EMA 要大，其正负差值（DIF）会愈来愈大。反之，在跌势中，正负差值变负。当行情开始回转时，正负差值要缩小到一定的程度，才真正是行情反转的信号。DEA 则是对 DIF 重新进行了一次指数移动平均，即 DEA 为 DIF 的指数移动平均数，因此 DIF 与 DEA 的相交则意味着行情出现重大的变化。MACD 通过双重的平滑运算机制，过滤了均线频繁发出的虚假买卖信号，又具备了移动平均线趋势性、稳定性的特征。

3. MACD 指标的应用法则

当 DIF 由下向上突破 DEA，形成黄金交叉，即 DIF 上穿 DEA 形成的交叉，为买入信号；当 DIF 由上向下突破 DEA，形成死亡交叉，即 DIF 下穿 DEA 形成的交叉，为卖出信号。

当股价指数逐波升高，而 DIF 及 DEA 不是同步上升，而是逐波下降，与股价走势形成顶背离，预示股价即将下跌。如果此时出现 DIF 多次由上向下穿过 DEA，形成多次死亡交叉，则股价将大幅下跌；当股价指数逐波下行，而 DIF 及 DEA 不是同步下降，而是逐波上升，与股价走势形成底背离，预示着股价即将上涨。如果此时出现 DIF 多次由下向上穿过 DEA，形成多次黄金交叉，则股价即将大幅度上涨。

当 DIF 和 DEA 均大于 0 并向上移动时，一般表示行情处于多头行情中，可以买入开仓或多头持仓；当 DIF 和 DEA 均小于 0 并向下移动时，一般表示行情处于空头行情中，可以卖出开仓或观望；当 DIF 和 MACD 均大于 0 但都向下移动时，一般表示行情处于下跌阶段，可以卖出开仓和观望；当 DIF 和 DEA 均小于 0 但向上移动时，一般表示行情即将上涨，股票将上涨，可以买入开仓或多头持仓。

当 MACD 红柱持续变大时，表明股市处于牛市行情中，股价将继续上涨，这时应持股待涨或短线买入股票，直到该值无法再放大时再考虑卖出；当红柱开始缩小时，表明股市牛市即将结束（或要进入调整期），股价将大幅下跌，这时应卖出大部分股票而不能买入股票。

当 MACD 绿柱持续放大时，表明股市处于熊市行情之中，股价将继续下跌，这时应持币观望或卖出股票，直到绿柱开始缩小时再考虑少量买入股票；当绿柱开始收缩时，表明股价的大跌行情即将结束，股价将止跌向上（或进入盘整），这时可以少量进行长期战略建仓而不要轻易卖出股票。

当 MACD 红柱开始消失、绿柱开始放出时，这是股市转市信号之一，表明股市的上涨行情即将结束，股价将开始加速下跌，这时应开始卖出大部分股票而不能买入股票；当绿柱开始消失、红柱开始放出时，表明股市的下跌行情已经结束，股价将开始加速上升，这时应开始加码买入股票或持股待涨。

4. 图文实例

MACD 指标实例如图 10 – 13、图 10 – 14 所示。

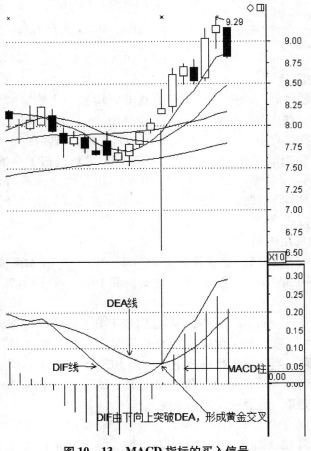

图 10 – 13　MACD 指标的买入信号

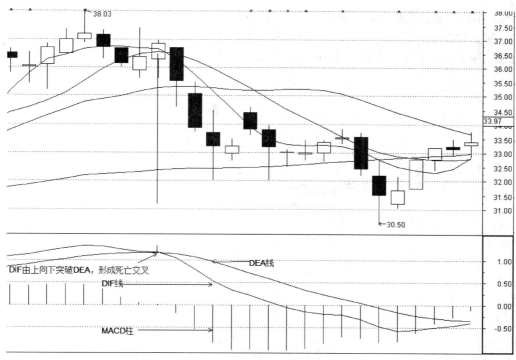

图 10 – 14　MACD 指标的卖出信号

模块四　能量型指标

本模块重点介绍心理线指标。

心理线指标（PSY，Psychological line），是基于投资者心理趋向导致的多空双方力量对比转化为具体数值形成的指标，是一种能量型指标，反映了股票或指数的人气状况。

1. PSY 指标的计算方法

心理线指标分析一段时期内的投资趋向，即在一个时间段内上涨的天数与总天数的比值能够反映市场投资是趋向于买方还是卖方。

PSY（N）＝ N 日内收盘价上涨的天数/N×100%

PSYMA（M）＝ PSY 指标 M 日的简单移动平均

2. PSY 指标的应用法则

PSY 指标参数 N 由使用者根据具体情况设定，参数值越大，PSY 值越平稳；参数越小，PSY 波动性就越大。在行情软件中，一般默认 12 日为参数值，同时增设 PSYMA 指标，即对 PSY 值进行简单移动平均来平滑 PSY 曲线。

PSY 指标上下限分别为 75 与 25，在 75 与 25 之间表明处于常态分布，应选择持股待涨或持币观望；PSY 大于 75 或小于 25 时，表明进入了超买区或超卖区，应参照超买及超卖的状况进行操作。

PSY 曲线和 PSYMA 曲线同时向上运行时，为买入时机；当 PSY 曲线与 PSYMA 曲线同时向下运行时，为卖出时机。当 PSY 曲线向上突破 PSYMA 曲线时，为买入时机；相反，当 PSY 曲线向下跌破 PSYMA 曲线后，为卖出时机。

PSY 在低位形成头肩底或在高位形成头肩顶形态，为买入或卖出信号。

3. 图文实例

PSY 指标实例如图 10 – 15 ~ 图 10 – 18 所示。

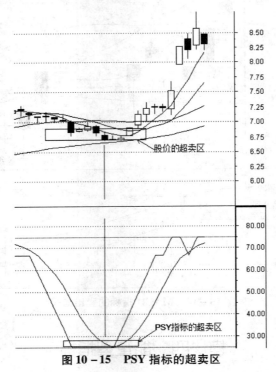

图 10 – 15　PSY 指标的超卖区

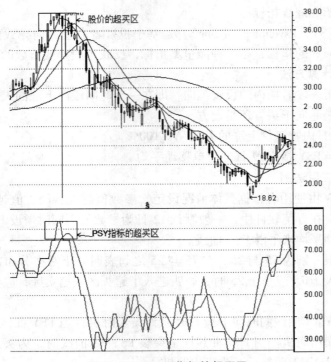

图 10 – 16　PSY 指标的超买区

图 10 - 17　PSY 指标的买入信号

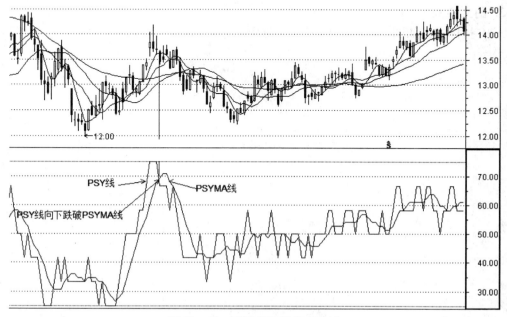

图 10 - 18　PSY 指标的卖出信号

模块五　大势型指标

本模块重点介绍腾落指标。

腾落指标（Advance Decline Line，ADL），以每日股票涨跌数量为研究对象，因此该指标仅指数才有，个股则无，其通过累加对应指数所含股票中上涨的股票数量与下跌的股票数量的差额，反映指数的走向与趋势，对股市未来进行预测。腾落指标的原理为在指数上涨进程中，成分股上涨的家数应该多余下跌的家数；指数下跌进程中，成分股上涨的家数应该少于下跌的家数。ADL 指标可以有效地规避部分个股对于指数变动的干扰，真实反映市场的热度。

1. ADL 指标的计算方法

$$ADL = \sum (ADVANCE - DECLINE)$$
$$MAADL = MA (ADL，M)$$

其中，ADVANCE 表示每个交易日上涨的家数；DECLINE 表示每个交易日下跌的家数；$\sum$ 表示从第一天交易算起的所有交易日的累加；MAADL 表示 M 日 ADL 的简单移动平均。

2. ADL 指标的应用法则

当 ADL 指标上升时，股票指数可能会上升；当 ADL 下降时，股票指数可能会下降。

股票指数与 ADL 指标出现背离时，指数往往会朝着 ADL 指标的运动方向变化。若股票指数上涨，ADL 指标下降，指数预期也会下降；若股票指数下降，ADL 指标上涨，指数预期也会上涨。

ADL 指标盘整时，股价的原有趋势会出现反转。当股价上升、ADL 指标横向盘整时，股价可能反转下跌；当股价下降、ADL 指标盘整时，股价可能反转上升。

ADL 与 MAADL 的关系可参照股价与均线的关系来运用。

3. 图文实例

ADL 指标实例如图 10-19、图 10-20 所示。

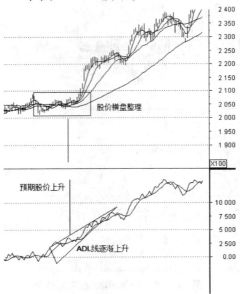

图 10-19　ADL 指标的买入信号

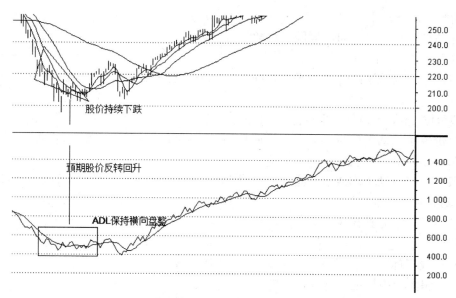

图 10 - 20 ADL 指标的卖出信号

课后复习题

一、名词解释

技术指标 随机指标 威廉指标 相对强弱指标 均线 MACD

二、单项选择题

1. K、D、J 值的高低反映了市场中超买超卖的状态，如 K、D 值皆大于 80 时，表明市场处于（ ）的状态。

A. 超买　　　　　　B. 超卖

2. 一般认为 K 线从下上穿 D 线是（ ）。

A. 黄金交叉　　　　B. 死亡交叉

3. （ ）通过计算涨跌幅的比例变化反映买卖双方的力量对比状态，指标值的大小反映股价强弱的程度。

A. 随机指标　　　　B. RSI 指标　　　　C. 威廉指标　　　　D. 腾落指标

4. PSY 小于 25 时表明进入了（ ）区。

A. 超买　　　　　　B. 超卖

5. （ ）指标反映了市场人气。

A. 威廉指标　　　　B. 心理线指标　　　　C. 腾落指标　　　　D. 随机指标

三、多项选择题

1. 技术指标的类型有（ ）。

A. 超买超卖型指标　　B. 趋势型指标　　　C. 能量型指标　　　D. 大势型指标

2. 指数平滑异动平均线，又称 MACD 指标，由（　　　）构成。

A. 正负差　　　　　　B. 异同平均数　　　　C. MACD 柱　　　　D. 平均数

3. 以下说法正确的有（　　　）。

A. 移动平均线从下降逐渐走平且略向上方抬头，而股价从移动平均线下方向上方突破，为买进信号

B. 股价位于移动平均线之上运行、回档后未跌破移动平均线后又再度上升时，为卖出时机

C. 股价位于移动平均线之上运行、回档时跌破移动平均线，但短期移动平均线继续呈上升趋势，此时为买进时机

D. 股价位于移动平均线以下运行，突然暴跌，距离移动平均线太远，极有可能向移动平均线靠近，此时为买进时机

4. 趋势型指标主要有（　　　）

A. 均线指标　　　　　　　　　　　B. 指数平滑异动平均线指标

C. 心理线指标　　　　　　　　　　D. 腾落指标

5. 超买超卖型指标主要有（　　　）

A. 均线指标　　　　　B. 随机指标　　　　C. 相对强弱指标　　　D. 心理线指标

四、问答题

1. 技术指标理论分析要点有哪些？

2. 技术指标的主要类型有哪些？

技能训练题

1. 下图为金谷园（000408）的 K 线图与 MACD 指标图，使用本项目的知识，分析及预判未来的走势。

金谷园 K 线图与 MACD 指标图

2. 下图为上证指数一段时间的走势，选择趋势型指标，研判未来的走势。

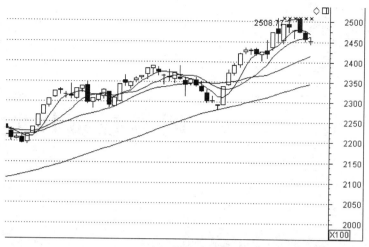

上证指数走势

证券投资风险与防范

"投资有风险，入市需谨慎"，作为投资者，在研判行情和买卖操作中，防范风险、控制风险至关重要。通过本项目的教学，力求达到以下目标：

知识目标：

（1）了解证券投资风险类型、理解证券投资各种风险的含义；

（2）了解证券投资组合的类型和方法；

（3）理解证券投资组合的收益和风险；

（4）掌握证券投资风险的防范技巧。

能力目标：

（1）学会构建证券投资组合，对简单的证券投资组合进行收益和风险的计算；

（2）具备证券投资风险防范的意识。

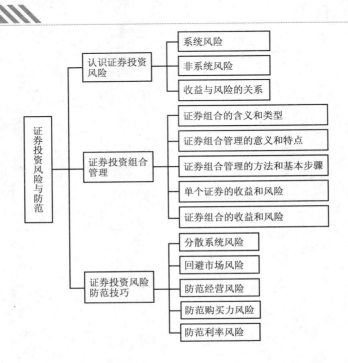

刘小姐买中国远洋被套牢

"都说买了中石油冤，现在看看，买了中国远洋，不比中石油好多少。"南京股民刘小姐对记者大吐苦水。她告诉记者，自己是在 2007 年中国远洋刚上市不久买入的，当时股市形势一片大好，尤其是"中"字头股股价真是"噌噌"往上涨，自己当时在 39 元多买了五千股，后来涨到 50 多元的时候，自己有点"恐高"，就出手了，可是当天中国远洋又涨了，自己想来想去觉得舍不得，而且当时股市真是形势一片大好，不少股评和专家都在为"中"字头股票呐喊助威，而且很多预测都说中国远洋会涨到百元以上，成为 A 股市场又一只传奇式的百元股，加上当时中国远洋的靓丽成绩，自己脑子一热，又在下午的价格高位上把这五千股接了回来，梦想着能坐上这只"百元潜力股"，甚至演绎出类似于茅台的传奇。后来又陆陆续续小进出了几回，股价平均摊在 40 多元/股，结果不久后中国远洋股价就随着市场指数大幅下滑，经历了这几年的熊市考验，后来股市有了起色，自己手里一些其他的股票甚至一只 ST 股都已经基本上与当年自己购买的本金持平了，可只有中国远洋"跌跌不休"，上周五的收盘价竟然只有 4.39 元，刘小姐一气之下干脆不去看这只股了，很"阿 Q"地表示："就当买了'麦当劳'留给孙子了。"

资料来源：摘自《扬子晚报》，2013 年 1 月 14 日。

思考：刘小姐买中国远洋被套牢犯了哪些股票投资错误？

模块一　认识证券投资风险

证券投资是一种风险性投资。一般而言，风险是指对投资者获得的实际收益与预期收益的偏差，或者说是证券投资收益的不确定性。证券投资的风险是指证券预期收益变动的可能性及变动幅度。在证券投资活动中，投资者投入一定数量的本金，目的是希望能得到预期的回报。从时间上看，投入本金是当前的行为，其数额是确定的，而取得收益是在未来的时间。在持有证券的这段时间内，很多因素可能使预期收益减少甚至使本金遭受损失，因此，证券投资的风险是普遍存在的。与证券投资相关的所有风险被称为"总风险"，总风险可分为系统风险和非系统风险两大类。

一、系统风险

系统风险是指由某种全局性的共同因素引起的投资收益的可能变动，这种因素以同样的方式对所有证券的收益产生影响。在现实生活中，所有企业都受全局性因素的影响，这些因素包括社会、政治、经济等各个方面。由于这些因素来自企业外部，是单一证券无法抗拒和回避的，因此被称为"不可回避风险"。这些共同的因素会对所有企业产生不同程度的影响，不能通过多样化投资而分散，因此又被称为"不可分散风险"。系统风险包括政策风险、经济周期波动风险、利率风险和购买力风险等。

1. 政策风险

政策风险是指政府有关证券市场的政策发生重大变化或是有重要的法规、举措出台，引起证券市场的波动，从而给投资者带来的风险。

政府对本国证券市场的发展通常有一定的规划和政策，借以指导市场的发展和加强对市场的管理。证券市场政策应当是在尊重证券市场发展规律的基础上，充分考虑证券市场在本国经济中的地位、与社会经济其他部门的联系、整体经济发展水平、证券市场发展现状及对投资者保护等多方面因素后制定的。政府关于证券市场发展的规划和政策应该是长期稳定的，在规划和政策既定的前提条件下，政府应运用法律手段、经济手段和必要的行政管理手段引导证券市场健康、有序地发展。但是在某些特殊情况下，政府也可能会改变发展证券市场的战略部署，出台一些扶持或抑制市场发展的政策，制定出新的法令或规章，从而改变市场原先的运行轨迹。特别是在证券市场发展初期，对证券市场发展的规律认识不足、法规体系不健全、管理手段不充分，更容易较多地使用政策手段来干预市场。由于证券市场政策是政府指导、管理整个证券市场的手段，一旦出现政策风险，几乎所有的证券都会受到影响，因此属于系统风险。

2. 经济周期波动风险

经济周期波动风险是指证券市场行情周期性变动而引起的风险。这种行情变动不是指证券价格的日常波动和中级波动，而是指证券行情长期趋势的改变。

证券行情变动受多种因素的影响，但决定性的因素是经济周期的变动。经济周期是指社会经济阶段性的循环和波动，是经济发展的客观规律。经济周期的变化决定了企业的景气和效益，从而从根本上决定了证券行情，特别是股票行情的变动趋势。证券行情随经济周期的循环而起伏变化，总的趋势可分为看涨市场（或被称为"多头市场""牛市"）、看跌市场（或被称为"空头市场""熊市"）两大类型。在看涨市场，随着经济回升，股票价格从低谷逐渐回升，随着交易量的扩大，交易日渐活跃，股票价格持续上升并可维持较长一段时间；待股票价格升至很高的水平，资金大量涌入并进一步推动股价上升，但成交量不能进一步放大时，股票价格开始盘旋并逐渐下降，标志着看涨市场的结束。看跌市场从经济繁荣的后期开始，伴随着经济衰退，股票价格也从高点开始一直呈下跌趋势，并在达到某个低点时结束。看涨市场和看跌市场是指股票行情变动的大趋势。实际上，在看涨市场，股价并非直线上升，而是大涨小跌，不断出现盘整和回档行情；在看跌市场，股价也并非直线下降，而是小涨大跌，不断出现盘整和反弹行情。但在这两个变动趋势中，一个重要的特征是：在整个看涨行市中，几乎所有的股票价格都会上涨；在整个看跌行市中，几乎所有的股票价格都不可避免地下跌，只是涨跌程度不同而已。

3. 利率风险

利率风险是指市场利率变动引起证券投资收益变动的可能性。市场利率的变化会引起证券价格变动，并进一步影响证券收益的确定性。利率与证券价格呈反方向变化，即利率提高，证券价格水平下跌；利率下降，证券价格水平上涨。利率从两方面影响证券价格：一是改变资金流向。当市场利率提高时，会吸引一部分资金流向银行储蓄、商业票据等其他金融资产，减少对证券的需求，使证券价格下降；当市场利率下降时，一部分资金流向证券市场，增加对证券的需求，刺激证券价格上涨。二是影响公司的盈利。利率提高，公司融资成本提高，在其他条件不变的情况下净盈利下降，派发股息减少，引起股票价格下降；利率下降，融资成本下降，净盈利和股息相应增加，股票价格上涨。

利率政策是中央银行的货币政策工具，中央银行根据金融宏观调控的需要调节利率水平。当中央银行调整利率时，各种金融资产的利率和价格都会灵敏地作出反应。除了中央银行的货币政策以外，利率还受金融市场供求关系的影响：当资金供求宽松时，利率水平稳中有降；当资金供求紧张时，利率水平逐渐上升。

利率风险对不同证券的影响是不相同的。

利率风险是固定收益证券的主要风险，特别是债券的主要风险。债券面临的利率风险由价格变动风险和息票利率风险两方面组成。当市场利率提高时，以往发行又尚未到期的债券利率相对偏低，此时投资者若继续持有债券，在利息上要受损失；若将债券出售，又必须在价格上做出让步，要受损失。可见，此时投资者无法回避利率变动对债券价格和收益的影响，而且这种影响与债券本身的质量无关。

利率风险是政府债券的主要风险。根据发行主体的不同，债券可分为政府债券、金融债券、公司债券、企业债券等。对公司债券和企业债券来说，除了利率风险以外，重要的还有信用风险和购买力风险。政府债券没有信用问题和偿债的财务困难，它面临的主要风险是利率风险和购买力风险。

利率风险对长期债券的影响大于短期债券。在利率水平变动幅度相同的情况下，长期债券价格变动幅度大于短期债券，因此，长期债券的利率风险大于短期债券。债券的价格是将未来的利息收益和本金按市场利率折算成的现值，债券的期限越长，未来收入的折扣率就越大，所以债券的价格变动风险随着期限的增加而增大。

普通股票和优先股票也会受利率风险的影响。股票价格对利率变动是极其敏感的，当利率变动时，股票价格会迅速发生反向变动。其中优先股票因股息率固定而受利率风险影响较大。普通股票的股息和价格主要由公司经营状况和财务状况决定，而利率变动仅是影响公司经营和财务状况的部分因素，所以利率风险对普通股票的影响不像债券和优先股票那样没有回旋的余地，从长期看，取决于上市公司对利率变动的化解能力。

4. 购买力风险

购买力风险又被称为"通货膨胀风险"，是由于通货膨胀、货币贬值给投资者带来实际收益水平下降的风险。在通货膨胀情况下，物价普遍上涨，社会经济运行秩序混乱，企业生产经营的外部条件恶化，证券市场也难免深受其害，所以购买力风险是难以回避的。在通货膨胀条件下，随着商品价格的上涨，证券价格也会上涨，投资者的货币收入有所增加，会使他们忽视购买力风险的存在并产生一种货币幻觉。其实，由于货币贬值，货币购买力水平下降，投资者的实际收益不仅没有增加，反而有所减少。一般来讲，可通过计算实际收益率来分析购买力风险：实际收益率 = 名义收益率 - 通货膨胀率。

这里的名义收益率是指债券的票面利息率或股票的股息率。例如，某投资者买了一张年利率为10%的债券，其名义收益率为10%。若一年中通货膨胀率为5%，则投资者的实际收益率为5%；若当年通货膨胀率为10%，则投资者的实际收益率为0；若当年通货膨胀率超过10%，则投资者不仅没有得到收益，反而有所亏损。可见，只有当名义收益率大于通货膨胀率时，投资者才有实际收益。

购买力风险对不同证券的影响是不相同的，最容易受其损害的是固定收益证券，如优先股票、债券。因为它们的名义收益率是固定的，当通货膨胀率升高时，其实际收益率就会明显下降，所以固定利息率和股息率的证券购买力风险较大；同样是债券，长期债券的购买力风险又比短期债券大。相比之下，浮动利率债券或保值贴补债券的购买力风险较小。普通股票的购买力风险也相对较小。当发生通货膨胀时，由于公司产品价格上涨，股份公司的名义收益会增加，特别是当公司产品价格上涨幅度大于生产费用的涨幅时，公司净盈利增加，此时股息会增加，股票价格也会提高，普通股票股东可得到较高收益，可部分减轻通货膨胀带来的损失。需要指出的是，购买力风险对不同股票的影响是不同的；在通货膨胀不同阶段，对股票的影响也是不同的。这是因为公司的盈利水平受多种因素的影响，产品价格仅仅是其中的一个因素。在通货膨胀情况下，由于不同公司产品价格上涨幅度不同、上涨时间先后不同、对生产成本上升的消化能力不同、受国家有关政策的控制程度不同等，会出现在相同通货膨胀水平条件下不同股票的购买力风险不尽相同的情况。一般说来，率先涨价的商品、上游商品、热销或供不应求商品的股票购买力风险较小，国家进行价格控制的公用事业、基础产业和下游商品等股票的购买力风险较大。在通货膨胀之初，企业消化生产费用上涨的能力较强，又能利用人们的货币幻觉提高产品价格，股票的购买力风险相对小些。当出现严重通货膨胀时，各种商品价格轮番上涨，社会经济秩序紊乱，企业承受能力下降，盈利和股息难以增加，股价即使上涨也很难赶上物价上涨，此时普通股票也很难抵偿购买力下降的风险了。

案例分析

忽如一夜"寒"风来　千树万树梨花"落"

2007年5月29日，财政部将证券（股票）交易印花税税率由1‰调整为3‰。受到财政部调高证券交易印花税率等利空消息的影响，沪深两市双双遭受重挫，上证指数暴跌281.84点，报收4 053.09，深圳成指跌829.45点，跌幅均超过6%，两市成交金额共计4 166.80亿元，再破历史纪录。根据昨日沪深两地交易所的最新数据显示，截至30日收市后，沪深两市总市值由周二的190 235亿元下降至177 803亿元，降幅为1.243 2万亿元，分别有73只和25只交易品种出现不同程度的上涨。不计算ST股票和未股改股，两市有859只个股跌停。

据《全景网》5月22日报道，中国财政部及国家税务总局澄清，中国将要上调证券交易印花税的传闻是谣言。财政部某官员称，"从未听说这件事（上调交易印花税），都是市场谣言"；税总局一名官员亦称，若有此事，财政及税务部门应该会有沟通，但他们从未听说过此事。

同时《上海证券报》5月23日报载：财政部新闻办有关负责人说："确实没有听说过将要调整股票交易印花税的消息。"国家税务总局新闻办有关负责人也表示："如果调整股票交易印花税税率，作为参与部门，国税总局新闻部门应该知悉，但是目前确实没有接到有关通知。"

但是财政部于5月30日突然宣布调整印花税，引起了被称作"530"的股市大跌。

受中国财政部提高印花税消息的影响，沪深股市放量暴跌，并带动香港股市走低，亚太地区主要股指普跌，日经指数30日午盘下跌0.2%报17 631.56点，恒指全日跌176点报20 293，台湾股市周三收低0.42%，新加坡海峡时报指数29日午盘下跌0.1%，支撑位在3 475点。此后几个交易日，仍有很多股票暴跌，数百只股票连续4个交易日跌停，很多投资者前期好不容易获得的投资收益化为泡影。

　　　　　　　　　　　　　　　　　　　　　　　　　　　资料来源： 摘自和讯网

> 思考：
> （1）这属于何种系统性风险？
> （2）为何股票市场对提高证券交易所印花税税率有这么大的反应？

二、非系统风险

非系统风险是指只对某个行业或个别公司的证券产生影响的风险。它通常由某一特殊因素引起，与整个证券市场的价格不存在系统、全面的联系，而只对个别或少数证券的收益产生影响。这种因行业或企业自身因素改变而带来的证券价格变化与其他证券的价格、收益没有必然的内在联系，不会因此而影响其他证券的收益。这种风险可以通过分散投资来抵消。若投资者持有多样化的不同证券，当某些证券价格下跌、收益减少时，另一些证券可能价格正好上升、收益增加，这样就使风险相互抵消。非系统风险是可以抵消、回避的，因此又被称为"可分散风险"或"可回避风险"。非系统风险包括信用风险、经营风险、财务风险等。

1. 信用风险

信用风险又被称为"违约风险"，指证券发行人在证券到期时无法还本付息而使投资者遭受损失的风险。

证券发行人如果不能支付债券利息、优先股票股息或偿还本金，哪怕仅仅是延期支付，都会影响投资者的利益，使投资者失去再投资和获利的机会，遭受损失。信用风险实际上揭示了发行人在财务状况不佳时出现违约和破产的可能，它主要受证券发行人的经营能力、盈利水平、事业稳定程度及规模大小等因素的影响。债券、优先股票、普通股票都可能有信用风险，但程度不同。债券的信用风险就是债券不能到期还本付息的风险。信用风险是债券的主要风险，因为债券是需要按时还本付息的要约证券。政府债券的信用风险最低，一般认为中央政府债券几乎没有信用风险，其他债券的信用风险依次从低到高排列为地方政府债券、金融债券、公司债券，但大金融机构或跨国公司债券的信用风险有时会低于某些政局不稳的国家的政府债券。投资公司债券首先要考虑的就是信用风险，产品市场需求的改变、成本变动、融资条件变化等都可能削弱公司的偿债能力，特别是公司资不抵债、面临破产时，债券的利息和本金都可能会化为泡影。股票没有还本要求，普通股票的股息也不固定，但仍有信用风险，不仅优先股票股息有缓付、少付甚至不付的可能，而且如公司不能按期偿还债务，立即会影响股票的市场价格，更不用说当公司破产时，该公司股票价格会接近于零，无信用可言。在债券和优先股票发行时，要进行信用评级，投资者回避信用风险的最好办法是参考证券信用评级的结果。信用级别高的证券信用风险小；信用级别越低，违约的可能性越大。

2. 经营风险

经营风险是指公司的决策人员与管理人员在经营管理过程中出现失误而导致公司盈利水平变化，从而使投资者预期收益下降的可能。

经营风险来自内部因素和外部因素两个方面。企业内部因素主要有：一是项目投资决策失误，未对投资项目作可行性分析，草率上马；二是不注意技术更新，使企业在行业中的竞争地位下降；三是不注意市场调查，不注意开发新产品，仅满足于目前公司产品的市场占有率和竞争力，满足于目前的利润水平和经济效益；四是销售决策失误，过分依赖大客户、老客户，没有注重打开新市场、寻找新的销售渠道。其他还有：公司的主要管理者因循守旧、不思进取、机构臃肿、人浮于事，对可能出现的天灾人祸没有采取必要的防范措施等。外部因素是公司以外的客观因素，如政府产业政策的调整、竞争对手的实力变化使公司处于相对劣势地位等，引起公司盈利水平的相对下降。但经营风险主要还是来自公司内部的决策失误或管理不善。

公司的经营状况最终表现为盈利水平的变化和资产价值的变化，而经营风险主要通过盈利变化产生影响，对不同证券的影响程度有所不同。经营风险是普通股票的主要风险，公司盈利的变化既会影响股息收入，又会影响股票价格。当公司盈利增加时，股息增加，股价上涨；当公司盈利减少时，股息减少，股价下降。经营风险对优先股票的影响要小些，因为优先股票的股息率是固定的，盈利水平的变化对价格的影响有限。公司债券的还本付息受法律保障，除非公司破产清理，一般情况下不受企业经营状况的影响，但公司盈利的变化同样可能使公司债券的价格呈同方向变动，因为盈利增加使公司的债务偿还更有保障，信用提高，债券价格也会相应上升。

3. 财务风险

财务风险是指公司财务结构不合理、融资不当而导致投资者预期收益下降的风险。

负债经营是现代企业应有的经营策略，通过负债经营可以弥补自有资本的不足，还可以用借贷资金来实现盈利。股份公司在营运中所需要的资金一般来自发行股票和债务两个方面，其中债务（包括银行贷款、发行企业债券、商业信用）的利息负担是一定的，如果公司资金总量中债务比重过大，或是公司的资金利润率低于利息率，就会使股东的可分配盈利减少，股息下降，使股票投资的财务风险增加。例如，当公司的资金利润率为10%，公司向银行贷款的利率或发行债券的票面利率为8%时，普通股票股东所得权益将高于10%；如果公司的资金利润率低于8%时，公司须按8%的利率支付贷款或债券利息，普通股票股东的收益就将低于资金利润率。实际上公司融资产生的财务杠杆作用犹如一把"双刃剑"，当融资产生的利润大于债息率时，给股东带来的是收益增长的效应；反之，就是收益减少的财务风险。对股票投资来说，财务风险中最大的风险当属公司亏损风险。公司亏损风险虽然发生的概率不是很高，但却是投资者常常面临的最大风险。投资股票就是投资公司，投资者的股息收益和通过股票价格变动获得的资本损益与公司的经营效益密切相关。所以，股票的风险将直接取决于公司的经营效益。但是公司未来的经营是很难预测的，这使投资者买了股票之后，很难准确地预期自己未来的收益。一般而言，只要公司经营不发生亏损，投资股票就始终有收益，存在的问题只是收益的高低。但投资者却有可能遭遇公司的亏损。而一旦公司发生亏损，投资者将在两个方面产生风险：一是投资者将失去股息收入；二是投资者将损失资本利得。因为在公司亏损时，股票的价格必然下跌；更有甚者，如果公司亏损严重以致资不抵债，投资者就有可能血本无归，股票将成为一张废纸。

4. 价格波动风险

引起价格波动的因素是多方面的，包括公司经营状况的变化、国家产业政策的调整、宏观经济形势的变化等，这些因素导致证券价格变动的风险在前文已作阐述。

而证券市场价格波动还与消息的刺激、市场价格操纵、市场人气等有关。如某公司受到利好消息刺激，短期内出现了大幅上涨的情况，由于市场跟风严重，证券价格涨过头，此后价格出现大幅回调，给很多投资者带来损失。即使有些消息是不确定性的甚或是一种传言，也可能造成证券价格大幅震荡。有些投资者利用资金优势操纵证券价格，在股价涨幅很高时，不断诱导投资者跟进，此后又不断抛售股票，导致股价不断下跌，使很多跟进的投资者损失严重。市场人气较旺、股价不断推高的股票一旦市场人气开始下降时，股价就会不断下跌，给投资者带来一定损失。

案例分析

重庆啤酒连续跌停　公司讲故事为何总有基金愿意听

　　大成系旗下9只基金重仓持有重庆啤酒，其中大成创新成长、基金景福、大成精选增值、大成核心双动力、大成行业轮动第一大重仓股均为重庆啤酒。大成创新成长持有1 344.16万股，净值占比9.75%；大成精选增值持有400万股，净值占比8.49%；大成核心双动力持有70万股，净值占比6.5%；大成行业轮动持有69.97万股，净值占比9.74%。整体来看，大成系旗下9只基金合计持有重庆啤酒4 495万股，而连续的跌停使得大成系两日浮亏高达6.86亿元。

　　大成系基金对于重庆啤酒的集中炒作开始于2009年第一季度，其后投资逐渐加码，参与基金越来越多。而2009年年初，也正处于重庆啤酒自1998年收购佳辰生物股权以来，其"治疗用（合成肽）乙型肝炎疫苗"治疗慢性乙型肝炎的疗效及安全性的Ⅱ期临床试验阶段，也是股价集中炒作的时机。2009年年初至2011年第三季度末，重庆啤酒乙肝疫苗Ⅱ期临床试验完成，随即于11月中旬展开数据库锁定、盲态分析和揭盲、统计分析工作。从实验开始到实验结束，重庆啤酒股价从13.39元一路飙升至62.6元，股价翻番近5倍。

　　但重庆啤酒12月7日晚间公告的数据结果显示，安慰剂组应答率28.2%、治疗用（合成肽）乙型肝炎疫苗600μg组应答率30.0%、治疗用（合成肽）乙型肝炎疫苗900μg组应答率29.1%，即是治疗用（合成肽）乙型肝炎疫苗的应答率远远低于市场此前预期40%甚至50%的预期，重庆啤酒复牌后连续跌停。

　　至2011年12月20日，重庆啤酒连续9日一字无量跌停，股价从81.06元跌至31.5元，意味着众多该股的投资者浮动亏损已超50%以上。截止到2014年10月9日，该股的价格不到17元。

　　资料来源：摘自《金融投资报》2011年12月10日。

思考并回答：

（1）重庆啤酒存在哪些类型的风险？

（2）面对风险，投资者和上市公司是如何应对的？

（3）通过本案例，你得到哪些启示？

三、收益与风险的关系

　　在证券投资中，收益和风险形影相随，收益以风险为代价，风险用收益来补偿。投资者投资的目的是得到收益，与此同时，又不可避免地面临着风险，证券投资的理论和实战技巧都是围绕如何处理这两者的关系展开的。

　　收益与风险的基本关系是：收益与风险相对应。也就是说，风险较大的证券，其要求的收益率相对较高；反之，收益率较低的投资对象，风险相对较小。但是，绝不能因为收益与风险有着这样的基本关系，就盲目地认为风险越大，收益就一定越高。收益与风险相对应的原理只是揭示收益与风险的这种内在本质关系：收益与风险共生共存，承担风险是获取收益的前提；收益是风险的成本和报酬。收益与风险的上述本质联系可以用下面的公式表述：

$$预期收益率 = 无风险收益率 + 风险补偿$$

预期收益率是投资者承受各种风险应得的补偿。无风险收益率是指把资金投资于某一没有任何风险的投资对象而能得到的收益率，这是一种理想的投资收益。我们把这种收益率作为一种基本收益，再考虑各种可能出现的风险，使投资者得到应有的补偿。现实生活中不可能存在没有任何风险的理想证券，但可以找到某种收益变动小的证券来代替。美国一般将联邦政府发行的短期国库券视为无风险证券，把短期国库券利率视为无风险利率。这是因为美国短期国库券由联邦政府发行，联邦政府有征税权和货币发行权，债券的还本付息有可靠保障，因此没有信用风险。政府债券没有财务风险和经营风险，同时，短期国库券以 91 天期为代表，只要在这期间没有发生严重的通货膨胀，联邦储备银行没有调整利率，也几乎没有购买力风险和利率风险。短期国库券的利率很低，其利息可以视为投资者牺牲目前消费、让渡货币使用权的补偿。在短期国库券无风险利率的基础上，我们可以发现以下规律。

第一，同一种类型的债券，长期债券的利率比短期债券的高。这是对利率风险的补偿。如政府债券，没有信用风险和财务风险，但长期债券的利率要高于短期债券的，这是因为短期债券没有利率风险，而长期债券却可能受到利率变动的影响，两者之间利率的差额就是对利率风险的补偿。

第二，不同债券的利率不同，这是对信用风险的补偿。通常，在期限相同的情况下，政府债券的利率最低，地方政府债券利率稍高，其他依次是金融债券和企业债券。在企业债券中，信用级别高的债券利率较低，信用级别低的债券利率较高，这是因为它们的信用风险不同。

第三，在通货膨胀严重的情况下，债券的票面利率会提高或是会发行浮动利率债券。这种情况是对购买力风险的补偿。

第四，股票的收益率一般高于债券。这是因为股票面临的经营风险、财务风险和经济周期波动风险比债券大得多，必须给投资者相应的补偿。在同一市场上，许多面值相同的股票也有迥然不同的价格，这是因为不同股票的经营风险、财务风险相差甚远，经济周期波动风险也有差别。投资者以出价和要价来评价不同股票的风险，调节不同股票的实际收益，使风险大的股票市场价格相对较低，风险小的股票市场价格相对较高。

当然，收益与风险的关系并非如此简单。证券投资除以上几种主要风险以外，还有其他次要风险，引起风险的因素以及风险的大小程度也在不断变化之中；影响证券投资收益的因素也很多。所以，这种收益率对风险的替代只能粗略地、近似地反映两者之间的关系，更进一步说，只有加上证券价格的变化才能更好地反映两者的动态替代关系。

模块二　证券投资组合管理

证券组合管理理论最早由美国著名经济学家哈理·马柯威茨于 1952 年提出。在此之前，偶尔有人在论文中提过组合的概念，但经济学家和投资管理者一般仅致力于对个别投资对象的研究和管理。此后，经济学家们一直在利用数量化方法不断丰富和完善组合管理的理论和实际投资管理方法，并使之成为投资学中的主流理论之一。

一、证券组合的含义和类型

投资学中的"组合"一词通常是指个人或机构投资者所拥有的各种资产的总称。如果没有特别说明，则证券组合是指个人投资者或机构投资者所持有的各种有价证券的总称，通常包括各种类型的债券、股票及存款单等。

证券组合按不同的投资目标可以分为避税型、收入型、增长型、收入和增长混合型、货币市场型、国际型及指数化型等。

避税型证券组合通常投资于市政债券，这种债券免交联邦税，也常常免交州税和地方税。

收入型证券组合追求基本收益（即利息、股息收益）的最大化。能够带来基本收益的证券有附息债券、优先股及一些避税债券。

增长型证券组合以资本升值（即未来价格上升带来的价差收益）为目标。投资于此类证券组合的投资者往往愿意通过延迟获得基本收益来求得未来收益的增长。这类投资者很少会购买分红的普通股，投资风险较大。

收入和增长混合型证券组合试图在基本收入与资本增长之间达到某种均衡，因此也称为均衡组合。两者的均衡可以通过两种组合方式获得：一种是使组合中的收入型证券和增长型证券达到均衡；另一种是选择那些既能带来收益，又具有增长潜力的证券进行组合。

货币市场型证券组合是由各种货币市场工具构成的，如国库券、高信用等级的商业票据等，安全性很强。

国际型证券组合投资于海外不同国家，代表组合管理的时代潮流。实证研究结果表明：这种证券组合的业绩总体上优于只在本土投资的组合。

指数化型证券组合模拟某种市场指数。信奉有效市场理论的机构投资者通常会倾向于这种组合，以求获得市场平均的收益水平。根据模拟指数的不同，指数化型证券组合可以分为两类：一类是模拟内涵广大的市场指数；另一类是模拟某种专业化的指数，如道琼斯公用事业指数。

二、证券组合管理的意义和特点

证券组合管理的意义在于采用适当的方法选择多种证券作为投资对象，以达到在一定预期收益的前提下投资风险最小或在控制风险的前提下投资收益最大化的目标，避免投资过程的随意性。

证券组合管理的特点主要表现在两个方面。

1. 投资的分散性

证券组合理论认为，证券组合的风险随着组合所包含证券数量的增加而降低，尤其是证券间关联性极低的多元化证券组合可以有效降低非系统风险，使证券组合的投资风险趋向于市场平均风险水平。因此，组合管理强调构成组合的证券应多元化。

2. 风险与收益的匹配性

证券组合理论认为，投资收益是对承担风险的补偿。承担风险越大，收益越高；承担风险越小，收益越低。因此，组合管理强调投资的收益目标应与风险的承受能力相适应。

三、证券组合管理的方法和基本步骤

1. 证券组合管理的方法

根据组合管理者对市场效率的不同看法，其采用的管理方法可大致分为被动管理方法和主动管理方法两种类型。

被动管理方法，指长期稳定持有模拟市场指数的证券组合以获得市场平均收益的管理方法。采用此方法的管理者认为，证券市场是有效市场，凡是能够影响证券价格的信息均已在当前证券价格中得到反映。也就是说，证券价格的未来变化是无法估计的，以致任何企图预测市场行情或挖掘定价错误的证券，并借此频繁调整持有证券的行为无助于提高期望收益，只会浪费大量的经纪佣金和精力。因此，他们坚持"买入并长期持有"的投资策略。但这并不意味着他们无视投资风险而随便选择某些证券进行长期投资。恰恰相反，正是由于承认存在投资风险并认为组合投资能够有效降低公司的特定风险，所以他们通常购买分散化程度较高的投资组合，如市场指数基金或类似的证券组合。

主动管理方法，指经常预测市场行情或寻找定价错误的证券，并借此频繁调整证券组合以获得尽可能高的收益的管理方法。采用此种方法的管理者认为，市场不总是有效的，加工和分析某些信息可以预测市场行情趋势和发现定价过高或过低的证券，进而对买卖证券的时机和种类作出选择，以获得尽可能高的收益。

2. 证券组合管理的基本步骤

组合管理的目标是实现投资收益的最大化，也就是使组合的风险和收益特征能够给投资者带来最大满足。具体而言，就是使投资者在获得一定收益水平的同时承担最低的风险，或在投资者可接受的风险水平之内使其获得最大的收益。不言而喻，实现这种目标有赖于有效和科学的组合管理内部控制。从控制过程来看，证券组合管理通常包括以下几个基本步骤。

（1）确定证券投资政策

证券投资政策是投资者为实现投资目标应遵循的基本方针和基本准则，包括确定投资目标、投资规模和投资对象以及应采取的投资策略和措施等。投资目标是指投资者在承担一定风险的前提下，期望获得的投资收益率。由于证券投资属于风险投资，而且风险和收益之间呈现出一种正相关关系，所以，证券组合管理者如果把只能赚钱不能赔钱定为证券投资的目标，是不客观的。客观和合适的投资目标应该是在盈利的同时也承认可能发生的亏损。因此，投资目标的确定应包括风险和收益两项内容。投资规模是指用于证券投资的资金数量。投资对象是指证券组合管理者准备投资的证券品种，它是根据投资目标确定的。确定证券投资政策是证券组合管理的第一步，它反映了证券组合管理者的投资风格，并最终反映在投资组合所包含的金融资产类型特征中。

（2）进行证券投资分析

证券投资分析是证券组合管理的第二步，是指对证券组合管理第一步所确定的金融资产类型中个别证券或证券组合的具体特征进行的考察分析。这种考察分析的一个目的是明确这些证券的价格形成机制和影响证券价格波动的诸因素及其作用机制；另一个目的是发现那些价格偏离其价值的证券。

（3）构建证券投资组合

构建证券投资组合是证券组合管理的第三步，主要是确定具体的证券投资品种和在各证

券上的投资比例。在构建证券投资组合时，投资者需要注意个别证券选择、投资时机选择和多元化三个问题。个别证券选择主要是预测个别证券的价格走势及其波动情况；投资时机选择涉及预测和比较各种不同类型证券的价格走势和波动情况（例如，预测普通股相对于公司债券等固定收益证券的价格波动）；多元化则是指在一定的现实条件下，组建一个在一定收益条件下风险最小的投资组合。

（4）投资组合的修正

投资组合的修正作为证券组合管理的第四步，实际上是定期重温前三步的过程。随着时间的推移，过去构建的证券组合对投资者来说，可能已经不再是最优组合了，这可能是因为投资者改变了对风险和回报的态度，或者是其预测发生了变化。作为对这种变化的一种反应，投资者可能会对现有的组合进行必要的调整，以确定一个新的最佳组合。然而，进行任何调整都将支付交易成本，因此，投资者应该对证券组合在某种范围内进行个别调整，使得在剔除交易成本后，在总体上能够最大限度地改善现有证券组合的风险回报特性。

（5）投资组合业绩评估

证券组合管理的第五步是通过定期对投资组合进行业绩评估，来评价投资的表现。业绩评估不仅是证券组合管理过程的最后一个阶段，也可以看成是一个连续操作过程的组成部分。说得更具体一点，可以把它看成证券组合管理过程中的一种反馈与控制机制。由于投资者在投资过程中获得收益的同时还将承担相应的风险，获得较高收益可能是建立在承担较高风险的基础之上，因此，在对证券投资组合业绩进行评估时，不能仅仅比较投资活动所获得的收益，而应该综合衡量投资收益和所承担的风险情况。

案例分析

基金博时主题（160505）2013年第四季度投资策略和业绩表现说明

1. 报告期内基金投资策略和运作分析

（1）市场回顾

第四季度，政策面与资金面主导市场。"三中全会"发出明确改革的信号一度燃起市场的热情，但年底资金面的紧张、银行间及回购利率的高企击碎了市场脆弱的信心。本季度上证指数下跌2.70%，深圳指数下跌4.61%，沪深300指数下跌3.28%，中小板指数下跌4.86%，创业板指数下跌4.64%。

（2）第四季度基金组合管理回顾

本季度，可选消费品对组合净值增长贡献明显。我们实现了部分收益，降低了汽车、家电等可选消费品行业的配置，增加了白酒行业的配置。对于白酒行业，我们认为这是一桩回报率诱人的生意。中央的八项作风建设，形成最强的压力测试，使我们有机会见识到最干净的需求的底部，我们将在合适的时候继续增加该行业的配置。年底由于流动性的原因，转债市场出现非理性大幅下跌，许多品种已非常具有吸引力，提供了在有限下行风险的情况下提高潜在收益的机会，我们增加了转债的配置。

2. 报告期内基金的业绩表现

截至2013年12月31日，本基金份额净值为1.760元，累计份额净值为3.598元，报告期内净值增长率为5.01%，同期业绩基准涨幅为−3.19%。

> **思考：**
> 该基金投资组合在2013年第四季度进行了怎样的调整？为什么要进行调整？

四、单个证券的收益和风险

1. 收益及其度量

任何一项投资的结果都可用收益率来衡量，通常收益率的计算公式为：

$$收益率 = \frac{收入 - 支出}{支出} \times 100\%$$

投资期限一般用年来表示；如果期限不是整数，则转换为年。

在股票投资中，投资收益等于期内股票红利收益和价差收益之和，其收益率（r）的计算公式为：

$$r = \frac{期末市价总值 - 期初市价总值 + 红利}{期初市价总值} \times 100\%$$

通常情况下，收益率受许多不确定因素的影响，因而是一个随机变量。我们可假定收益率服从某种概率分布，即已知每一收益率出现的概率如表 11-1 所示。

表 11-1 不同收益率对应的概率

收益率/%	r_1	r_2	r_3	r_4	…	r_n
概率	P_1	P_2	P_3	P_4	…	p_n

数学中求期望收益率或收益率平均数 [$E(r)$] 的公式如下：

$$E(r) = \sum_{i=1}^{n} r_i p_i$$

若某投资者拟购买证券 A，已知其收益率和概率情况如表 11-2 所示，那么他的期望收益率如何计算呢？

表 11-2 证券 A 的收益率和概率分布

收益率/%	-40	-10	0	15	30	40	50
概率	0.03	0.07	0.30	0.10	0.05	0.20	0.25

根据公式，该证券的期望收益率为：

$$E(r) = [(-0.4) \times 0.03 + (-0.1) \times 0.07 + 0 \times 0.30 + 0.15 \times 0.10 + 0.3 \times 0.05 +$$
$$0.4 \times 0.20 + 0.5 \times 0.25] \times 100\%$$
$$= 21.60\%$$

在实际中，我们经常使用历史数据来估计期望收益率。假设证券的月或年实际收益率为 r_i（$i = 1, 2, \cdots, n$），那么估计期望收益率（r）的计算公式为：

$$E(r) = \sum_{i=1}^{n} r_i p_i$$

2. 风险及其度量

如果投资者以期望收益率为依据进行决策，那么他必须意识到他正冒着得不到期望收益率的风险。实际收益率与期望收益率会有偏差，期望收益率是使可能的实际值与预测值的平均偏差达到最小（最优）的点估计值。可能的收益率越分散，它们与期望收益率的偏离程度就越大，投资者承担的风险也就越大。因而，风险的大小由未来可能收益率与期望收益率的偏离程度来反映。在数学上，这种偏离程度由收益率的方差来度量。如果偏离程度用 $[r_i - E(r)]^2$ 来度量，则平均偏离程度被称为方差，记为 σ^2。

$$\sigma^2(r) = \sum_{i=1}^{n} [r_i - E(r)]^2 p_i$$

式中　P_i——可能收益率发生的概率；

　　　　σ——标准差。

若该投资者拟购买的证券 A 的收益率（r_i）的概率分布如表 11 -3 所示。

表 11 -3　证券 A 的收益率和概率分布

收益率 r_i /%	-2	-1	1	3
概率 P_i	0.20	0.30	0.10	0.40

那么，该证券的期望收益率 $E(r)$ 为：

$E(r) = [(-0.02) \times 0.20 + (-0.01) \times 0.30 + 0.01 \times 0.10 + 0.03 \times 0.40] \times 100\%$
$\qquad = 0.60\%$

该证券的方差为：

$\sigma^2(r) = (-0.02 - 0.006)^2 \times 0.20 + (-0.01 - 0.006)^2 \times 0.30 + (0.00 - 0.006)^2 \times$
$\qquad\qquad 0.10 + (0.03 - 0.006)^2 \times 0.40$
$\qquad\quad = 0.000\ 444$

同样，在实际中，我们也可使用历史数据来估计方差：假设证券的月或年实际收益率为 r_i（$i = 1, 2, \cdots, n$），那么估计方差（S^2）的公式为：

$$S^2 = \frac{1}{n-1} \sum_{i=1}^{n} (r_i - \bar{r})^2$$

当 n 较大时，也可使用下述公式估计方差：

$$S^2 = \frac{1}{n} \sum_{i=1}^{n} (r_i - \bar{r})^2$$

五、证券组合的收益和风险

我们用期望收益率和方差来度量单一证券的收益率和风险。一个证券组合由一定数量的单一证券构成，每一只证券占有一定的比例，我们也可将证券组合视为一只证券，那么，证券组合的收益率和风险也可用期望收益率和方差来度量。不过，证券组合的期望收益率和方差可以通过由其构成的单一证券的期望收益率和方差来表达。

1. 两种证券组合的收益和风险

设有两种证券 A 和 B，某投资者将一笔资金以 X_A 的比例投资于证券 A，以 X_B 的比例投资于证券 B，且 $X_A + X_B = 1$，称该投资者拥有一个证券组合 P。如果到期时，证券 A 的收益率为 r_A，证券 B 的收益率为 r_B，则证券组合 P 的收益率 r_p 为：

$$r_p = X_A r_A + X_B r_B$$

证券组合中的权数可以为负，比如 $X_A < 0$，则表示该组合卖空了证券 A，并将所得的资金连同自有资金买入证券 B，因为 $X_A + X_B = 1$，故有 $X_B = 1 - X_A > 1$。

投资者在进行投资决策时并不知道 r_A 和 r_B 的确切值，因而 r_A、r_B 应为随机变量，对其分布的简化描述是它们的期望值和方差。投资组合 P 的期望收益率 $E(r_P)$ 和收益率的方差 σ_P^2 为：

$$E(r_p) = X_A E(r_A) + X_B E(r_B)$$
$$\sigma_P^2 = X_A^2 \sigma_A^2 + x_B^2 \sigma_B^2 + 2X_A X_B \rho_{AB}$$

式中　ρ_{AB}——相关系数；

　　　$\sigma_A \sigma_B \rho_{AB}$——协方差，记为 COV（A，B）。

若投资者购买了证券组合 P，P 由证券 A 和 B 构成，证券 A 和 B 的期望收益、标准差以及相关系数如表 11 −4 所示。

表 11 −4　证券 A 和证券 B 投资有关情况

证券名称	期望收益率/%	标准差/%	相关系数	投资比重/%
A	10	6		30
B	5	2	0.12	70

那么，组合 P 的期望收益为：

$$E(r_p) = (0.10 \times 0.30 + 0.05 \times 0.70) \times 100\% = 6.5\%$$

组合 P 的方差为：

$$\sigma_P^2 = 0.30^2 \times 0.06^2 + 0.70^2 \times 0.02 + 2 \times 0.30 \times 0.70 \times 0.06 \times 0.02 \times 0.12$$
$$= 0.032\ 7$$

选择不同的组合权数，可以得到包含证券 A 和证券 B 的不同的证券组合，从而得到不同的期望收益率和方差。投资者可以根据自己对收益率和方差（风险）的偏好，选择自己最满意的组合。

2. 多种证券组合的收益和风险

这里将把两个证券的组合讨论拓展到任意证券的情形。设有 N 种证券，记作 A_1，A_2，A_3，…，A_N，证券组合 $P = x_1$，x_2，x_3，…，x_N，表示将资金分别以权数 x_1，x_2，x_3，…，x_N，投资于证券 A_1，A_2，A_3，…，A_N。如果允许卖空，则权数可以为负，负的权数表示卖空证券占总资金的比例。同两种证券的投资组合情形一样，证券组合的收益率等于各单个证券的收益率的加权平均。即设 A_i 的收益率为 r_i（$i = 1$，2，…，N），则证券组合 $P = (x_1$，x_2，x_3，…，x_N）的收益率为：

$$r_p = x_1 r_1 + x_2 r_2 + \cdots + x_N r_N = \sum_{i=1}^{N} x_i r_i$$

推导可得证券组合 P 的期望收益率和方差为：

$$E(r_p) = \sum_{i=1}^{N} x_i E(r_i)$$
$$\sigma_P^2 = \sum_{i=1}^{N} \sum_{j=1}^{N} x_i x_j \text{cov}(x_i, x_j)$$
$$= \sum_{i=1}^{N} \sum_{j=1}^{N} x_i x_j \sigma_i \sigma_j \rho_{ij}$$

式中：σ_p^2——证券组合 P 的方差；

　　　ρ_{ij}——r_i 与 r_j 的相关系数（i、$j = 1$，2，$\cdots$，N）。

由以上公式可知，要估计 $E(r_p)$ 和 σ_p^2，当 IV 非常大时，计算量十分巨大。在计算机技术尚不发达的 20 世纪 50 年代，证券组合理论不可能运用于大规模市场，只有在不同种类的资产间，如股票、债券、银行存单之间分配资金时，才可能运用这一理论。60 年代后，马柯威茨的学生威廉·夏普提出了指数模型以简化计算。随着计算机技术的发展，已开发出计算 $E(r_p)$ 和 σ_p^2 的计算机运用软件，如 Matlab、SPSS 和 Eviews 等，大大方便了投资者。

模块三　证券投资风险防范技巧

股市有风险，投资需谨慎。投资者投资证券时，首先要考虑风险问题，不能盲目追求收益而忽略风险，甚至无视风险。当然不同的证券风险大小不同，就常见的几种有价证券而言，股票投资的风险最大，证券投资基金风险其次，债券的风险较小。而国债几乎无风险，货币市场基金的风险也很小。投资者必须学会如何防范证券投资风险，这也是考量一个投资者投资技能的重要方面。从我国证券市场实际运行情况来看，股票投资风险较大，下面就以股票投资风险防范进行介绍。

一、分散系统风险

股市操作有句谚语："不要把鸡蛋都放在一个篮子里。"这话道出了分散风险的哲理。证券投资分散的方法有多种。

1. 分散投资资金单位

20 世纪 60 年代末一些研究者发现，如果把资金平均分散到数家乃至许多家任意选出的公司股票上，总的投资风险就会大大降低。当然，分散投资要根据投资者所投资的资金量来决策。如果投资者手中有一笔暂时不用的、金额并不算大的资金，其又能承受投资可能带来的损失，那么投资者可选择那些高风险又高收益的股票进行投资；如果投资者掌握的是一大笔损失不得的巨额资金，那么最好采取分散投资的方法来降低风险，即使有不测风云，也会"东方不亮西方亮"，不至于"全军覆没"。

一般来说，资金量越大，越需要通过分散来降低风险。但是，目前对于资金量大小与股票投资的分散程度尚无定论。比如 10 万元以下的资金，不宜分散，选择投资两三只具有高收益的股票即可；100 万元左右的资金可以适当分散，选择 5 至 10 只股票投资即可；1000 万元左右的资金规模，可选择 10 至 20 只股票投资为宜；1 亿元左右的资金，其分散要求当然更高，相当于证券投资基金的投资分散策略。

2. 行业选择分散

证券投资，尤其是股票投资不仅要对不同的公司分散投资，而且这些不同的公司也不宜都是同行业的或相邻行业的，最好是有一部分或都是不同行业的，因为共同的经济环境会对同行业的企业和相邻行业的企业带来相同的影响，如果投资选择的是同行业或相邻行业的不同企业，也达不到分散风险的目的。不同行业、不相关的企业才有可能此损彼益，从而能有效地分散风险。

但是投资者也不宜为了行业分散而分散，首先要对各种行业的未来发展趋势有一个基本的判断，尽量回避未来较长一段时期发展滞缓甚至衰退的行业，多选择一些未来较长一段时期发展前景较好的行业。同时还应注意这些热门行业的股票是否存在严重的股价泡沫，若所选择的热门行业股价已严重高估，则不应购买，应耐心等待时机。

3. 时间分散

就股票而言，只要股份公司盈利，股票持有人就会收到公司发放的股息与红利，例如我国香港、台湾的公司通常在每年3月份举行一次股东大会，决定每股的派息数额和一些公司的发展方针和计划，在4月份派息。而美国的企业则都是每半年派息一次。一般临近发息前夕，股市得知公司的派息数后，相应的股票价格会有明显的变动。

我国股票市场上，上市公司每季度均要发布财务报告，特别是在发布年报的前后，很多公司股票价格往往波动较大，投资者通过查看公司年报披露的信息预测公司分红派息的多寡。短期投资宜在发息日之前大批购入该股票，在获得股息和其他好处后，再将所持股票转手；而长期投资者则不宜在这期间购买该股票。因而，证券投资者应根据投资的不同目的而分散自己的投资时间，以将风险分散在不同阶段。

4. 季节分散

股票的价格，在股市的淡旺季会有较大的差异。由于股市淡季股价会下跌，将造成股票卖出者的额外损失；同样，如果是在股市旺季与淡季交替期贸然一次性买入某股票，由于股市价格将由高位转向低位，也会造成购买者的成本损失。因此，在不能预测股票淡旺程度的情况下，应把投资或收回投资的时间拉长，不急于向股市注入资本或抽回资金，用数月或更长的时间来完成此项购入或卖出计划，以降低风险程度。

案例分析

下列是基金消费行业（510630）于2014年9月30日的股票投资组合：

基金消费行业的股票投资组合

代　码	股票名称	持有数量/万股	市值/万元	占流通股比例/%	占净值比/%
600887	伊利股份	194.21	5 030.03	0.064 6	15.22
600519	贵州茅台	30.34	4 919.59	0.026 6	14.88
600518	康美药业	163.32	2 616.39	0.074 3	7.92
600315	上海家化	49.57	1 779.42	0.075 0	5.38
601607	上海医药	103.07	1 530.57	0.053 6	4.63
600600	青岛啤酒	36.61	1 432.07	0.052 6	4.33
600108	亚盛集团	167.74	1 414.06	0.086 2	4.28
601933	永辉超市	178.82	1 407.32	0.058 2	4.26
600511	国药股份	42.21	1 137.68	0.152 0	3.44
600827	百联股份	84.50	1 112.02	0.054 8	3.36

思考：

（1）从该基金投资组合的情况来看，其主要采用了何种分散投资策略？

（2）该基金当前的投资组合行业分散程度如何？你认为可以怎样调整？

二、回避市场风险

风险来自各种因素，需要综合运用回避方法。

1. 掌握趋势，顺势而为

股市特点之一就是当大盘走势不好时，绝大多数股票为投资者所抛售，导致股票价格普遍下降，绝大多数股票估值降低。每只股票也有自身的变化趋势，投资者应掌握股市趋势判断方法，一旦确认所持股票下降趋势已然形成，要及时出售该股票，避免后续的下跌带来更大的损失，正所谓"留得青山在，不怕没柴烧"。

图11-1是山西汾酒（600809）的K线图，从该图来看，当股价跌破下方的支撑线时，意味着该股的下降趋势已经形成，这时投资者宜及时抛售，这时的价格约为66元，而几个月之后该股价格跌至约35元，投资者及时抛售可以减少近50%的损失。

图11-1　山西汾酒（600809）抛售减损区间

2. 认真分析公司价值，避免盲目跟风

股票价格每天波动起伏不定，往往在成交量放大时，股票价格在这段时间内波动很大。在每日的交易分时走势图上往往可以看到，一些股票随着成交量的持续放大，股价快速上涨，这时候很多投资者也会跟风，踊跃购买该股票，从而进一步推动股价上升。从K线上看，若某几个交易日，某些股票成交量大增，其股价在这几个交易日中也上升较快。股市跟风现象在我国还比较普遍，因为我国股市投资者中散户众多，而通常散户所获得的信息往往有限或信息获得滞后，所以当很多散户看到某些股票突然异动时，往往跟风买进或卖出，即便其并不知晓有关的重大信息。

但实践表明，很多散户跟风操作的后果就是投资亏损。跟风操作虽也有获利的时候，但跟风投资失败一两次往往令不少散户将此前投资的盈利亏损掉不少。所以，投资者在观察股票市场时，应把更多的时间放在分析股票上面，认真判断宏观经济走向，分析不同行业未来发展前景，优选值得投资的公司股票，判断股票的价值，如果一家公司股票严重高于其价值，即便是技术图形、技术指标发出买入信号，也不宜购买。看到某些股票异动时，多一份冷静，少一份急躁，切忌盲目跟风。

案例分析

昌九生化重组闹剧谁之过

从重组闹剧中清醒过来的昌九生化，11月13日遭遇连续第7个"一字跌停"，收盘价跌至13.89元。

昌九生化暴跌的起因，是威华股份11月4日复牌并公告宣布与赣州稀土"牵手"。而在此之前，昌九生化被认为是与赣州稀土重组的"绯闻"主角，由此其股价在今年前5个月大涨，最高上涨至40.60元。如今，威华股份"喜从天降"，迎来连续5个"一字涨停"。昌九生化则遭"当头一棒"，重组猜想变成一场"黄粱美梦"。按其2012年每股亏损0.60元和2013年前三季每股亏损0.228元的业绩，难逃股价跳水大跌的厄运。截至13日收盘，昌九生化7个交易日累计下跌52.14%。

昌九生化上演重组闹剧，有两点值得反思。其一，公司信息披露有没有问题？表面看，公司方面也是无辜的，信息披露不存在违规。然而，回顾这场闹剧的始末，不难发现昌九生化并没有很好地保护中小股东。

这场闹剧的起源是2012年12月28日的一则重大事项公告。该公告称，江西省赣州市国资委表示，鉴于组建国家级南方稀土大型企业集团的方向、途径、方式等尚未确定，稀土产业整合工作尚未到位，市属国有稀土企业的产业结构、资产质量等方面还不具备整合上市的条件，因此，没有将市属国有稀土资源、资产注入昌九生化的考虑。

上述公告发布的当天，昌九生化以14.95元的价格跌停。可随后在市场上出现不同的解读，有人认为公告属于"此地无银三百两"，待相关条件达到后，赣州稀土或启动资产注入。令人意想不到的是，赣州稀土最终借壳上市的并非实际控制人——赣州市国资委的江西籍上市公司昌九生化，而是注册在广东梅州的威华股份。

如何看待昌九生化的重组闹剧？有投资者指出，错就错在公司对涉及稀土的传闻采取了模棱两可的态度。威华股份4月16日起停牌筹划重组，6月17日与赣稀集团签署了重组框架协议，对此，昌九生化的实际控制人非常清楚。然而，面对愈演愈烈的市场炒作，以及相关媒体报道，昌九生化并没有对中小股东采取负责任的做法。

值得一提的是，昌九生化大股东7月9日拍卖1800万股获得处置款3.546亿元。3名自然人竞得的价格为18.9元至21.4元，而当时的二级市场股价在30元以上。中小股东不禁要问：在赣州稀土与威华股份"联姻"后，若昌九生化及时澄清，避免传闻与猜测继续误导市场，又何以实现高位套现？据此，昌九生化大股东被质疑为重组闹剧的受益者。

其二，重组炒作是否过头？昌九生化重组闹剧的上演，不能说与A股热衷重组股炒作的土壤没有关系。正因为"乌鸦变凤凰"的例子太多，中小投资者缺乏风险防范意识，盲目跟风参与炒作，才使得重组闹剧频频上演。实际上，看到昌九生化的股价不断炒高，投资者应该认识到公司与赣州稀土没有"缘分"，重组方岂会接受如此高的借壳成本？

资料来源：摘自《中国经济时报》，2013年11月14日。

思考并回答：

（1）昌九生化重组中存在哪些风险？

（2）投资者如何规避昌九生化重组过程中存在的种种风险？

（3）昌九生化给我们哪些启示？

3. 选择买卖时机

以股价变化的历史数据为基础，算出标准误差，并以此为选择买卖时机的一般标准：当股价低于标准误差下限时，可以购进股票；当股价高于标准误差上限时，最好把手头的股票卖掉。注意投资期限，企业的经营状况往往呈一定的周期性。经济气候好时，股市交易活跃；经济气候不好时，股市交易必然凋零。要注意不要把股市淡季作为大宗股票投资期。

在西方国家，股市的变化对经济气候的反应更敏感，常常是在经济出现衰退前 6 个月，股价已开始回落。比如 1991 年 2 月，美国经济进入一个新的衰退期的前 6 个月，著名的道琼斯工业指数已开始下跌，而在经济开始复苏前半年，股价即已开始回弹。根据历史资料分析，还可知道它的经济繁荣期大多持续 48 个月。因此，有可能正确地判定当时经济状况在兴衰循环中所处的地位，把握好投资期限。

三、防范经营风险

在购买股票前，要认真分析有关投资对象，即某企业或公司的财务报告，研究它现在的经营情况以及在竞争中的地位和以往的盈利情况趋势。如果能把保持收益持续增长、发展计划切实可行的企业当作股票投资对象，而和那些经营状况不良的企业或公司保持一定的投资距离，就能较好地防范经营风险。如果能深入分析有关企业或公司的经营材料，并不为表面现象所动，看出它的破绽和隐患，并作出冷静的判断，则可完全回避经营风险。

四、防范购买力风险

在通货膨胀期内，应留意市场上价格上涨幅度高的商品，从生产该类商品的企业中挑选出获利水平和能力高的企业。当通货膨胀率异常高时，应把保值作为首要因素，如果能购买到保值产品的股票（如黄金开采公司、金银器制造公司等的股票），则可避开通货膨胀带来的购买力风险。

五、防范利率风险

尽量了解企业营运资金中自有成分的比例，利率升高时，会给借款较多的企业或公司造成较大困难，从而殃及股票价格，而利率的升降对那些借款较少、自有资金较多的企业或公司影响不大。因而，利率趋高时，一般要少买或不买借款较多的企业股票，利率波动变化难以捉摸时，应优先购买那些自有资金较多企业的股票，这样就可基本上避免利率风险。

当然在股市投资，就像船只航行在大海上，风险都是出其不意，仔细观察、谨慎操作方可长远。

课后复习题

一、名词解释

系统风险　非系统风险　购买力风险

二、单项选择题

1. 避税型证券组合通常投资于（　　）。

A. 金融债券　　　　B. 政府债券　　　　C. 地方政府债券　　　D. 公司债券

2.（　　）以资本升值（即未来价格上升带来的价差收益）为目标。

A. 增长型证券组合　　　　　　　　　　B. 收入型证券组合

C. 货币市场型证券组合　　　　　　　　D. 指数化型证券组合

3. "不要把鸡蛋都放在一个篮子里"，这话道出的是（　　）。

A. 回避市场风险　　　B. 分散风险　　　C. 防范购买力风险　　D. 防范经营风险

4. 长期稳定持有模拟市场指数的证券组合以获得市场平均收益的管理方法是一种（　　）方法。

A. 主动管理　　　　　　B. 被动管理

5. 在购买股票前，对企业或公司的财务报告进行分析，属于（　　）。

A. 回避市场风险　　　B. 防范利率风险　　　C. 防范购买力风险　　D. 防范经营风险

三、多项选择题

1. 以下属于系统风险的是（　　）。

A. 政策风险　　　　　　　　　　　　　B. 经济周期波动风险

C. 利率风险　　　　　　　　　　　　　D. 操作风险

2. 以下属于非系统风险的是（　　）。

A. 信用风险　　　B. 财务风险　　　C. 利率风险　　　D. 经营风险

3. 将信用风险依次从低到高排列为（　　）。

A. 金融债券　　　B. 政府债券　　　C. 地方政府债券　　　D. 公司债券

4. 证券投资分散的方法有（　　）。

A. 投资资金单位分散　B. 行业选择分散　　C. 时间分散　　　D. 季节分散

5. 在构建证券投资组合时，投资者需要注意（　　）问题。

A. 个别证券选择　　B. 所有证券选择　　C. 投资时机选择　　D. 多元化

6. 通常用（　　）来度量单一证券的收益率和风险。

A. 期望收益率　　　B. 实际收益率　　　C. 方差　　　D. 标准差

四、问答题

1. 证券组合管理特点有哪些？

2. 简述证券组合管理的基本步骤。

3. 简述证券投资风险的防范技巧。

技能训练题

1. 假设某只股票的收益率及发生概率如下表，计算该股票的期望收益率和方差。

某股票的收益率及发生概率

收益率/%	−30	−10	0	15	30	40	50
概率	0.05	0.10	0.20	0.20	0.20	0.15	0.10

2. 已知证券组合 P 是由证券 A 和 B 构成，证券 A 和 B 的期望收益、标准差以及相关系数如下：

证券 A 和 B 的相关指标

证券名称	期望收益率/%	标准差/%	相关系数	投资比重/%
A	10	4		40
B	15	1	0.10	60

计算该证券组合的期望收益率和方差。

3. 假设你掌管着 1 000 万元资金，准备用于投资沪深交易所上市的股票，你会如何分散风险？

股市常用术语

1. 热门股：是指交易量大、流通性强、股价变动幅度较大的股票。

2. 成长股：是指这样一些公司所发行的股票，它们的销售额和利润额持续增长，而且其速度快于整个国家和本行业的增长。这些公司通常有宏图伟略，注重科研，留有大量利润作为再投资以促进其扩张。

3. 手：它是国际上通用的计算成交股数的单位。必须是手的整数倍才能办理交易。目前一般以 100 股为一手进行交易。即购买股票至少必须购买 100 股。

4. 成交量：反映成交的数量，一般可用成交股数和成交金额两项指标来衡量。目前深、沪股市两项指标均能显示出来。

5. 价位：指喊价的升降单位。价位的高低随股票的每股市价的不同而异。以上海证券交易所为例：每股市价未满 100 元，价位是 0.10 元；每股市价 100 ~ 200 元，价位是 0.20 元；每股市价 200 ~ 300 元，价位是 0.30 元；每股市价 300 ~ 400 元，价位是 0.50 元；每股市价 400 元以上，价位是 1.00 元。

6. 停牌：股票由于某种消息或进行某种活动引起股价的连续上涨或下跌，由证券交易所暂停其在股票市场上进行交易。待情况澄清或企业恢复正常后，再复牌在交易所挂牌交易。

7. 涨跌：以每天的收盘价与前一天的收盘价相比较，来决定股票价格是涨还是跌。一般在交易台上方的公告牌上用 "＋" "－" 号表示。

8. 涨（跌）停板：交易所规定的股价一天中涨（跌）最大幅度为前一日收盘价的百分数，不能超过此限，否则自动停止交易。

9. 开高盘：是指开盘价比前一天收盘价高出许多。

10. 开低盘：是指开盘价比前一天收盘价低出许多。

11. 盘档：是指投资者不积极买卖，多采取观望态度，使当天股价的变动幅度很小，这种情况称为盘档。

12. 整理：是指股价经过一段急剧上涨或下跌后，开始小幅度波动，进入稳定变动阶段，这种现象称为整理，整理是下一次大变动的准备阶段。

13. 跳空：股市受到强烈利多或利空消息的刺激，股价开始大幅跳动，在上涨时，当天的开盘或最低价高于前一天收盘价两个申报单位以上，称 "跳空而上"；下跌时，当天的开盘或最高价低于前一天收盘价两个申报单位，而于一天的交易中，上涨或下跌超过一个申报单位，称 "跳空而下"。

14. 市盈率：是某种股票每股市价与每股盈利的比率。一般认为该比率保持在 20～30 是正常的。过小说明股价低，风险小，值得购买；过大则说明股价高，风险大，购买时应谨慎。但高市盈率股票多为热门股，低市盈率股票可能为冷门股。

15. 回档：是指股价上升过程中，因上涨过速而暂时回跌的现象。

16. 反弹：是指在下跌的行情中，股价有时由于下跌速度太快，受到买方支撑暂时回升的现象。反弹幅度较下跌幅度小，反弹后恢复下跌趋势。

17. 多头：对股票后市看好，先行买进股票，等股价涨至某个价位，卖出股票赚取差价的人。

18. 空头：是指认为股价已上涨到了最高点，很快便会下跌，或当股票已开始下跌时，认为还会继续下跌，趁高价时卖出的投资者。

19. 多头市场：也称牛市，就是股票价格普遍上涨的市场。

20. 空头市场：亦称熊市，指股价呈长期下降趋势的市场。空头市场中，股价的变动情况是大跌小涨。

21. 多翻空：原本看好行情的多头，看法改变，卖出手中的股票，有时还借股票卖出，这种行为称为翻空或多翻空。

22. 空翻多：原本作空头者，改变看法，把卖出的股票买回，有时还买进更多的股票，这种行为称为空翻多。

23. 买空：预计股价将上涨，因而买入股票，在实际交易前，再将买入的股票卖掉，实际交易时收取差价或补足差价的一种投机行为。

24. 卖空：预计股价将下跌，因而卖出股票，在发生实际交割前，将卖出股票如数补进，交割时，只结清差价的投机行为。

25. 利空：促使股价下跌，对空头有利的因素和消息。

26. 利多：刺激股价上涨，对多头有利的因素和消息。

27. 套牢：是指预期股价上涨，不料买进后，股价一路下跌；或是预期股价下跌，卖出股票后，股价却一路上涨。前者称多头套牢，后者是空头套牢。

28. 大户：就是大额投资人，例如财团、信托公司以及其他拥有庞大资金的集团或个人。

29. 中户：指投资额较大的投资人。

30. 散户：就是买卖股票数量很少的小额投资者。

31. 经纪人：执行客户命令，买卖证券、商品或其他财产，并为此收取佣金者。

32. 抢短线：预期股价上涨，先低价买进后再在短期内以高价卖出。预期股价下跌，先高价卖出再伺机在短期内以低价回购。

33. 盘整：股价经过一段快捷上升或下降后，遭遇阻力或支撑而呈小幅涨跌变动，做换手整理。

34. 抬拉：用非常方法将股价大幅度抬起。通常大户在抬拉之后便大量抛出以牟取暴利。

35. 打压：是用非常方法将股价大幅度压低。通常大户在打压之后便大量买进以牟取暴利。

36. 黑马：是指股价在一定时间内上涨一倍或数倍的股票。

37. 白马：是指股价已形成慢慢涨的长升通道，还有一定的上涨空间。

38. 骗线：大户利用股民们迷信技术分析数据、图表的心理，故意抬拉、打压股指，致使技术图表形成一定的线型，引诱股民大量买进或卖出，从而达到他们大发其财的目的。这种欺骗性造成的技术图表线型称为骗线。

39. 换手率：也称周转率，指在一定时间内市场中股票转手买卖的频率，是反映股票流通性强弱的指标之一。一般情况，大多股票每日换手率在 1%～2.5%（不包括初上市的股票）；70% 的股票的换手率基本在 3% 以下，于是 3% 就成为一种分界。换手率在 3%～7% 时，该股进入相对活跃状态；在 7%～10% 时，则为强势股的出现，股价处于高度活跃当中；在 10%～15% 时，大庄密切操作；超过 15% 换手率，持续多日的话，此股也许成为最大黑马。

40. 认股权证：股票发行公司增发新股票时，发给公司原股东的以优惠价格购买一定数量股票的证书。认股权证通常都有时间限制，过时无效。在有效期内持有人可以将其卖出或转让。

41. 除权：股票除权前一日收盘价减去所含权的差价，即为除权。

42. 派息：股票前一日收盘价减去上市公司发放的股息，称为派息。

43. 含权：凡是有股票有权未送配的均称含权。

44. 填权：除权后股价上升，将除权差价补回，称为填权。

45. 增资：上市公司为业务需求经常办理增资（有偿配股）或资本公积新增资（无偿配股）。

46. 配股：公司增发新股时，按股东所有人的份数，以特价（低于市价）分配给股东认购。

47. 坐轿子：预测股价将涨，抢在众人前以低价先行买进，待众多散户跟进、股价节节升高后，卖出获利。

48. 抬轿子：在别人早已买进后才醒悟，也跟着买进，结果是把股价抬高让他人获利，而自己买进的股价已非低价，无利可图。

49. 下轿子：坐轿客逢高获利结算为下轿子。

50. 阻力线：股价上涨到达某一价位附近，如有大量的卖出情形，使股价停止上扬，甚至回跌的价。

51. 支撑线：股价下跌到在某一价位附近，如有大量买进情形，使股价停止下跌甚至回升的价位。

52. 填空：指将跳空出现时将没有交易的空价位补回来，也就是股价跳空后，过一段时间将回到跳空前的价位，以填补跳空价位。

53. 天价：个别股票由多头市场转为空头市场时的最高价。

54. 突破：指股价经过一段盘档时间后，产生的一种价格波动。

55. 探底：股价持续跌挫至某价位时便止跌回升，如此一次或数次。

56. 头部：股价上涨至某价位时便遇阻力而下滑。

57. 挂进：买进股票的意思。

58. 挂出：卖出股票的意思。

59. 开平盘：指今日的开盘价与前一营业日的收盘价相同。

60. 近期趋势：20~30 天为近期趋势。

61. 全额交割：是证券主管机关对重整公司或发生重大问题的上市公司之股票，特别制定的买卖交割办法。

62. 洗盘：做手为达到炒作目的，必须途中让低价买进且意志不坚的轿客下轿，以减轻上档压力，同时让持股者的平均价位升高，以利于施行养、套、杀的手段。

63. 崩盘：即证券市场上由于某种利空原因，出现了证券大量抛出，导致证券市场价格无限度下跌，不知道什么程度才可以停止。这种接连不断地大量抛出证券的现象也称为卖盘大量涌现。

64. 超买：股价持续上升到一定高度，买方力量基本用尽，股价即将下跌。

65. 超卖：股价持续下跌到一定低点，卖方力量基本用尽，股价即将回升。

66. 成交笔数：指该股成交的次数。

67. 成交数量：指当天成交的股票数量。

68. 吃货：指庄家在低价时暗中买进股票，叫作吃货。

69. 出货：指庄家在高价时不动声色地卖出股票，称为出货。

70. 底部：股价长期趋势线的最低部分。

71. 跌破：股价冲过关卡向下突破称为跌破。

72. 多杀多：买入股票后又立即卖出股票的做法称为多杀多。

73. 反转：股价朝原来趋势的相反方向移动分为向上反转和向下反转。

74. 割肉：指高价买进股票后，大势下跌，为避免继续损失，低价赔本卖出股票。止损是割肉的一种，提前设立好止损价位，防止更大的损失，是短线投资者应灵活运用的方法，新股民使用可防止深度套牢。

75. 利空出尽：在证券市场上，证券价格因各种不利消息的影响而下跌，这种趋势持续一段时间，跌到一定的程度，空方的力量开始减弱，投资者不再被这些利空的因素所影响，证券价格开始反弹上升，这种现象就被称作利空出尽。

76. 量价背离：当前的量价关系与之前的量价关系发生了改变，一般量价背离会产生一种新的趋势，也可能只是上升中的调整或下跌中的反弹。

77. 零股交易：不到一个成交单位（1 手 = 100 股）的股票，如 1 股、10 股，称为零股。在卖出股票时，可以用零股进行委托；但买进股票时不能以零股进行委托，最小单位是1 手，即 100 股。

78. 买壳上市：就是一家优势企业通过收购债权、控股、直接出资、购买股票等收购手段以取得被收购方（上市公司）的所有权、经营权及上市地位。目前，在我国进行买壳、借壳一般都通过二级市场购并或者通过国家股、法人股的协议转让进行。

79. 牛皮市：指在所考察交易日里，证券价格上升、下降的幅度都很小，价格变化不大，市价像被钉住了似的，如牛皮坚韧。在牛皮市上成交量往往很小。牛皮市是一种买卖双方在力量均衡时的价格行市表现。

80. 熊市：指整个股市价格普遍下跌的行情。

81. 牛市：指整个股市价格呈上升趋势。

82. 委比：是衡量某一时段买卖盘相对强度的指标，委比的取值自 -100% 到 +100%。+100% 表示全部的委托均是买盘，涨停股票的委比一般是 100%，而跌停是 -100%，委比为 0，意思是买入（托单）和卖出（压单）的数量相等，即委买：委卖 = 1：1。

83. 委差：是用以衡量一段时间内买卖盘相对强度的指标。计算公式为：委差 = 委买手数 – 委卖手数，其中委买手数为所有个股委托买入下五档之手数相加之总和，委卖手数为所有个股委托卖出上五档之手数相加之总和。

84. 内盘：常用 S（英文 Sell 首字母）表示，代表以买入价格成交的数量，即卖方主动以低于或等于当前买一、买二、买三等价格下单卖出股票时成交的数量，用绿色显示。内盘的多少显示了空方急于卖出的能量大小。

85. 外盘：常用 B（英文 Buy 首字母）表示，代表以卖出价格成交的数量，即买方主动以高于或等于当前卖一、卖二、卖三等价格下单买入股票时成交的数量，用红色显示。外盘的多少显示了多方急于买入的能量大小。

86. 总量：就是买进量与卖出量的总和。

87. 量比：是当日成交总手数与上一个交易日"5 日平均手数"的比值。如果量比值大于 1，表示此时此刻的成交总量手数已经放大，如果价格上涨，则后市看好。若量比值小于 1，表示此刻的成交总手数已经萎缩，如果股价下跌，则后市有可能继续下跌。

股票行情软件安装与使用

一、如何安装股票行情软件

打开任意一家拥有交易所席位的证券公司网站，我们以招商证券为例，它的官方网站为：http：//www. newone. com. cn。单击右上角的"软件下载"，下载这个软件，图附1为招商证券网上交易全能版（简体版）截图，下载完后开始安装。安装好后双击进入，选择"独立行情"就可以免费看行情了。

图附1　招商证券行情软件

如果要安装手机炒股软件，就用手机登录 http：//wap. newone. com. cn，按照提示操作（选择远见版）就行了。

二、如何转账

选择"独立行情"登录后，点击界面右上角的"交易"输入"牛卡号""交易密码""验证码"后按"登录"。登录后界面如图附2所示。

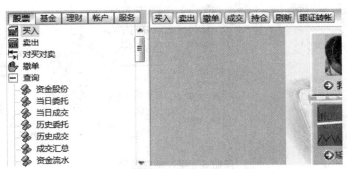

图附2　交易界面

点击"银证转账",出现图附3。

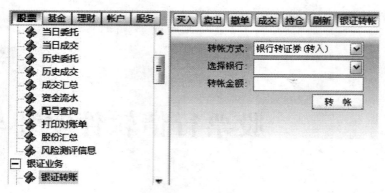

图附3　银证转账

在图附3的"转账方式"里选"银行转证券（转入）"，"选择银行"会自动跳出你选择的银行，然后输入"转账金额"，之后按"转账"。要先把钱从银行卡转入到股票账户才可以买卖股票；在"证券转银行（转出）"那里把钱从股票账户转到银行卡，这里要输入"资金密码"。转账是免费的。

三、如何买卖股票

点击图附4中的"买入"，会弹出一个对话框。

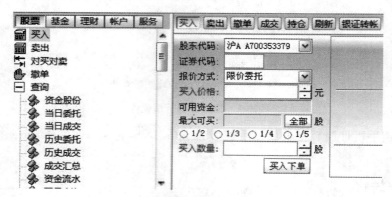

图附4　买入下单

在图附5中输入"证券代码"（比如000001），会自动弹出该股票的K线图。

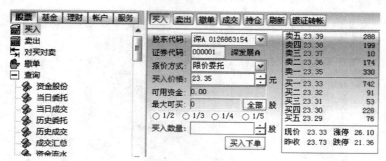

图附5　买入某只股票

输入"买入价格"和"买入数量"（100 的倍数）就可以按"买入下单"来买入股票了。

要卖出股票的话就选择图中的"卖出"，其他步骤和买入一样。

四、如何使用炒股软件

（1）登录后会见到最初界面，如图附 6 所示。

图附 6　登录后最初界面

点击图附 6 中的"涨幅%""现价""日涨跌"等可以排序。要看港股期货行情的话就单击"港股期货"，然后选择"连接港股期货"。

图附 7 下面有很多不同的区域。"分类"里有各种各样的板块和指数；"A 股"就是指上海 A 股和深圳 A 股里的股票；"中小板"里的股票市值都不大；"创业板"是新上市的股票，市值都不大，公司业绩较好，但是一旦公司亏损，退市风险较大；"B 股"包括用美元买卖的上海 B 股和用港币买卖的深圳 B 股；"权证"是以股票为标的，价格一般会跟随股票涨跌，但是可以随时买进、随时卖出；"基金"包括封闭式基金和开放式基金；"AH 对照"指同一家公司在内地 A 股上市又在香港上市的股价对照；"自选"里可以看到自己收藏的股票。要在图附 6 的"港股期货"下选择"连接港股期货"才能看到"港板块""港股""期货"。

图附 7　界面下面区域

图附 8 的"行情"就是看一般行情的；"资讯"里有不少信息可以看；要买卖股票权证等可按"交易"，输入"牛卡号""交易密码""验证码"按"登录"；点击"牛网"可以弹出公司的主页。

图附 8　界面上面其他菜单栏

（2）双击图附 6 或图附 7 里的某个股票就会进入这个股票的 K 线图。

图附 9 左边是 K 线图，每条 K 线表示一天的股价情况。收盘价比开盘价高就是红色，反之就是绿色。K 线中最高点是那天的最高价，最低点是那天的最低价。红色 K 线上面那一横的位置是收盘价，下面那一横的位置是开盘价；绿色 K 线刚好相反。

图附 9 右边"卖一"是指有 N 个投资者想以 13.37 元的价格卖出 2 491 手股票；"买一"是指有 M 个投资者想以 13.36 元的价格买入 691 股。

委差 $= 691 + 1\,494 + 1\,268 + 284 + 462 - （2\,491 + 954 + 1\,519 + 6\,080 + 1\,089） = -7934$

委比 $= -7\,934 / （691 + 1\,494 + 1\,268 + 284 + 462 + 2\,491 + 954 + 1\,519 + 6\,080 + 1\,089） = -48.58\%$

现价：目前的价格。

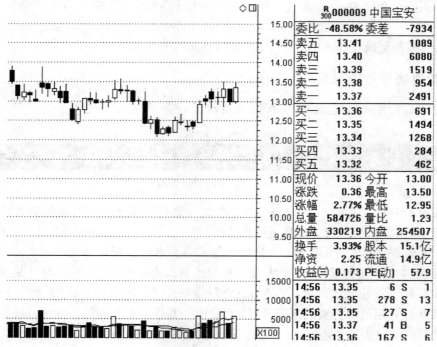

图附9 进入K线图

今开：今天的开盘价。

涨跌：今天涨了0.36元。

最高：今天的最高价。

涨幅：今天涨了2.77%。

最低：今天的最低价。

总量：今天的成交量是584 726手。

量比：今天的成交量与前五天的平均成交量的比例。

外盘：今天共买入330 219手。

内盘：今天共卖出254 507手。

换手：今天共有3.93%的流通股参与了交易。

股本：共有流通加非流通15.1亿股。

涨停价	14.30
跌停价	11.70
细分行业	全国地产
AB股总市值	201.1亿
流通市值	199.0亿
A H	13.64
N H	13.24
C D P	13.08
N L	12.84
A L	12.44
多空平衡	12.89

图附10 点击"值"显示的信息

净资：每股净资本2.25元，等于净资本/股本。

流通：共有14.9亿股参与流通可交易。

收益（三）：第三季度每股收益0.173元。

PE（动）：动态市盈率是57.9倍。

图附10：点击下面的"值"，可以看到当天的涨停价和跌停价、AB股总市值和流通市值等信息。

五、如何查看某只股票

比如要查看"中国石油"。

在随便一个界面，按键盘"ZGSY"（中国石油的拼音的第一个字母），在右下角会弹出中国石油，选择后按 ENTER 就可以了。

如果事先知道中国石油的代码是 601857，就直接在随便一个界面输入"601857"，同样在右下角会弹出中国石油，选择后按 ENTER 就可以了。

六、键盘中重要快捷键的使用

F1/01、F2/2　　　　显示成交明细数据。

F3/03　　　　　　打开上证指数当日的走势图形。

F4/04　　　　　　打开深证指数当日的走势图形。

F5 /05　　　　　　K 线图和分时图的切换。

F6/06　　　　　　打开自选股票，在个股同时按 CTRL＋Z 两键，即可加入自选个股行列。

F7/07　　　　　　可看到广发速递（每日对市场盘面的分析、操作策略以及关注个股及行业板块的即时播放）、市场信息（主要是沪深交易所每天的公告，包括个股停盘、解禁、分红、扩股等信息）、技术分析（主要是各种技术分析的应用）。

F10/10　　　　　　个股基本信息（包括公司经营范围、财务情况等个股信息）。

F12　　　　　　　进入交易软件，选择新交易，输入 030××××××××× 的 12 位客户号，进入交易软件可以根据左边的买入、卖出等操作进行股票买卖。

Home/End　　　　在个股 K 线图时，切换技术分析指标，有游标时，移动到 K 线的第一笔及最后一笔数据。

PgDn、PgUp　　　切换到上一只/下一只股票（或指数）。

Ctrl＋B　　　　　在个股 K 线时进入历史统计区间、在个股分时进入分时统计区间，可以看到个股价量分布及大单成交情况。

K 键　　　　　　进入 K 线图。

Ctrl＋E　　　　　个股技术交易系统提示。

Ctrl＋R　　　　　个股所属板块。

Ctrl＋O　　　　　叠加品种选择。

Ctrl＋D　　　　　系统设置，包括颜色、图形设置。

Ctrl＋J　　　　　主力监控，可以看到个股主力买卖情况，包括价格和数量（注：这只是一般性的推测，并不能表明主力的真实情况）。

Ctrl＋Z　　　　　把个股加入自选盘或条件盘。

其他数字键的用法：

61，沪 A 涨幅排名；62，沪 B 涨幅排名；63，深 A 涨幅排名；64，深 B 涨幅排名；67，沪深 A 涨幅排名；68，沪深 B 涨幅排名；69，中小板涨幅排名。

71，上交所公告；72，深交所公告。

81，沪 A 综合排名（包括涨幅榜、跌幅榜、资金总量、振幅榜等）；82，沪 B 综合。

83，深 A 综合排名；84，深 B 综合排名；87，沪深 A 综合排名；89，中小板综合排名；811，深沪权证综合排名。

91，一分钟线；92，五分钟线；93，十五分钟线；94，三十分钟线；95，六十分钟线；96，日线。

97，周线；98，月线；99，N 天线；910，N 分钟线；911，季线；912，年线。

参 考 文 献

[1] 郑宏韬. 证券投资分析 [M].2 版. 北京：电子工业出版社，2012.

[2] 王伟，张为群. 证券投资实务 [M].中国商业出版社，2015.

[3] 〔美〕滋维·博迪，亚历克斯·凯恩，艾伦·J·马库斯. 投资学，陈收，杨艳，译. 北京：机械工业出版社，2011.

[4] 马瑞. 证券投资理论与实务 [M].南京：南京大学出版社，2013.

[5] 刑天才. 证券投资分析 [M].3 版. 北京：中国财政经济出版社，2011.

[6] 丁辉关，郭晓晶，刘晓波. 投资学 [M].北京：清华大学出版社，2013.

[7] 徐辉. 证券投资实务 [M].北京：中国金融出版社，2012.

[8] 杨立功. 证券投资实务 [M].北京：中国人民大学出版社，2011.

[9] 刘梁炜，刘喜民，肖本海. 证券投资实务 [M].中山大学出版社，2013.

[10] 王妍，和慧. 证券投资实务 [M].北京：中国财富出版社，2012.

[11] 〔美〕杰西·利弗莫尔. 彼得林奇点评版《股票作手回忆录》 [M].北京：马晓佳，译. 中国青年出版社，2012.

[12] 〔美〕彼得·林奇，罗瑟查尔德. 彼得林奇的成功投资 [M].刘建位，徐晓杰，译. 北京：机械工业出版社，2010.

[13] 〔美〕沃伦·巴菲特，劳伦斯·A·坎宁安. 巴菲特致股东的信 [M].陈鑫，译. 北京：机械工业出版社，2007.